2015 | GUIA BEM-TE-VI DA GASTRONOMIA CARIOCA

RODOLFO GARCIA
COLABORAÇÃO DE LUCIANA PLAAS

CIDADE DE MUITOS SABORES

Da feijoada ao bolinho de bacalhau, da culinária francesa à empada, do churrasco aos pratos orientais, o Rio oferece delícias para todos os gostos. Com diversas opções de qualidade espalhadas por todas as regiões da cidade, a gastronomia carioca conquistou destaque no cenário mundial nos últimos anos. E não é apenas pela quantidade cada vez maior de restaurantes sofisticados — os tradicionais botequins, com comida farta e saborosa, também fazem a alegria dos amantes da boa mesa. Até mesmo esses estabelecimentos simples, que são a verdadeira tradução da alma carioca, se transformaram com o tempo e passaram a oferecer petiscos criativos e saborosos para compor o eterno dueto com uma loura gelada. O cardápio de opções da cidade está para lá de variado, capaz de agradar aos mais diversos paladares.

O maior privilégio de se fazer uma refeição no Rio de Janeiro é o acompanhamento: no caso, a beleza deslumbrante dos arredores. Para uma experiência inesquecível, basta seguir as preciosas dicas dos jornalistas Rodolfo Garcia e Luciana Plaas, especialistas em crítica gastronômica que detalham nas próximas páginas aquilo que há de melhor nos bares e restaurantes da cidade, dos mais simples aos mais estrelados. O Guia Bem-Te-Vi da Gastronomia Carioca comprova que o Rio é um 'prato cheio' de atrações para todos os gostos. Aproveite as boas dicas de Rodolfo e Luciana e saboreie somente refeições inesquecíveis durante sua estadia na cidade!

ANTÔNIO PEDRO FIGUEIRA DE MELLO
Secretário municipal de Turismo

APRESENTAÇÃO

Desde quando a Bem-Te-Vi lançou a última edição do Guia Danusia Barbara Restaurantes do Rio/Bem-Te-Vi em 2010, a cidade ficou sem uma apreciação mais específica sobre o desempenho de seus melhores restaurantes. Esta nova encarnação de guia traz de volta a tradicional forma de compará-los comentando, e classificando os melhores lugares com os meios mais eficazes para nortear preferências em incursões gastronômicas.

A tarefa de aperfeiçoar o guia anterior exigiu a eliminação de considerável volume daquele conteúdo. Embora, para nossa surpresa, tenha sido mais trabalhoso selecionar o que aproveitamos do farto repertório de casas abertas em quatro anos. As casas de carne argentinas e uruguaias chegaram com força, as pizzarias continuam a proliferar, mas o público jovem — consumidor de muito peso no mercado — ainda devota seu favoritismo pelas bancadas de peixes crus.

Não nos faltou fôlego (tampouco apetite) na peregrinação para destampar panelas e saborear os segredos da culinária tradicional. No lado oposto, também foi necessário observar a habilidade na assimilação de novos conceitos. Estes, tanto amados quanto odiados, merecem melhor explicação. Está em curso uma revolução culinária, que enaltece as modernas maneiras de mexer com comida, levando a tecnologia para dentro das cozinhas.

Embora sabendo que ainda são raras as práticas que seguem religiosamente esta cartilha, em todo seu acompanhamento percebemos a tendência de uma nova geração de profissionais do ramo ansiosa por mergulhar nesse mundo de originalidades. Algo que, vale dizer, quase sempre sobra para o terreno de gratuitos exotismos. De todo jeito, é inegável registrar o ganho conseguido através de inúmeras combinações de receitas que não existiam antes, e que deram certo. Outro mérito deve ser creditado aos chefs que procuraram uma quantidade de frutas, raízes e ervas, estas inéditas espécies regionais que hoje fazem diferença em nossos pratos.

Também constatamos que as instituições que cuidam da formação profissional deste setor, não têm mãos a medir para acolher a ambição de um enorme contingente de jovens que descobriram na culinária uma carreira de prestígio e de futuro.

De todo jeito, nossa função envolveu a averiguação de mais de 300 cozinhas do Rio, para eleger não só os mais instigantes paladares, mas igualmente avaliar o conforto e o atendimento que estes lugares oferecem. Ao longo do processo, observamos, com certo pasmo, que a freguesia parece conformada que o serviço amável, porém ineficiente, que persiste em inúmeros salões da cidade. Mais um ponto indigesto e difícil de driblar: as contas azedas, nos dias atuais. Quem já não experimentou a sensação de ao final de uma refeição, defrontar-se com um valor insano avinagrando o sabor de todo o percurso?

Em resumo, esperamos que muito mais restaurantes cheguem e que a competição siga fazendo sua parte — atiçando cozinheiros e cozinheiras a perseguir a fama pela qualidade do que servem. Assim, a gula, façamos figa, sairá ganhando.

E, finalmente, com bastante otimismo, o guia manterá a fé de que nossos bem-te-vis, no próximo verão, cantarão em muitos mais ninhos da gastronomia carioca.

RODOLFO GARCIA

ÍNDICE

CLASSIFICAÇÃO

ALLORO
FASANO AL MARÉ
OLYMPE
ORO
NAGA
ROBERTA SUDBRACK

ANTIQUARIUS
AZUMI
CHEZ L'AMI MARTIN
CIPRIANI
EÇA
ENOTRIA JK
ESPLANADA GRILL
GERO
GIUSEPPE GRILL
IRAJÁ GASTRÔ
LAGUIOLE
LASÏ
LE PRÉ CATELAN
MEE
MR. LAM
PARIS GASTRÔ
POBRE JUAN
QUADRIFOGLIO
SATYRICON
SAWASDEE
SEIDÔ
SUSHI LEBLON
TENKAI
ZUKA

ACONCHEGO CARIOCA
ANNA
APRAZÍVEL
BENEDICTINE
BRASSERIE ROSÁRIO
CASA DA SUÍÇA
CASA DO SARDO
CT BRASSERIE
D'AMICI
DUO
GONZALO
GUIMAS
IBÉRICO
L'ATELIER DU CUISINIER
LE VIN
MÁLAGA
MARGUTTA
MIAM MIAM
O NAVEGADOR
OSTERIA DELL'ANGOLO
PAX DELICIA
PIPO
Q
QUADRUCCI
QUINTA
RUBAIYAT
SÁ
SHIN MIURA
TÉRÈSE
TERZETTO
UNIKO
VICTORIA

CATEGORIA

ADEGA ESPECIAL

APRAZÍVEL
BERGUT VINHO E BISTRÔ
BISTRÔ MAC
CAVIST
EMPÓRIO SANTA FÉ
ENOTRIA POR JOACHIM KOERPER
ESPLANADA GRILL
GRUTA DE SANTO ANTÔNIO
LAGUIOLE
MR. LAM
SALITRE
SATYRICON
VIEIRA SOUTO

ALEMÃES, AUSTRÍACOS E SUÍÇOS

ADEGA DO PIMENTA
BAR BRASIL
BAR LAGOA
BAR LUIZ
CASA DA SUÍÇA
HANSL
LANDHAUS

ÁRABES

AMIR
ARAB
ÁRABE DA GÁVEA
BAGHDAD
BEDUINO
CEDRO DO LÍBANO
CHEZ YUNES
MUSSALEM
ROTISSERIA SÍRIO LIBANESA
YALLA
ZAHARA GOURMET

ASIÁTICOS

MAKOTO
MEE
MR. LAM
MY THAI
NAM THAI
OPIUM
P.F. CHANG'S
PRIMEIRA PÁ
SAWASDEE
WEI MING

BARES & BOTEQUINS

ACADEMIA DA CACHAÇA
ACONCHEGO CARIOCA
ADEGA FLOR DE COIMBRA
ADEGA PÉROLA
ADÔNIS
ALCAPARRA
ARMAZÉM CARDOSÃO
ARMAZÉM SÃO THIAGO
ARMAZÉM SENADO
ASTOR
BAR BRASIL
BAR D'HÔTEL
BAR DA PRAIA
BAR DO ARNAUDO
BAR DO JÓIA
BAR DO MINEIRO
BAR GASPAR
BAR LAGOA
BAR LUIZ
BAR URCA
BIP BIP
BRACARENSE
BRASEIRO DA GÁVEA
CANECO GELADO DO MÁRIO
CARANGUEJO
CASA DA CACHAÇA
CASA PALADINO
CASA VILLARINO
CERVANTES
CHICO & ALAÍDE
CHURRASCARIA BARRA GRILL
COSMOPOLITA
ESCONDIDINHO
JOBI
NORDESTINO CARIOCA
PARIS
PAVÃO AZUL

BRASILEIROS

ADEGA DA VELHA
APRAZÍVEL
ASSUNÇÃO
BAR DO MINEIRO
CASA DA FEIJOADA
ESCONDIDINHO
ESPÍRITO SANTA
JARDINETO
JOÃO DE BARRO
KAÇUÁ
NOMANGUE
O NAVEGADOR
PETISCO DA VILA
Q BISTRÔ BRASILEIRO
QUINTA
RESTAURANTE 28
SEVERYNA
SIRI MOLE
SKUNNA
TIA PALMIRA

CAFÉ DA MANHÃ

BENEDICTINE
BISTRÔ DA ESCOLA DO PÃO
CHÁCARA TROPICAL
COLOMBO/CRISTÓVÃO
D.R.I.
GALANI
GUY
PÉRGULA
SANTA SATISFAÇÃO
TERRANEO LOUNGE BAR

CARNES

AMADEUS
ANTIQUARIUS GRILL
BRASSERIE EUROPA
CASA DO FILÉ
CHURRASCARIA BARRA GRILL
CHURRASCARIA CARRETÃO
CHURRASCARIA MAJÓRICA
CHURRASCARIA OÁSIS
CHURRASCARIA PALACE
CHURRASCARIA PAMPA GRILL
CHURRASCARIA PORCÃO
CHURRASCARIA ROYAL GRILL
CORRIENTES 348
COSMOPOLITA
CT BOUCHERIE
DEPÓSITO GOURMET
ESPLANADA GRILL
FILÉ DE OURO
FILÉ DO LIRA
FILET & FOLHAS
FOGO DE CHÃO
GEPETTO
GIUSEPPE GRILL
GONZALO
L'ENTRECÔTE DE PARIS
MERCANTI
MOCELLIN
OUTBACK
PICANHA & ETC.
PLATAFORMA
POBRE JUAN
REI DOS ASSADOS
TOURÃO
TRAGGA

COMIDINHAS
BAR DA DONA MARIA
BAR DA PRAIA
BAR GASPAR
BAZZAR
LADO B
BISTRÔ DO PAÇO
BRIGITE'S
CAFÉ SORELLE
CANECO GELADO DO MÁRIO
CELEIRO
CHEF DOG
CHICO & ALAÍDE
D.R.I.
FORNERIA SÃO SEBASTIÃO
GUY
JUICE & CO.
MARKET
OUI OUI
PAVÃO AZUL
PIPO
RESTÔ
ROTISSERIA SÍRIO LIBANESA
SALETE
SANTA SATISFAÇÃO
VIA SETE
VILLA EMPÓRIO
YALLA

CONTEMPORÂNEOS
BAZZAR
IRAJÁ GASTRÔ
LASAÏ
LE PRÉ CATELAN
MIAM MIAM
OLYMPE
ORO
PARIS
PIPO
ROBERTA SUDBRACK
SEIDÔ
TÉRÈZE
TUPAC
ZAZÁ BISTRÔ TROPICAL
ZUKA

DELICATESSEN
CASA PALADINO

DOCES & SALGADOS
COLOMBO/CRISTÓVÃO

ESPANHÓIS
ENTRETAPAS
FIM DE TARDE
IBÉRICO
MANY
SHIRLEY
¡VENGA!

FEIJOADAS
ANTIQUARIUS
ARMAZÉM CARDOSÃO
CASA DA FEIJOADA
COLOMBO/CRISTÓVÃO
GALANI
GARDEN
PÉRGULA

FRANCESES
AMÉLIE
BISTRÔ DA ESCOLA DO PÃO
BRANCHE
BRASSERIE ROSÁRIO
CHEZ L'AMI MARTIN
COCCINELLE
CT BRASSERIE
EÇA
L'ATELIER DU CUISINIER
L'ETOILE
LA VILLA
LE BLÉ NOIR
LE PRÉ CATELAN
LE VIN BISTRÔ
LORENZO BISTRÔ
MONTAGU
OLYMPE
PARIS
SKYLAB

GALETERIAS
CANTINA DA NONNA
DOM BARCELOS
GALETO DO LEBLON
GALLI

ITALIANOS

ALESSANDRO & FREDERICO
ALLORO
ANNA
ARTIGIANO
AZZURRA
BENEDICTINE
CARMELO
CASA DO SARDO
CASA MOMUS
CIPRIANI
CT TRATTORIE
D.O.C. RISTORANTE
D'AMICI
DA BRAMBINI
DA CARMINE
DON CAMILLO
DUO
EMPÓRIO CITTÁ NOVA
ENOTECA UNO
ETTORE
FASANO AL MARE
FIORINO
FRATELLI
GABBIANO
GABBIANO AL MARE
GERO
GIUSEPPE
IL BORGO DEL CONTE
IL BORSALINO
IX BISTRÔ
LA FIDUCIA
LA FIORENTINA
LA PASTASCIUTTA
LA TRATTORIA
LORENZO BISTRÔ
LUIGI'S
MARGUTTA
MILANO DOC
OSTERIA DELL'ANGOLO
OSTERIA POLICARPO
PADANO
POMODORINO
QUADRIFOGLIO
QUADRUCCI
RÁSCAL
RIALTO
TERZETTO
TORNINHA
TURINO
UNIKO
VIEIRA SOUTO

JAPONESES

AZUMI
DEUSIMAR SUSHI
DOMBRI EDO
EPIFANIA ORIENTAL CONTEMPORÂNEO
KI
KOTOBUKI
MANEKINEKO
MINIMOK
MITSUBA
NAGA
NIK SUSHI
NORI
ORIGAMI
SEIDÔ
SHIN MIURA
SUSHI LEBLON
SUSHIMAR
TADASHI
TAKAHASHI SAN
TEN KAI
TOGU
VICTORIA
WASABI
YUMÊ

PÃES

BENEDICTINE
BISTRÔ DA ESCOLA DO PÃO
BRASSERIE ROSÁRIO
CELEIRO

PEIXES & FRUTOS DO MAR

A MARISQUEIRA
ALBAMAR
BARRACUDA
CANTINHO DA TIA PENHA
CARANGUEJO
GABBIANO AL MARE
GIUSEPPE GRILL MAR
LA CARIOCA CEVICHERIA
LA PLANCHA
LAGUNA
MARGUTTA
NOMANGUE
O PEIXE VIVO
OTTO AL MARE
PEIXARIA TRATTORIA MEDITERRÂNEA
RIO MINHO
SATYRICON
SENTAÍ
SIRI
SIRI MOLE
SKINNA
SKUNNA
SOBRENATURAL
UMAS E OSTRAS

PERUANOS

INTIHUASI
LIMA RESTOBAR
TUPAC

PIZZARIAS

BELLA BLU
BRÁZ
BUGATTI PIZZARIA
CAPRICCIOSA
DA CARMINE
ECCELLENZA
FIAMMETTA
FIORINO
GEPETTO
LA NOSTRA PIZZA
LUIGI'S
MAMMA JAMMA
MAMMA ROSA
MILANO DOC
PIAZZETTA PASTA & VINO
PIZZARIA CARIOCA DA GEMA
PIZZARIA GUANABARA
STRAVAGANZE PIZZARIA
TIZZIANO
VICTORIA

POLONESES

A POLONESA

PORTUGUESES

A MARISQUEIRA
ADEGA FLOR DE COIMBRA
ADEGÃO PORTUGUÊS
ADÔNIS
ALFAIA
ANTIQUARIUS
ANTIQUARIUS GRILL
BACALHAU DO REI
BAR DA DONA MARIA
BARRACUDA
CAIS
CASA DO BACALHAU
GRUTA DE SANTO ANTÔNIO
MOSTEIRO
NOVA CAPELA
QUINTA DO BACALHAU
REI DOS ASSADOS

QUILOS & BUFÊS

ATLANTIS
BELLA BLU
CELEIRO
CLUBE GOURMET
COUVE-FLOR
FELLINI
LA CIGALE
MIRAL
PÉRGULA
RÁSCAL
RIALTO
TERRANEO LOUNGE BAR
VERDE VÍCIO

TOMBADOS PELO PATRIMÔNIO

ADEGA DA VELHA
ADEGA FLOR DE COIMBRA
ADEGA PÉROLA
ADÔNIS
ARMAZÉM CARDOSÃO
ARMAZÉM SÃO THIAGO
ARMAZÉM SENADO
BAR BRASIL
BAR DA DONA MARIA
BAR DO JÓIA
BAR LAGOA
BAR LUIZ
BAR URCA
BIP BIP
CASA PALADINO
CASA VILLARINO
CERVANTES
COSMOPOLITA
JOBI
LAMAS
NOVA CAPELA
PAVÃO AZUL
RESTAURANTE 28
SALETE

VEGETARIANOS & SALADAS

BIO CARIOCA
CELEIRO
COUVE-FLOR
FONTES
GULA GULA
JUICE & CO.
MARKET
NATURAL DO RECREIO
POMAR ORGÂNICO
RÁSCAL
REFEITÓRIO ORGÂNICO
SABOR SAÚDE
UNIVERSO ORGÂNICO
VEGANA CHÁCARA
VEGAN VEGAN
VEGETARIANO SOCIAL CLUBE
VERDE VÍCIO

LOCALIZAÇÃO

ATERRO DO FLAMENGO

CHURRASCARIA PORCÃO
LAGUIOLE

BANGU

LA MOLE

BARRA DA TIJUCA

ACADEMIA DA CACHAÇA
ADEGÃO PORTUGUÊS
ANTIQUARIUS GRILL
AZZURRA
BENEDICTINE
BIO CARIOCA
BOCA CHICA
BRÁZ
BUGATTI PIZZARIA
CAPRICCIOSA
CAVIST
CERVANTES
CHÁCARA TROPICAL
CHEZ YUNES
CHURRASCARIA PAMPA GRILL
CHURRASCARIA PORCÃO
CHURRASCARIA ROYAL GRILL
CORRIENTES 348
CT BRASSERIE
D.O.C. RISTORANTE
DEPÓSITO GOURMET
DUO
ECLÉTICO
ENOTRIA POR JOACHIM KOERPER
ETTORE
FIAMMETTA
FRATELLI
GABBIANO
GALLI
GEPETTO
GERO
GRAND CRU
GULA GULA
HOLLANDAISE
IL BORSALINO
KOTOBUKI
L'ENTRECÔTE DE PARIS
LA MOLE
LA PLANCHA
LAGUNA
LE BLÉ NOIR
LE VIN BISTRÔ
MANEKINEKO
MERCANTI
MINIMOK
NAGA
NOMANGUE
OUTBACK
P.F. CHANG'S
PADANO
PAX DELÍCIA
PICANHA & ETC.
PIZZARIA GUANABARA
POBRE JUAN
RÁSCAL
REI DOS ASSADOS
RIALTO
ROSITA CAFÉ
SALITRE
SIRI
SIRI MOLE
SKINNA
SUSHIMAR
TIZZIANO
TOURÃO
TURINO
UVA, VINHO & CIA
VIENA
VILLA EMPÓRIO
WASABI
ZAHARA GOURMET
ZUKA

BARRA DE GUARATIBA

BIRA
CANTINHO DA TIA PENHA
TIA PALMIRA

BENFICA

ADÔNIS
BARSA

BOTAFOGO

ADEGA DA VELHA
ASSUNÇÃO
BISMARQUE
CAFÉ SORELLE
CHEF DOG
CUISINART
DOIS EM CENA
ECCELLENZA
EMPORIUM PAX
ENTRETAPAS
FIAMMETTA
FOGO DE CHÃO
GULA GULA
GUTESSEN
IL BORGO DEL CONTE

IRAJÁ GASTRÔ
KOTOBUKI
LA MOLE
LA VILLA
LASAÏ
LIMA RESTOBAR
MANY
MIAM MIAM
MIRA!
MY THAI
NOMANGUE
OUI OUI
OUTBACK
RÁSCAL
REFEITÓRIO ORGÂNICO
RICCA ALEGRIA
SEBASTIANA BISTRÔ
VEGAN VEGAN
VEGANA CHÁCARA
VERSÃO CARIOCA
VIENA
WEI MING

BÚZIOS

CAPRICCIOSA
SATYRICON

CACHAMBI

LA MOLE
OUTBACK
VIENA

CATETE

CARMELO
ROTISSERIA SÍRIO LIBANESA

CENTRO

ADEGA DO PIMENTA
ALBAMAR
ARMAZÉM SENADO
ASPARGUS
ATRIUM
BAR BRASIL
BAR DO JÓIA
BAR GASPAR
BAR LUIZ
BEDUINO
BERGUT VINHO E BISTRÔ
BISTRÔ DO PAÇO
BISTRÔ DOS CORREIOS
BISTRÔ OUVIDOR
BISTRÔ THE LINE
BISTRÔ VILLARINO
BRASSERIE EUROPA
BRASSERIE ROSÁRIO
CAIS
CASA PALADINO
CASA VILLARINO
CEDRO DO LÍBANO
CHURRASCARIA PAMPA GRILL
CLUBE GOURMET
COCCINELLE
COLOMBO/CRISTÓVÃO
CUISINART
EÇA
EME
ENOTECA UNO
ESCH CAFÉ
ESCONDIDINHO
FILET & FOLHAS
FIM DE TARDE
GIUSEPPE
GIUSEPPE GRILL
GULA GULA
JOÃO DE BARRO
L'ATELIER DU CUISINIER
LA MOLE
LA SAGRADA FAMILIA
LAMPADOSA
LE PANIER
MAKOTO
MÁLAGA
MANEKINEKO
MAUÁ
MONTAGU
MOSTEIRO
O NAVEGADOR
QUINTA DO BACALHAU
RANCHO INN
RIO MINHO
SABOR SAÚDE
SENTAÍ
TAKAHASHI SAN
TEN KAI
TERRAÇO
UNIKO
VERDE VÍCIO
VIA SETE

CIDADE NOVA

BIO CARIOCA
DOM BARCELOS
EMPÓRIO CITTÁ NOVA
FILET & FOLHAS
GULA GULA
LE PANIER

COPACABANA

A MARISQUEIRA
A POLONESA
ADEGA PÉROLA
ALFAIA
ALLORO
AMIR
ARAB
ATLANTIS
AZUMI
BAGHDAD
BELLA BLU
BIO CARIOCA
BIP BIP
BRANCHE
BRASILEIRINHO
CAPRICCIOSA
CARANGUEJO
CERVANTES
CHURRASCARIA CARRETÃO
CHURRASCARIA PALACE
CIPRIANI
COLOMBO/CRISTÓVÃO
DON CAMILLO
FORNO E FOGÃO
LA FIDUCIA
LA MOLE
LA TRATTORIA
LE BLÉ NOIR
LE PRÉ CATELAN
MEE
MUSSALEM
O PEIXE VIVO
PAVÃO AZUL
PEK 170
PÉRGULA
SÁ
SANTA SATISFAÇÃO
SIRI MOLE
SKYLAB
TERRANEO LOUNGE BAR

DEL CASTILHO

OUTBACK
PETISCO DA VILA

FLAMENGO

ALCAPARRA
CHURRASCARIA MAJÓRICA
EMPÓRIO SANTA FÉ
INTIHUASI
LAMAS
PARIS

FREGUESIA

SIRI

GAMBOA

RESTAURANTE 28

GÁVEA

AMÉLIE
ÁRABE DA GÁVEA
BACALHAU DO REI
BRASEIRO DA GÁVEA
D.R.I.
DEUSIMAR SUSHI
EMPORIUM PAX
GUIMAS
GULA GULA
IX BISTRÔ
LA PASTASCIUTTA
ORIGAMI
PRADO
SUSHIMAR

GLÓRIA

BARRACUDA
CASA DA SUÍÇA

HUMAITÁ

CASA DO FILÉ
ENTRETAPAS
IL BORGO DEL CONTE
IRAJÁ GASTRÔ
LASAÏ
MANEKINEKO
OSTERIA POLICARPO
OUI OUI
TRAGGA

ILHA DO GOVERNADOR

LA MOLE
MOCELLIN
SIRI

IPANEMA

ACQUABRAVA
ALESSANDRO & FREDERICO
ARTIGIANO
ASTOR
BAZZAR
BAZZAR
LADO B
BRASILEIRINHO
CAPRICCIOSA
CASA DA FEIJOADA
CAVIST
CHURRASCARIA CARRETÃO
CHURRASCARIA PORCÃO
D.R.I.
DEUSIMAR SUSHI
DOMBRI EDO
ESPAÇO7ZERO6
ESPLANADA GRILL
FASANO AL MARE
FONTES
FORNERIA SÃO SEBASTIÃO
GABBIANO AL MARE
GALANI
GARDEN
GERO
GRAND CRU
GULA GULA
LA CARIOCA CEVICHERIA
LA MOLE
LE VIN BISTRÔ
MANEKINEKO
MARGUTTA
MARKET
MILANO DOC
MINIMOK
NIK SUSHI
OPIUM
OSTERIA DELL'ANGOLO
RAYZ
REI DOS ASSADOS
RESTÔ
RISO
SALITRE
SATYRICON
SAWASDEE
STRAVAGANZE PIZZARIA
TEN KAI
TERZETTO
TUPAC
¡VENGA!
VIA SETE
VIEIRA SOUTO
VIZTA
ZAZÁ BISTRÔ TROPICAL

ITANHANGÁ

POMAR ORGÂNICO
MANEKINEKO

JACAREPAGUÁ

LANDHAUS
NORDESTINO CARIOCA

JARDIM BOTÂNICO

BRÁZ
CAPRICCIOSA
COUVE-FLOR
D.R.I.
DO HORTO
FILÉ DE OURO
GULA GULA
LA CARIOCA CEVICHERIA
LORENZO BISTRÔ
MR. LAM
OLYMPE
ORO
QUADRIFOGLIO
ROBERTA SUDBRACK
RUBAYIAT
SEIDÔ
TADASHI
VOLTA
YUMÊ

JOÁ

HANSL

LAGOA

ANNA
BAR LAGOA
BISTRÔ DA ESCOLA DO PÃO
CT TRATTORIE
GIUSEPPE GRILL MAR
GUY
IBÉRICO
KI
MAMMA JAMMA
PAX DELÍCIA
POMODORINO
RANCHO PORTUGUÊS
VICTORIA

LAPA
ADEGA FLOR DE COIMBRA
CASA DA CACHAÇA
CASA MOMUS
COSMOPOLITA
MATRIARCADO
NOVA CAPELA
PIZZARIA CARIOCA DA GEMA
PIZZARIA GUANABARA

LARANJEIRAS
ARMAZÉM CARDOSÃO
BOTECO DOC
LUIGI'S
MAMMA ROSA
SEVERYNA
SUSHIMAR
SYMPOSIUM

LEBLON
ACADEMIA DA CACHAÇA
ALESSANDRO & FREDERICO
ALVARO'S
ANTIQUARIUS
BAR D'HÔTEL
BAR DA PRAIA
BOTTEGA DEL VINO
BRACARENSE
BRIGITE'S
CAVIST
CELEIRO
CHICO & ALAÍDE
CT BOUCHERIE
DEGRAU
DEUSIMAR SUSHI
ESCH CAFÉ
FELLINI
FILÉ DO LIRA
FRATELLI
GALETO DO LEBLON
GIUSEPPE GRILL
GONZALO
GRAND CRU
GULA GULA
JOBI
JUICE & CO.
L'ETOILE
LA CIGALE
LA MOLE
LE COIN
MANEKINEKO
MINIMOK
NAM THAI
NORI
ORIGAMI
OUTBACK
P.J. CLARKE'S
PEIXARIA TRATTORIA MEDITERRÂNEA
PIPO
PIZZARIA GUANABARA
PLATAFORMA
Q BISTRÔ BRASILEIRO
QUADRUCCI
RÁSCAL
SANTA SATISFAÇÃO
SAWASDEE
SUSHI LEBLON
TOGU
UNIVERSO ORGÂNICO
VEGETARIANO SOCIAL CLUBE
¡VENGA!
VIENA
YALLA
ZUKA

LEME
D'AMICI
DA BRAMBINI
EPIFANIA ORIENTAL CONTEMPORÂNEO
GALERIA 1618
LA FIORENTINA
PASTA E PALLONE
SHIRLEY

MACAÉ
GRAND CRU

MARIA DA GRAÇA
CAFÉ E BAR LISBELA

MÉIER
CASA DO BACALHAU

NITERÓI
BERGUT VINHO E BISTRÔ
BISTRÔ MAC
CANECO GELADO DO MÁRIO
DA CARMINE
EMPORIUM PAX
GALLI
GRAND CRU
GRUTA DE SANTO ANTÔNIO
GULA GULA
LA MOLE
MOCELLIN
OUTBACK
SIRI
TORNINHA
VIENA

NOVA IGUAÇU
SIRI

PETRÓPOLIS
CHURRASCARIA MAJÓRICA

PRAÇA DA BANDEIRA
ACONCHEGO CARIOCA

RECREIO DOS BANDEIRANTES
AMADEUS
KAÇUÁ
LA NOSTRA PIZZA
NATURAL DO RECREIO
PIAZZETTA PASTA & VINO
SUSHIMAR

SANTA TERESA
ADEGA DO PIMENTA
APRAZÍVEL
ARMAZÉM SÃO THIAGO
BAR DO ARNAUDO
BAR DO MINEIRO
ESPÍRITO SANTA
SOBRENATURAL
TÉRÈZE

SÃO CONRADO
ALESSANDRO & FREDERICO
CHEZ L'AMI MARTIN
CHURRASCARIA OÁSIS
CT BRASSERIE
GULA GULA
POBRE JUAN

SÃO CRISTÓVÃO
ADEGÃO PORTUGUÊS
CASA DO SARDO
RESTAURANTE QUINTA DA BOA VISTA

TIJUCA
BAR DA DONA MARIA
CANTINA DA NONNA
FIORINO
GALLI
GULA GULA
LA MOLE
MITSUBA
OTTO
OTTO AL MARE
OUTBACK
PRIMEIRA PÁ
SALETE
UMAS E OSTRAS
VIENA
VILLA OTTO

URCA
BAR URCA
JULIUS BRASSERIE
TERRA BRASILIS
ZOZÔ

VARGEM GRANDE
DON PASCUAL
GEPETTO
JARDINETO
QUINTA
RESTAURANTE DON
SKUNNA

VILA ISABEL
PETISCO DA VILA
SIRI

VILA KOSMOS
LA MOLE

RESTAURANTES
A—Z

$	ATÉ R$ 80
$$	R$ 81 — R$ 120
$$$	R$ 121 — R$ 200
$$$$	ACIMA DE R$ 201

A

A MARISQUEIRA ($$)

PEIXES & FRUTOS DO MAR | PORTUGUÊS
Rua Barata Ribeiro 232 | Copacabana
(21) 2547-3920 | 2236-2062 |
DIARIAMENTE, ALMOÇO E JANTAR
ESTACIONAMENTO SIM | CARTÕES DE CRÉDITO A | M | V

Um dos poucos representantes da autêntica sustança lusitana que veio testar o gosto dos moradores de Copacabana. Nem no bairro, nem perto, não havia nada parecido. Seu formato também era o mesmo dos congêneres do Centro, e nada foi alterado. Na fachada, a geladeira ainda expõe, como numa vitrine, a seleção de pescado que vai parar nas paneladas do dia. E, até hoje, chama a atenção dos passantes a bandeja de polvo. Este, na receita de Vigo, vem na forma de grande posta grelhada em alho e óleo, acompanhado de seu inseparável arroz de brócolis. Antes, prove a sardinha frita, e não se esqueça, depois, do mineiro-com-botas, uma nada dietética mistura de ovos, queijo, banana, manteiga e açúcar.

A POLONESA ($$)

POLONÊS
Rua Hilário de Gouveia 116 | Copacabana
(21) 2547-7378
3ª F A 6ª F, JANTAR | SÁB E DOM, ALMOÇO E JANTAR
ESTACIONAMENTO NÃO | CARTÕES DE CRÉDITO D | M | V

A caminho de completar setenta anos, idade que o consagra como o mais provecto restaurante de Copacabana, até hoje assegura a fidelidade de vasta clientela. Sobretudo aos domingos, dia que as famílias escolheram para infernizar qualquer lugar tranquilo. De um cardápio quase intacto, os valores culinários sucumbiram com o passar dos tempos. Principalmente para quem conheceu os quitutes de D. Josefa Bastusik, nas mãos de quem tudo começou. O estrogonofe, a eterna lenda dessa cozinha, hoje lembra mais um prato de carregação. A boa notícia, no entanto, fica por conta de outro clássico da casa, o arenque marinado, com anéis de cebola e maçã ácida, em creme azedo, que ainda traz instigante mistura de sabores.

ACADEMIA DA CACHAÇA ($$)

BARES & BOTEQUINS | BRASILEIRO
Rua Conde Bernadotte 26, lj G | Leblon
(21) 2239-1542 | 2529-2680 |
www.academiadacachaca.com.br
2ª F A DOM, ALMOÇO E JANTAR
ESTACIONAMENTO NÃO | CARTÕES DE CRÉDITO D | M | V
FILIAL Av. Armando Lombardi 800, lj 65 L | Condado de Cascais | Barra da Tijuca (21) 2493-7956 | 2492-1159

Entre ser bar e restaurante, esta tradicional casa do Leblon, com filial na Barra, tem escorregado na cozinha. Se as caipirinhas continuam entre as melhores da cidade, o mesmo não se pode dizer de pratos clássicos da casa. A carne de sol anda dura; os escondidinhos, gordurosos. Salva-se o feijão: tanto o caldinho quanto a feijoada mantêm a qualidade. Na filial da Barra, costuma-se comer um pouco melhor do que no Leblon.

ACONCHEGO CARIOCA ($$)

BARES & BOTEQUINS | BRASILEIRO
Rua Barão de Iguatemi 379 | Praça da Bandeira
(21) 2273-1035 | www.aconchegocarioca.com.br |
3ª F A SÁB, ALMOÇO E JANTAR | DOM, ALMOÇO
ESTACIONAMENTO NÃO | CARTÕES DE CRÉDITO A | D | M | V

A casa nasceu pequena, apostando em comida caseira brasileira, sem grandes pretensões. Mas a fama da boa cozinha foi se espalhando, receitas da casa como o bolinho de feijoada foram ficando famosas, e o lugar ficou pequeno. Tanto que o restaurante mudou de lugar — mas não de rua: apenas atravessou a calçada, para uma casa maior e mais ajeitada. O cardápio seguiu o mesmo: com os bolinhos, o camarão na moranga, o nhoque com massa de vatapá, o arroz com carne de sol e queijo coalho. Destaque também para a carta recheada de cervejas artesanais. A cozinha de Kátia Barbosa (que agora conta com o apoio da filha Bianca) deu tão certo que até filial em São Paulo ela abriu!

ACQUABRAVA

Durante a realização deste Guia ainda não tinha sido inaugurado.
Rua Farme de Amoedo 52 | Ipanema

ADEGA DA VELHA ($)

BRASILEIRO | TOMBADO PELO PATRIMÔNIO
Rua Paulo Barreto 25, ljs A e B | Botafogo
(21) 2286-2176 | 2539-5047
DIARIAMENTE, ALMOÇO E JANTAR
ESTACIONAMENTO NÃO | CARTÕES DE CRÉDITO A | M | V

Nasceu em 1981, provavelmente ostentando o título de caçula do grupo dos tombados. Sua especialidade são os petiscos nordestinos que saciam a nostalgia de seus conterrâneos, considerando a casa de Seu Francisco um verdadeiro consulado. O cardápio se concentra em coisas como baião de dois, carne de sol, e outras iguarias de sua terra.

ADEGA DO PIMENTA ($)

ALEMÃO, AUSTRÍACO E SUÍÇO | BARES & BOTEQUINS
Rua Almirante Alexandrino 296 | Santa Teresa
(21) 2224-7554 | www.adegadopimenta.com.br | f
2ª F A SÁB, ALMOÇO E JANTAR | DOM, ALMOÇO
ESTACIONAMENTO NÃO | CARTÕES DE CRÉDITO A | D | M | V
FILIAL Praça Tiradentes 6 | Centro | (21) 2507-5293

A lenda em torno da casa conta que Herr Pfeffer, seu fundador, convencido de que ninguém entenderia esse nome, achou melhor traduzi-lo. E deu certo. Como um dos pioneiros da charmosa colina de Santa Tereza, ficou conhecido e até os dias atuais sua cozinha coleciona incontáveis apreciadores do pato com repolho roxo, do *goulash* e das apetitosas linguiças com salada de batatas. Cervejas com grifes importadas, depois de terem virado moda, integram uma bem fornida lista da Adega. Os novos donos — diferentemente do velho proprietário — acreditaram que seu nome não seria tão difícil de pegar e o usaram para batizar uma filial no Leblon.

ADEGA FLOR DE COIMBRA ($)

BARES & BOTEQUINS | PORTUGUÊS | TOMBADO PELO PATRIMÔNIO
Rua Teotônio Regadas 34
(atrás da Sala Cecília Meireles) | Lapa
(21) 2224-4582 | 2224-9138 |
www.adegaflordecoimbra.com.br | f
2ª F A SÁB, ALMOÇO E JANTAR
ESTACIONAMENTO NÃO | CARTÕES DE CRÉDITO M | V

Inaugurada em 1938 como mercearia, tem, no cardápio, além das imperdíveis sardinhas da terrinha, uma recomendação: aqui são proibidos beijos ousados. Uma curiosidade, o pintor Cândido Portinari morava na parte de cima do sobrado. Como parte da decoração, um mural de Nílton Bravo.

ADEGA PÉROLA ($$)

BARES & BOTEQUINS | TOMBADO PELO PATRIMÔNIO
Rua Siqueira Campos 138, lj A | Copacabana
(21) 2255-9425 | f
2ª F A SÁB, ALMOÇO E JANTAR
ESTACIONAMENTO NÃO | CARTÕES DE CRÉDITO D | M | V

Em 2010 quase fechou as portas, depois que Seu Antônio, o antigo dono, morreu. Graças a três clientes apaixonados, que se uniram para manter a casa aberta, a Adega continua firme e forte. No balcão comprido ficam as sardinhas, mexilhões, trutas, moelas, cogumelos — tudo no maior capricho, assim como era no tempo do Seu Antônio.

ADEGÃO PORTUGUÊS ($$$)

PORTUGUÊS

Campo de São Cristóvão 212 A | São Cristóvão
(21) 2580-8789 | 2580-8689 | www.adegaoportugues.com.br
2ª F A DOM, ALMOÇO E JANTAR | ESTACIONAMENTO SIM |
CARTÕES DE CRÉDITO A | D | M | V
FILIAL Av. das Américas 7.777, 3o piso | Rio Design Barra |
Barra da Tijuca (21) 3328-0906 | 2438-1178

Nos fins de semana, o Centro Nordestino, no campo de São Cristóvão, transforma-se numa megafeira de comida regional. Nem mesmo essa disputa em terreno próximo abala o prestígio e a afluência dos apreciadores da cozinha lusitana que lotam os salões do Adegão nesses mesmos dias. A generosidade de suas travessas — em particular, as apetitosas receitas João do Porto e Zé do Pipo —, pela abundância de suas porções, ameniza a conta de pratos feitos com o rico pescado. Vale também a lembrança dos camarões à alentejana, juntando em sua fritura a delícia calórica das lascas de lombo de porco.

ADÔNIS ($)

BARES & BOTEQUINS | PORTUGUÊS |
TOMBADO PELO PATRIMÔNIO

Rua São Luiz Gonzaga 2.156 | Benfica
(21) 3890-2283 | www.baradonis.com.br | f
2ª F A SÁB, ALMOÇO E JANTAR | DOM, ALMOÇO |
ESTACIONAMENTO NÃO | CARTÃO DE CRÉDITO V

O restaurante fica numa encruzilhada nada aprazível na tórrida Benfica (prefira ir em dias mais frescos). O ambiente é simples, o serviço *idem*. Mas o que torna o Adônis uma casa especial é a comida. O lugar serve alguns dos melhores pratos de bacalhau da cidade. A começar pelo bolinho, literalmente, viciante. Outras especialidades, como Filgueiras ou Zé do Pipo, são de comer de joelhos. Atenção ao tamanho das porções: um prato serve tranquilamente a duas pessoas com muita fome. O chope é um capítulo à parte, dos melhores do Rio.

ALBAMAR ($$$)

PEIXES & FRUTOS DO MAR

Praça Marechal Âncora 186 | Praça XV | Centro
(21) 2240-8428 | 2240-8378 | www.albamar.com.br | f
2ª F A SÁB, ALMOÇO E JANTAR | DOM, ALMOÇO
ESTACIONAMENTO SIM | CARTÕES DE CRÉDITO A | D | M | V

Na insólita torre salva da demolição do antigo Mercado Municipal, na praça XV, há quase 50 anos, sobrou o restaurante. Antes abastecido todas as manhãs pelos barcos de pesca que atracavam no porto vizinho, criou-se ali uma genuína cozinha do mar. Chegava a distrair a atenção assistir à cirúrgica extração de espinhas de peixes por afiados garçons. De um tempo para cá, pilotado não mais por um grupo de ex-empregados feitos sócios, tornou-se um lugar de cardápio mais genérico. Perdeu um pouco da aura informal, uma marca de muito charme do lugar. Das janelas que circundam toda a sala, a atracação das barcas cantareiras continua dando vida ao cais e fazendo mais romântica a paisagem da baía.

ALCAPARRA ($$$)

BARES & BOTEQUINS
Praia do Flamengo 150 | Flamengo
(21) 2558-3937 | www.alcaparra.com.br | f
DIARIAMENTE, ALMOÇO E JANTAR
ESTACIONAMENTO NÃO | CARTÕES DE CRÉDITO A | D | M | V

Depois de vários anos de vida, passou por uma reforma que lhe caiu bem, deu leveza ao ambiente outrora pesado da casa. Mas o bem-vindo frescor não chegou ao cardápio, que se manteve intacto, com as massas recheadas caseiras, risotos, costelas de cordeiro grelhadas, frutos do mar. De sobremesa, as tradicionais frutas flambadas. Nada que empolgue.

ALESSANDRO & FREDERICO ($$)

ITALIANO
Rua Garcia D'Ávila 134, lj D | Ipanema
(21) 2521-0828 | 2522-6848 |
www.alessandroefrederico.com.br
DIARIAMENTE, ALMOÇO E JANTAR
ESTACIONAMENTO SIM | CARTÕES DE CRÉDITO D | M | V
FILIAIS Estrada da Gávea, Shopping Fashion Mall, lj 101 D | São Conrado (21) 3322-4777 | 3322-1455 • Av. Ataulfo de Paiva, Rio Design Leblon, ljs 112 e 113 | Leblon (21) 2512-8921 | 2512-9388 • Rua Garcia D'Ávila 151 | Ipanema (21) 2522-6025

Além de ser uma pizzaria animada e descontraída, que é característica de seu perfil, também executa culinária versátil. Os pratos ganham o acréscimo de ingredientes mais em voga, embora usados de forma discreta e sem comprometer a tradição de suas fórmulas. Na filial do Recreio, o assédio exige lista de espera. Entre as quatro casas do grupo, esta goza da fama de oferecer a melhor gastronomia.

ALFAIA ($$)

PORTUGUÊS
Rua Inhangá 30, lj B | Copacabana
(21) 2236-1222 | 2255-8882 |
www.restaurantealfaia.com.br | f
DIARIAMENTE, ALMOÇO E JANTAR
ESTACIONAMENTO NÃO | CARTÕES DE CRÉDITO A | D | M | V

No coração de Copacabana, pode ser visto como um bistrô português. O carro-chefe, para não quebrar a tradição, é o bacalhau. E são os sequinhos bolinhos (indispensável atributo) que se impõem como agradável introdução à gula. Entre as receitas mais saborosas do pescado, o "à patuscada" é cozido em profusão de azeite e alho, trazendo ovos duros, brócolis, batatas e azeitonas. A casa não faz segredo de que a porção vai contentar três comensais, detalhe auspicioso na diferença do custo *per capita*. Além da doçaria à base de ovos, o complemento do untuoso percurso indica a degustação de um autêntico queijo da serra da Estrela, petisco pouco comum na concorrência.

ALLORO ($$$$)

ITALIANO
Av. Atlântica 1.020 | Windsor Atlântica Hotel | Leme
(21) 2195-7800 | www.windsorhoteis.com.br |
DIARIAMENTE, ALMOÇO E JANTAR
ESTACIONAMENTO SIM | CARTÕES DE CRÉDITO A | M | V

Foi grande a responsabilidade de indicar o *chef* para a principal cozinha do Hotel Windsor Atlântica. Antes, na vigência do Hotel Méridien, por ali passou um exército de cozinheiros treinados por ninguém menos que Paul Bocuse, um dos maiores do mundo em seu *métier*. Para não ter de citar todos, basta lembrar Laurent Suaudeau, para avaliar o gabarito culinário de que falamos. Luciano Bosseggia, atual *chef*, resultou em uma escolha deste nível. Chegou sem fazer alarde e aos poucos foi colocando o Alloro no mapa gastronômico da cidade, hoje figurando entre os melhores de nossa cozinha italiana.

ALVARO'S ($$)

Av. Ataulfo de Paiva 500 | Leblon
(21) 2294-2148 | 2294-2194 | www.alvaros.com.br |
DIARIAMENTE, ALMOÇO E JANTAR
ESTACIONAMENTO SIM | CARTÕES DE CRÉDITO A | D | M | V

Restaurante tradicional, com bandeiras fincadas no valorizado Leblon desde que o bairro ainda estava longe de ter o burburinho de hoje em dia. As porções seguem fartas e os garçons parecem os mesmos de quando a casa abriu suas portas. O pastel (antes referência) não é mais o mesmo. Mas a comida ainda vale uma visita. Em especial o picadinho. Outro prato tradicional da casa, o camarão com catupiry mantém a boa forma.

AMADEUS ($$)

CARNES
Av. Alfredo Baltazar da Silveira 1.829 | Recreio dos Bandeirantes
(21) 2480-7262 | 2480-8648 |
www.amadeusrestaurante.com.br |
3ª F A DOM, ALMOÇO E JANTAR | ESTACIONAMENTO SIM |
CARTÕES DE CRÉDITO A | D | M | V

O cardápio extenso atira para todos os lados. Tem salada, *carpaccios*, *tartares*, massas, risotos e por aí vai. Mas o forte da casa é o *grill*, de onde saem carnes e peixes bem feitos e no ponto que o cliente preferir. Um dos mais tradicionais restaurantes do Recreio, é movimentado tanto no almoço quanto no jantar, todos os dias.

AMÉLIE (\$)

FRANCÊS
Rua Marquês de São Vicente 52, lj 112 | Shopping da Gávea | Gávea
(21) 2249-8153
DIARIAMENTE, ALMOÇO E JANTAR
ESTACIONAMENTO SIM | CARTÕES DE CRÉDITO A | M | V

Mais uma tentativa do francês Olivier Cozan de fincar o pé na gastronomia carioca; desta vez, com especialidades da culinária bretã, terra natal do *chef*. As *galletes* são as estrelas nessa simpática casa instalada nos corredores do movimentado Shopping da Gávea. São feitas com trigo-sarraceno, à moda da Bretanha. O cliente escolhe o queijo e as opções de recheio. De sobremesa, experimente um dos crepes doces da casa. Vive cheio no almoço.

AMIR (\$)

ÁRABE
Rua Ronald de Carvalho 55, lj C | Copacabana
(21) 2275-5596 | www.amirrestaurante.com.br |
DIARIAMENTE, ALMOÇO E JANTAR
ESTACIONAMENTO SIM | CARTÕES DE CRÉDITO A | D | M | V

A casa se chama assim, mas o dono é Nicola Habre, que, além de inspirar a criação de sua cozinha árabe no Lido, também atende no serviço de bufês particulares. E — surpresa! — se o freguês estiver a fim de mais animação, ele próprio se exibe num *show* de música típica com direito a dança do ventre e leitura de borra de café. Um versátil e esforçado empresário, como se vê. Como nunca variam os quitutes desta especialidade (quibe, *esfiha*, *falafel*, *kafta*), tente encarar o calórico *shawarma* — dentro de um pão árabe, levando carnes bovina e de cordeiro, *homus*, salada *fatouch*, arroz marroquino e molho *tarator* — o qual quase não se vê nas mesas rivais.

ANNA (\$\$)

ITALIANO
Av. Epitácio Pessoa, 214 | Ipanema
(21) 2529-8810 | 2529-8766 | www.ristoranteanna.com.br |
DIARIAMENTE, JANTAR
ESTACIONAMENTO NÃO | CARTÕES DE CRÉDITO NÃO

Se o programa requer conforto e tranquilidade, este certamente é um endereço a considerar. Cadeiras confortáveis, mesas redondas com correto afastamento das demais e iluminação em boa medida são alguns aspectos dos acolhedores salões. A culinária italiana é marca registrada de todas as quatro cozinhas tocadas pela família Aleixo em Ipanema, na Lagoa e na Tijuca. Sua gastronomia pende para os lados da *vecchia cuccina*, e o capricho dos pratos é a tônica da casa. Atente para o rigor de uma das regras que vale em todo o grupo: não trabalham com cartões de crédito. Mas, se na hora da conta não houver cheque disponível, acreditem, o cliente pode pagar depois.

ANTIQUARIUS ($$$$)

FEIJOADA | PORTUGUÊS
Rua Aristides Espínola 19 | Leblon
(21) 2294-1049 | 2294-1695 |
www.antiquarius.com.br |
DIARIAMENTE, ALMOÇO E JANTAR
ESTACIONAMENTO SIM | CARTÕES DE CRÉDITO M | V

Fenômeno à parte no circuito gastronômico do Rio, a ilustre casa garante as virtudes da gastronomia lusitana desde o dia que abriu suas portas, há mais de 40 anos. À mesa, no começo dos trabalhos, a petiscada já exibe fartura — patê, queijo da serra da Estrela, bolinhos de bacalhau, pão de alho *etc.* — preconizando sua vigorosa cozinha de panelões. Açorda de bacalhau, arroz de pato, rins de vitela, cataplana de frutos do mar representam apenas uma amostra deste arsenal de iguarias. Completando o regabofe, a doçaria dourada é parada obrigatória ao final do percurso.

ANTIQUARIUS GRILL ($$$$)

CARNES | PORTUGUÊS
Av. das Américas 4.666, lj 160 | BarraShopping Expansão | Barra da Tijuca
(21) 3410-9900 | 2431-9071 |
www.antiquariusgrill.com.br |
DIARIAMENTE, ALMOÇO E JANTAR
ESTACIONAMENTO SIM | CARTÕES DE CRÉDITO D | M

O projeto do arquiteto João Mansur buscou aliar a tradição da casa do Leblon com a modernidade contemporânea da Barra da Tijuca. De fato, se na matriz prevalece o aconchego alentejano, na filial sobra luz e espaço. Pena que os acertos na arquitetura não se refletiram na cozinha, que peca pela inconstância e fica no meio do caminho entre a tradição portuguesa consagrada no Leblon e as adaptações feitas para satisfazer o público da Barra.

APRAZÍVEL ($$$)

ADEGA ESPECIAL | BRASILEIRO
Rua Aprazível 62 | Santa Teresa
(21) 2507-7334 | 2508-9174 |
www.aprazivel.com.br
3ª F A SÁB, ALMOÇO E JANTAR | DOM, ALMOÇO
ESTACIONAMENTO NÃO | CARTÕES DE CRÉDITO A | D | M | V

O nome da rua traduz o ambiente da casa. Quando abriu suas portas, a varanda debruçada sobre a parte baixa de Santa Teresa já desbancava seu interior com larga vantagem. A ampliação do lugar, espalhando graciosos quiosques em todo o terreno, teve óbvio intuito de desvendar o mesmo cenário. A preferência culinária de Ana Castilho é pelo sotaque mineiro, mas sua pesquisa percorre todo o mapa brasileiro. Vale começar pela tilápia com azeite de coentro e pimenta-de-cheiro sobre bacuri, ao lado de baião de dois e quiabo *al dente*, ou a mineiríssima galinhada caipira, levando linguiça, couve, feijão e banana-da-terra. Feche a refeição com carimbó, sorvete de castanha-do-pará e doce de cupuaçu. Um elevador panorâmico chegou como salvação para a saída à rua, antes obrigando os fregueses a penar por íngreme escada.

ARAB ($)

ÁRABE
Av. Atlântica 1.936 | Copacabana
(21) 2235-6698 | 2235-1884 | www.restaurantearab.com.br
2ªF, JANTAR; 3ªF A DOM, CAFÉ DA MANHÃ, ALMOÇO E JANTAR
ESTACIONAMENTO SIM | CARTÕES DE CRÉDITO A | D | M | V
FILIAL Parque dos Patins, quiosque 7 | Lagoa (21) 2540-0747

A culinária árabe tem favorável aceitação em geral, mas comparece modestamente no bairro, e até mesmo em toda a cidade. Isso apesar da parcimônia de seus cifrões, que não assustam nem os viajantes, hoje prevenidos das gordas contas em geral. Seu primeiro endereço foi e continua sendo um quiosque do Parque dos Patins, na Lagoa. Vivian Arab, a proprietária, não arrisca incursões em pratos mais elaborados da especialidade, precavendo-se em adotar o padrão mais óbvio do gênero.

ÁRABE DA GÁVEA ($)

ÁRABE
Rua Marquês de São Vicente 52, ljs 140 e 141 |
Shopping da Gávea | Gávea
(21) 2259-3238 | www.oarabedagavea.com | f
DIARIAMENTE, ALMOÇO E JANTAR
ESTACIONAMENTO SIM | CARTÕES DE CRÉDITO A | D | M | V

Nos primórdios do Shopping da Gávea, quando não tinha nem de longe o movimento atual, o Árabe limitava-se a um mínimo espaço para venda de quibe e pasta de grão-de-bico. Um pioneiro na área, pode-se dizer. Com o progresso do *shopping*, anexou uma nova loja e estendeu o atendimento às mesas espalhadas pelo *mall*. Hoje, além de sua tradição no local, concorre para sua lotação, sobretudo à noite, o enfático crescimento de salas de cinema, somado aos pequenos teatros. Sua gastronomia reflete a mais básica preferência pelo que já está mais do que visto e provado. Mas os fregueses voltam, e isso já é um trunfo da casa.

ARMAZÉM CARDOSÃO ($)

BARES & BOTEQUINS | FEIJOADA |
TOMBADO PELO PATRIMÔNIO
Rua Cardoso Júnior 312 | Laranjeiras
(21) 2225-3493 | f
3ª F A 6ª F, CAFÉ DA MANHÃ, ALMOÇO E JANTAR
SÁB E DOM, ALMOÇO E JANTAR |
ESTACIONAMENTO NÃO | CARTÕES DE CRÉDITO A | M | V

A ladeira escondida em Laranjeiras dá um simpático ar de subúrbio. Ainda não totalmente desfeita das origens de um pequeno empório, hoje a culinária é que faz a festa da freguesia. E que explica o prestígio da feijoada, aos sábados, em todo o bairro. Aviso de amigo: melhor chegar cedo.

ARMAZÉM SÃO THIAGO ($)

BARES & BOTEQUINS | TOMBADO PELO PATRIMÔNIO
Rua Áurea 26 | Santa Teresa
(21) 2232-0822 |
www.armazemsaothiago.com.br | f
DIARIAMENTE, ALMOÇO E JANTAR
ESTACIONAMENTO NÃO | CARTÕES DE CRÉDITO A | D | M | V

A casa foi arrendada em 1917 pelo espanhol Jesus, que homenageou Santiago de Compostela, cidade próxima a sua terra natal, com o nome de sua mercearia. Era um legítimo botequim-armazém, até que virou bar. Também conhecido como Bar do Gomes, o armazém foi todo reformado em 2003, mantendo porém móveis e utensílios. Além do famoso bolinho de bacalhau, a cenourinha suína também é uma ótima pedida.

ARMAZÉM SENADO ($)

BARES & BOTEQUINS | TOMBADO PELO PATRIMÔNIO
Av. Gomes Freire 256 | Centro
(21) 2509-7201
2ª F A 6ª F, CAFÉ DA MANHÃ, ALMOÇO E JANTAR |
SÁB, CAFÉ DA MANHÃ E ALMOÇO |
ESTACIONAMENTO NÃO | CARTÕES DE CRÉDITO D | M | V

Desde 1907 a casa funciona, além de armazém, como boteco. Tem cachaça de alambique, cerveja gelada e serve frios e queijos. Em todo primeiro sábado do mês promove concorridas rodas de samba.

ARTIGIANO ($$)

ITALIANO
Av. Epitácio Pessoa 204 | Ipanema
(21) 2512-6107 | 2512-3099 |
www.restauranteartigiano.com.br | f
2ª F A SÁB, JANTAR | DOM, ALMOÇO E JANTAR
ESTACIONAMENTO NÃO | CARTÃO DE CRÉDITO NÃO

Artigiano significa artesão, em italiano. E a casa faz jus ao nome apostando no preparo artesanal de pães, molhos e *pizzas*, sem uso de enlatados nem conservantes. Com inspiração na culinária da região da Emilia-Romagna, o restaurante oferece massas e *pizzas* bem-feitas, sem grandes pretensões e a bom preço. Apenas um lembrete: a casa não aceita cartões de débito, nem de crédito. Lá, apenas cheque ou dinheiro vivo.

ASPARGUS ($$$)

Rua Senador Dantas 74, 17º andar |
Clube das Seguradoras | Centro
(21) 2533-1098 | 2220-9597 | www.aspargus.com.br
2ªF A 6ªF, ALMOÇO | ESTACIONAMENTO NÃO |
CARTÕES DE CRÉDITO A | D | M | V

No Centro, no topo de um prédio projetado pelos famosos arquitetos MMM Roberto, o ex-Clube de Seguradores e Banqueiros deu lugar, há duas décadas, ao atual restaurante, aberto ao público só para almoço. Amplas salas decoradas com esmero por Gilles Jacquard completam o visual do 17º andar. Hoje, ainda que por lá não se esbarre mais com os sócios do antigo clube, restou como reduto de executivos em geral. Justifica-se, portanto, uma culinária mais sisuda, sem avanços em opções inovadoras. O extenso cardápio sugere marreco ao forno, nhoque de berinjela, polvo à galega ou filé com pimenta-verde. Seu amplo espaço é adequado à organização de jantares fechados e demais eventos.

ASSUNÇÃO ($$$)

BRASILEIRO
Rua Assunção 184 | Botafogo
(21) 2537-2732
3ªF A 6ªF, JANTAR | SÁB, ALMOÇO E JANTAR; DOM, ALMOÇO
ESTACIONAMENTO NÃO | CARTÕES DE CRÉDITO A | M | V

Foi em Botafogo que Mirka Lage mirou para fazer sua segunda tentativa profissional. Não querendo mexer no esquema culinário que lhe garantiu êxito no Centro, o estilo continuou o mesmo. E, assim, não fez diferença da salutar mistura de pratos do dia a dia, discretamente arrematados com temperos instigantes.

ASTOR ($$)

BARES & BOTEQUINS
Av. Vieira Souto 110 | Ipanema
(21) 2523-0085 | www.barastor.com.br | f
2ªF A 5ªF, JANTAR; 6ªF A DOM, ALMOÇO E JANTAR
ESTACIONAMENTO NÃO | CARTÕES DE CRÉDITO A | M | V

Filial carioca de uma casa de sucesso em São Paulo, o Astor fica no mesmo ponto onde durante anos funcionou o Barril 1800, um dos mais tradicionais bares de Ipanema. Decoração moderninha, gente bonita, varanda disputada com vista do Arpoador, comidinhas e petiscos razoáveis, grande variedade de drinques, chope bem tirado e preços não proibitivos: eis a receita para o fato de a casa carioca repetir o desempenho da matriz paulistana.

ATLANTIS ($$$$)

QUILOS & BUFÊS
Av. Atlântica 4.240, 1º andar | Hotel Sofitel | Copacabana
(21) 2525-1232 | 2525-1206 |
www.leprecatelan.com.br | f
DIARIAMENTE ALMOÇO E JANTAR
ESTACIONAMENTO SIM | CARTÕES DE CRÉDITO A | D | M | V

Como todo hotel bem condecorado, o Sofitel, em Copacabana, também tem o seu restaurante lado B. Lá, esse encargo pertence ao Atlantis, que inegavelmente cumpre sua função com acerto. Numa varanda debruçada sobre o posto 6, de Copacabana, vê-se todo o contorno da orla até onde a Pedra do Leme mergulha no mar. Os hóspedes, atraídos pelas duas piscinas no mesmo andar — uma para o sol da manhã e a outra para o da tarde — beneficiam-se de seu sortido bufê.

ATRIUM ($$)

Praça XV 48, Paço Imperial | Centro
(21) 2220-0193 | 2220-3282 |
www.restauranteatrium.com.br
2ªF A 6ªF, ALMOÇO
ESTACIONAMENTO NÃO | CARTÕES DE CRÉDITO A | D | M | V

Divide com o Bistrô do Paço a proposta gastronômica do Paço, na praça XV. E lá se vão, em ambos os casos, vinte anos de casa. A cozinha do Atrium cumpre, como é do agrado de sua clientela, o tradicional receituário caseiro. E aí, diferentemente do encontrável, com capricho, na apresentação dos pratos.

AZUMI ($$$)

JAPONÊS
Rua Ministro Viveiros de Castro 127 | Copacabana
(21) 2541-4294 | 2295-1098
DIARIAMENTE, JANTAR
ESTACIONAMENTO NÃO | CARTÕES DE CRÉDITO A | D | M | V

Este é um restaurante japonês tocado e frequentado por japoneses. A família Ohara (mãe, pai e filha, os donos) bate ponto diariamente na casa. O cardápio, em português e japonês, cheio de pratos típicos e nomes pouco usuais para a culinária nipo-brasileira, pode até intimidar. Mas os donos da casa estão sempre prontos para tirar quaisquer dúvidas que possam existir. Os peixes estão sempre frescos. E sempre há novidades. Nunca deixe de perguntar o que há de especial no dia. Você pode dar a sorte de se deparar com um magnífico *tartare* de sardinhas, entre outras delícias que não estão no cardápio!

AZZURRA ($$$$)

ITALIANO

Av. das Américas 7.777, ljs 304 e 308 | Rio Design Barra | Barra da Tijuca

(21) 3325-0403 | 3325-0808 | www.azzurraristorante.com.br |

DIARIAMENTE, ALMOÇO E JANTAR

ESTACIONAMENTO SIM | CARTÕES DE CRÉDITO A | M | V

Comida italiana sem grandes inovações, nem tampouco decepções. A massa fresca, feita na casa, é sempre boa pedida. Entre os clássicos da casa, o *Capellini King Jorge* (massa fina preparada com molho de queijos especiais, creme de leite fresco e lascas de camarões gratinados ao parmesão), o *Bacallà in Forno* (postas de bacalhau ao forno com cebola, tomates frescos, azeitonas portuguesas e alho) e o *Gnocchi al Gamberi e Zucchine* (feito com camarões VM preparados em suave molho de abobrinhas em cubos). Uma aconchegante varanda que veio com a reforma deu uma oxigenada no ambiente.

B

BACALHAU DO REI ($$)

PORTUGUÊS
Rua Marquês de São Vicente 11, lj A | Gávea
(21) 2239-8945 | www.bacalhaudorei.com.br |
DIARIAMENTE, ALMOÇO E JANTAR
ESTACIONAMENTO NÃO | CARTÕES DE CRÉDITO A | D | M | V

São 18 opções de pratos preparados com o peixe. O que leva o nome da casa é uma homenagem ao poeta lusitano Fernando Pessoa: vem cozido e desfiado, com cebola, ovo mexido, batata palha, azeitona, cheiro-verde e alho. Quem não curte bacalhau não precisa se desesperar: a casa também tem uma infinidade de outros pratos.

BAGHDAD ($)

ÁRABE
Rua Bolívar 45 | Copacabana
(21) 3251-9966 |
www.restaurantebaghdad.com.br | f
3ªF A DOM, ALMOÇO E JANTAR
ESTACIONAMENTO NÃO | CARTÕES DE CRÉDITO A | D | M | V

Os donos deste pequenino e aconchegante restaurante são um casal de iraquianos. Os cozinheiros, marroquinos. O vizinho, israelense. E a casa, volta e meia, elabora um "cardápio da paz". As linguiças são um ponto alto do estabelecimento. Mas quem não sabe o que quer, pode se apoiar no rodízio das especialidades da casa e aproveitar para saborear de tudo um pouco.

BAR BRASIL ($)

ALEMÃO, AUSTRÍACO E SUÍÇO | BARES & BOTEQUINS |
TOMBADO PELO PATRIMÔNIO
Av. Mem de Sá 90 | Centro
(21) 2509-5943
2ªF A SÁB, ALMOÇO E JANTAR
ESTACIONAMENTO NÃO | CARTÕES DE CRÉDITO A | D | M | V

Numa das poucas e heroicas exceções de um gênero de marcante simplicidade, flagra-se eclética identidade de sabores portugueses, alemães e... brasileiros. Onde, por exemplo, se veria um *kassler* cortado na generosa altura de um *chateaubriand* e mineiramente acompanhado pelo nosso bravo e possante tutu? Da sustança lusa, a dobradinha é dos pratos mais cobiçados. Os fregueses de todo dia juram que ali servem o melhor chope da cidade.

BAR D'HÔTEL ($$)

BARES & BOTEQUINS
Av. Delfim Moreira 696, 2º andar | Hotel Marina All Suites | Leblon
(21) 2172-1112 | www.marinaallsuites.com.br
DIARIAMENTE, ALMOÇO E JANTAR
ESTACIONAMENTO SIM | CARTÕES DE CRÉDITO A | D | M | V

A *chef* Maria Victoria comanda o restaurante, moderno e transado — projeto da arquiteta Beatrice Goldfeld com iluminação de Maneco Quinderé — com vista privilegiada para o mar do Leblon. Aberto em 2000, o Bar D'Hôtel consegue a proeza de estar sempre na moda. E nem a percepção de que os cariocas não costumam frequentar restaurantes em hotéis foi capaz de abalar as estruturas da casa — sempre abarrotada de gente fina, elegante e sincera. No cardápio, o Brasil brasileiro dá as cartas: risoto carioca (carne seca e creme de abóbora), dupla de escondidinhos (bacalhau e camarão com *shitake*) e outras bossas. A casa também fez fama por conta da grande variedade — e excelência — dos drinques.

BAR DA DONA MARIA ($)

COMIDINHAS | PORTUGUÊS | TOMBADO PELO PATRIMÔNIO
Rua Garibaldi 13 | Tijuca
(21) 2238-5091
2ªF A 6ªF, CAFÉ DA MANHÃ, ALMOÇO E JANTAR | SÁB, ALMOÇO
ESTACIONAMENTO NÃO | CARTÕES DE CRÉDITO A | M | V

A proprietária, D. Maria do Rosário, é o ícone do lugar. A ela tudo se deve, inclusive o fato de seu jubilado negócio ser conhecido como o que faz os melhores salgadinhos — pastéis, empadinhas, croquetes *etc.* — da Tijuca.

BAR DA PRAIA ($$)

BARES & BOTEQUINS | COMIDINHAS
Rua João Lira 5 | Hotel Marina | Leblon
(21) 2172-1000 | www.hotelmarina.com.br
DIARIAMENTE, JANTAR
ESTACIONAMENTO NÃO | CARTÕES DE CRÉDITO A | D | M | V

Simpática varanda do Hotel Marina, a dez passos da praia do Leblon, a casa é *point* da juventude dourada da Zona Sul desde quando abriu suas portas, lá se vão mais de dez anos. Menos por conta da comida (leve e simples, com apresentação moderninha, mas de preparo convencional e destaque para a dupla *sushi-sashimi*), e muito por conta do social. O Bar da Praia é, bem mais do que um lugar para comer, um *point* para ver e ser visto.

BAR DO ARNAUDO ($)

BARES & BOTEQUINS
Rua Almirante Alexandrino 316, lj B | Santa Teresa
(21) 2210-0817 |
DIARIAMENTE, ALMOÇO E JANTAR
ESTACIONAMENTO NÃO | CARTÕES DE CRÉDITO M | V

O pernambucano Arnaudo Gomes de Souza abriu o bar em 1970. Comida nordestina, ambiente simples e cachaça da boa eram os trunfos para fazer o lugar dar certo. Pois deu. E muito. Filas na porta são comuns. Nas paredes, telas do falecido pintor chileno Selarón dão um charme todo especial ao bar. Mas o que comanda mesmo a festa são os pratos, como a carne de sol com feijão-de-corda e abóbora ou a galinha à cabidela. Além dos incontáveis rótulos de cachaças, claro.

BAR DO JÓIA ($)

BARES & BOTEQUINS | TOMBADO PELO PATRIMÔNIO
Rua Júlia Lopes de Almeida 26 | Centro
(21) 2263-0774
2ªF A 6ªF, ALMOÇO
ESTACIONAMENTO NÃO | CARTÕES DE CRÉDITO M | V

Leva este nome pois assim chamava-se o falecido proprietário: Seu Jóia. O bar ficou fechado por um tempo, mas, com ajuda dos fregueses e amigos, reabriu em 2009 com a viúva, dona Alaíde, à frente dos negócios. Peça o feijão com paio e farofa de ovo. Acompanhe com cerveja, sempre bem gelada, e divirta-se.

BAR DO MINEIRO ($)

BARES & BOTEQUINS | BRASILEIRO
Rua Paschoal Carlos Magno 99 | Santa Teresa
(21) 2221-9227 | 2508-8580 |
3ªF A DOM, ALMOÇO E JANTAR
ESTACIONAMENTO NÃO | CARTÕES DE CRÉDITO A | D | M | V

Lotação esgotada faz parte da rotina da casa. Com direito a nome na lista e tudo. Não é para menos. O bar faz parte dos queridinhos dos cariocas. A feijoada é famosa, de tirar o chapéu. O segredo do sucesso pode parecer óbvio, mas, bem mais do que as carnes usadas no prato, é o sabor do feijão que faz a diferença nesse caso. Não deixe de reparar nas marionetes, fotos e cartazes que compõem o ambiente.

BAR GASPAR ($)

BARES & BOTEQUINS | COMIDINHAS
Praça Tiradentes 18 | Centro
(21) 3529-0038 | www.bargaspar.com.br |
2ªF, ALMOÇO | 3ªF A SÁB, ALMOÇO E JANTAR
ESTACIONAMENTO NÃO | CARTÕES DE CRÉDITO M | V

Aberto desde 2011 em um casarão restaurado na praça Tiradentes, em pleno Centro, o bar aposta em comida carioca e chope bem tirado. No cardápio, destaque para o já famoso galeto. Menos cotada, mas bem recomendada, é a linguiça de pernil. De sobremesa, vale experimentar o pudim de cachaça.

BAR LAGOA ($$)

ALEMÃO, AUSTRÍACO E SUÍÇO | BARES & BOTEQUINS | TOMBADO PELO PATRIMÔNIO
Av. Epitácio Pessoa 1.674 | Lagoa
(21) 2523-1135 | 2287-1112 | www.barlagoa.com.br
2ªF A 6ªF, JANTAR; SÁB, DOM E FER., ALMOÇO E JANTAR
ESTACIONAMENTO NÃO | CARTÕES DE CRÉDITO D | M | V

Em 1934, quando abriu, chamava-se Bar Berlim. Durante a Segunda Guerra Mundial, foi alvo de protesto de estudantes e mudou de nome. O Bar Lagoa, como é conhecido desde então, é todo *art déco*, com mármore de Carrara, trazido por navios que atracavam no cais de Ipanema. A pedida aqui é o chope com *kassler* e salada de batatas.

BAR LUIZ ($$)

ALEMÃO, AUSTRÍACO E SUÍÇO | BARES & BOTEQUINS | TOMBADO PELO PATRIMÔNIO
Rua da Carioca 39 | Centro
(21) 2262-6900 | www.barluiz.com.br
2ªF A 6ªF, ALMOÇO E JANTAR | SÁB, ALMOÇO
ESTACIONAMENTO NÃO | CARTÕES DE CRÉDITO D | M | V

Após a proliferação das cervejarias, nem sua centenária tradição segurou a preferência dos velhos tempos. Mesmo assim, a ortodoxa freguesia continua a desfrutar da qualidade do chope que fez sua fama. A cozinha não renega a origem, mantendo as clássicas receitas de outrora: escalope à *holstein*, salsichão com salada de batatas, *eisbein* acebolado, omelete de queijo e tantos mais pratos do receituário alemão que constam de seu caudaloso cardápio.

BAR URCA ($$)

BARES & BOTEQUINS | TOMBADO PELO PATRIMÔNIO
Rua Cândido Gaffrée 205 | Urca
(21) 2295-8744 | www.barurca.com.br | f
DIARIAMENTE, ALMOÇO E JANTAR
ESTACIONAMENTO NÃO | CARTÕES DE CRÉDITO M | V

O restaurante funciona no andar de cima, num ambiente sem lá muito charme, mas com razoável conforto. Porém, a graça está do lado de fora. A boa é pedir os petiscos no balcão, de preferência acompanhados por uma cerveja gelada ou uma boa caipirinha, atravessar a rua, sentar na mureta e colocar o papo em dia, admirando toda a beleza da baía de Guanabara. Entre as especialidades da casa, as empadas, o caldinho de frutos do mar, a casquinha de siri e os bolinhos de bacalhau.

BARRACUDA ($$$)

PEIXES & FRUTOS DO MAR | PORTUGUÊS

Av. Infante Dom Henrique s/nº, Marina da Glória | Aterro do Flamengo | Glória

(21) 2558-2490 | 2265-4641 | 2205-3346 | www.restaurantebarracuda.com.br |

2ªF A 6ªF, ALMOÇO E JANTAR | SÁB E DOM, ALMOÇO

ESTACIONAMENTO SIM | CARTÕES DE CRÉDITO A | D | M | V

Pouco distante da burocrática atmosfera que ferve no Centro, a Marina da Glória vive em pleno e doce sossego. Nesta casa, escondida entre velas de barcos, as vigas de madeira e os objetos de inspiração náutica de seu interior colaboram para compor um quadro de tasca à beira-mar. E em cujos fogões de matizes lusitanos o pescado prepondera. As espetadas de camarões ou de peixe e lulas são lendárias referências de sua culinária. É bom prevenir que se faça ressalva à eventual indisposição ao excesso de gordura no cozimento. Esta mesa de suculências não poupa a fartura de azeite e óleo, e nem as frituras escapam. Nos fins de semana, quando se interditam as pistas do Aterro, há acesso em frente aos escombros do Hotel Glória, logo depois do posto BR.

BARSA ($$)

Rua Capitão Félix 110, Rua 4, ljs. 4 e 6 | Cadeg | Benfica

(21) 2585-3743 | www.barsa.net.br |

DIARIAMENTE, ALMOÇO

ESTACIONAMENTO SIM | CARTÕES DE CRÉDITO A | M | V

A cozinha aberta, as mesas espalhadas ao longo do corredor do Cadeg, o cardápio que une com mestria simplicidade e sofisticação. Os pães da casa são ótima pedida para abrir os trabalhos. Mas convém parcimônia, pois as porções são fartas, as opções muitas e a qualidade alta. Coelhos e cordeiros possuem fãs ardorosos, mas o dono do pedaço é mesmo o Bacalhau Rei, feito com o lombo do peixe frito no azeite extravirgem com alho dourado, acompanhados de batata, couve, cebola, ovo cozido e arroz. De sobremesa, doces caseiros de frutas. Aos domingos, o almoço fica ainda melhor com uma impecável roda de choro.

BAZZAR ($$$)

CONTEMPORÂNEO

Rua Barão da Torre 538 | Ipanema

(21) 3202-2884 | www.bazzar.com.br |

DIARIAMENTE, ALMOÇO E JANTAR

ESTACIONAMENTO SIM | CARTÕES DE CRÉDITO D | M | V

Nascido e criado em Ipanema, o Bazzar combina elegância e simplicidade como só os cariocas conseguem. O ambiente é descolado, a comida, contemporânea, com um forte sotaque brasileiro. O Nem de Pato (rolinhos de folha de arroz recheados com pato e legumes) é clássico.

O caldo de carne de siri com cubinhos de banana-da-terra e palmito-pupunha, obrigatório. A salada de feijão Santarém com tomate é de dar água na boca. Outra dica: o creme de cará com aviús e flor de erva-doce. Na entrada do restaurante, funciona um Bubble Bar, com uma carta cheia de espumantes e diferentes tipos de xerez, ótima pedida para começar a noite.

BAZZAR / LADO B ($$)

COMIDINHAS
Rua Visconde de Pirajá 572 | Ipanema
(21) 2249-4977 | www.bazzar.com.br
DIARIAMENTE, ALMOÇO E JANTAR
ESTACIONAMENTO NÃO | CARTÕES DE CRÉDITO A | D | M | V
FILIAL Av. Afrânio de Melo Franco 290, lj. 205A | Shopping Leblon | Leblon (21) 2294-3660

Face ainda mais leve e despretensiosa do restaurante Bazzar, o Lado B fica no segundo andar da Livraria da Travessa de Ipanema. Doce de leite Aviação, ovo caipira do sítio Anahata, de São José do Vale do Rio Preto, chocolate premium AMMA, o foco está nos ingredientes e na origem deles. A comida é descomplicada e pra todas as horas. Tem sopas, saladas, bife de *chorizo*, tudo com um supervisual. A carta de cervejas leva assinatura de Kátia Jorge. A filial do Leblon é conhecida como Bazzar Café.

BEDUÍNO ($)

ÁRABE
Av. Presidente Wilson 123 | Centro
(21) 2524-5142 | www.arabebeduino.com.br
2ª F A 6ª F, CAFÉ DA MANHÃ, ALMOÇO E JANTAR |
SÁB, CAFÉ DA MANHÃ E ALMOÇO
ESTACIONAMENTO NÃO | CARTÕES DE CRÉDITO A | D | M | V

Árabe do Centro, um dos raros desgarrados da região do Saara, onde se concentra a maior parte dos concorrentes. Procurando fugir do usual modo de servir as receitas de sua especialidade, o cardápio oferece uma lista de sugestões de carnes com seus próprios acompanhamentos. São os que chamam de "ligeirinhos" — provavelmente, pratos quase prontos. Um exemplo: cafta com arroz de lentilhas. E aí juntados a intrusas batatas fritas, para acabar de horrorizar os mais ortodoxos apreciadores desta milenar culinária.

BELLA BLU ($)

PIZZARIA | QUILOS & BUFÊ
Rua Siqueira Campos 107 | Copacabana
(21) 2257-2014 | www.bellablu.com.br | f
DIARIAMENTE, ALMOÇO E JANTAR
ESTACIONAMENTO NÃO | CARTÕES DE CRÉDITO A | D | M | V

Mais um restaurante — no começo era só pizzaria — de Copacabana cuja comida não vai além do que há no mais comum dos cardápios. Valoriza sua história a lembrança de uma época em que o prestígio do colunista Ibrahim Sued enchia qualquer lugar. Significava muito, pelo valor que sua presença em mesa cativa proporcionava ao horário de almoço da casa. Hoje, desprovido deste acréscimo promocional, e fixado numa rua decadente de Copacabana, o lugar é apenas mais uma pizzaria de bairro.

BENE

Durante a realização deste Guia ainda não tinha sido inaugurado.
Av. Niemeyer 121 | Sheraton Rio Hotel & Resort | Vidigal
(21) 2274-1122

BENEDICTINE ($$)

CAFÉ DA MANHÃ | ITALIANO | PÃES
Av. das Américas 3.900, lj 157 |
Shopping Village Mall | Barra da Tijuca
(21) 3252-2784 |
restaurantebenedictine.com.br |
DIARIAMENTE, ALMOÇO E JANTAR
ESTACIONAMENTO SIM | CARTÕES DE CRÉDITO A | D | M | V

Marcílio Araújo passou 12 anos pilotando as panelas no bistrô Le Vin. Em julho de 2014, assumiu a cozinha do Benedictine, mais uma casa paulistana a abrir filial no Rio de Janeiro, durante a Copa do Mundo, em um *shopping* pra lá de chique na Barra da Tijuca. O lugar é enorme, e abriga uma padaria (a cargo de Paulo Kömig, mestre em pães), uma salumeria e um bar de ostras. Abre para café da manhã e só fecha as portas quando o último cliente vai embora. Ali não há surpresas: a comida é a boa e velha cozinha italiana. Estão lá a *carbonara*, a *matriciana*, o espaguete ao vôngole, os peixes, os filés. A diferença para outras casas do tipo: a (altíssima) qualidade da comida de Marcílio.

BERGUT VINHO E BISTRÔ ($$$)

ADEGA ESPECIAL
Av. Erasmo Braga 299, lj B | Centro
(21) 2220-1887 | 2532-7332 | www.bergut.com |
2ª F A 6ª F, ALMOÇO
ESTACIONAMENTO NÃO | CARTÕES DE CRÉDITO A | M | V
FILIAIS Rua Senador Dantas 100 | Centro (21) 2532-7332 • Rua Miguel de Frias 169 | Niterói (21) 2620-7666

Adega e bistrô casam-se no mezanino, onde, além do atendimento de todo dia, realizam frequentes provas harmonizando vinhos e comida. Uma delas, que conquista inúmeros enogastrônomos, é dedicada ao paladar português. Pertence à agenda das quintas-feiras, apresentando vinhaça lusa de qualificada procedência.

BIO CARIOCA ($)

VEGETARIANOS & SALADAS
Rua Xavier da Silveira 28 | Copacabana
(21) 2236-4125 | www.biocarioca.com.br |
2ªF A DOM, ALMOÇO; 4ªF A SÁB, ALMOÇO E JANTAR |
ESTACIONAMENTO NÃO | CARTÕES DE CRÉDITO A | D | M | V
FILIAIS Av. das Américas 500, lj 128 | Shopping Downtown | Barra da Tijuca (21) 3598-0036 • Rua Néri Pinheiro 285 | Boulevard Cidade Nova | Cidade Nova (21) 2504-6169

A matriz fica em Copacabana, mas o sucesso foi tanto, que duas filiais já foram abertas: uma na Barra e outra na Cidade Nova. Casa vegetariana, com várias opções livres de glúten. O cardápio é extenso, com óbvio destaque para as saladas, mas também para omeletes, massas e risotos.

BIP BIP ($)

BARES & BOTEQUINS | TOMBADO PELO PATRIMÔNIO
Rua Almirante Gonçalves 50, lj D | Copacabana
(21) 2267-9696 |
DIARIAMENTE, JANTAR |
ESTACIONAMENTO NÃO | CARTÕES DE CRÉDITO NÃO

Uma lenda no meio boêmio de Copacabana e de outras bandas, cuja fama o Bip Bip alcançou. Recebe sambistas, principalmente nas rodas de fim de semana. Só para dar uma ideia do grau de adesão e da qualidade da música: Beth Carvalho e Nelson Sargento são fregueses, entre muitos.

BIRA ($$$$)

Estrada da Vendinha 68A | Barra de Guaratiba
(21) 2410-8304 | www.restaurantedobira.com.br | .
5ªF A DOM, ALMOÇO |
ESTACIONAMENTO SIM | CARTÕES DE CRÉDITO NÃO

Badalada casa de Guaratiba, cujas mesas com as vistas mais privilegiadas são disputadas a tapa, costuma colecionar prêmios quando o assunto é restaurante *off* Rio. Os pastéis são bons, os peixes, frescos. Mas o maior trunfo da casa é mesmo a paisagem de tirar o fôlego. Não que a comida seja ruim, longe disso. Cercado de verde, com um visual panorâmico dos lindos canais de Guaratiba, uma das mais bonitas regiões do Rio. As porções são fartas, mas prepare a carteira: o Bira é bem caro.

BISMARQUE ($$)

Rua São Clemente 24 lj A | Botafogo
(21) 2538-1032
2ªF A 6ªF, ALMOÇO E JANTAR; SÁB E DOM, ALMOÇO |
ESTACIONAMENTO NÃO | CARTÕES DE CRÉDITO A | D | M | V

O nome do botequim é sempre lembrado como uma simpática anedota. Não homenageia o famoso chanceler alemão, como apressadamente se poderia pensar, mas seus próprios fundadores — os lusos irmãos Marques. Hoje, com o sumiço deste tipo de casa, tenta-se arremedar o gênero, montando um local onde a comida é tratada como mero acessório para um oceânico consumo de chope. No Bismarque não desapareceram os vestígios do velho arquétipo da terrinha, em que a fartura das travessas chega a assustar. Mas é pena que já não se faça mais o bife acebolado de fígado de boi, nem o lombo de porco frito na banha, como nos bons tempos. O que não falha é a sistemática agenda de favoritos do dia. Para quem aprecia, é bom anotar que nas terças tem rabada, e nas quintas é a vez do cozido.

BISTRÔ DA ESCOLA DO PÃO ($$$)

CAFÉ DA MANHÃ | FRANCESES | PÃES
Rua General Garzon 10 | Lagoa
(21) 2294-0027 | 3205-7275 | www.escoladopao.com.br | f
2ª F, SÁB E DOM, CAFÉ DA MANHÃ E ALMOÇO |
3ª F A SÁB, ALMOÇO E JANTAR;
ESTACIONAMENTO SIM | CARTÕES DE CRÉDITO A | D | M | V

O nome da casa já entrega: o forte da casa é mesmo o pão, fabricado de forma artesanal, com água mineral e sem gordura vegetal. O café da manhã, servido aos sábados e domingos até às 13h, costuma lotar a bela construção da década de 1930, onde, um dia, morou José Lins do Rego. Para jantar, um variado *menu*, em que pode se encontrar coelho, avestruz, pato, cavaquinha e outras bossas.

BISTRÔ DO PAÇO ($)

COMIDINHAS
Praça XV 48, Paço Imperial | Centro
(21) 2262-3613 | www.bistro.com.br
DIARIAMENTE, ALMOÇO E JANTAR |
ESTACIONAMENTO NÃO | CARTÕES DE CRÉDITO A | D | M | V

No mais grandioso prédio colonial que o Império legou à cidade, abriga-se um simpático canto do andar térreo, uma espécie de bistrô-cantina. Sem mãos a medir para atender a fidelíssima clientela, D. Maria Nauer, suíça abrasileirada, mantém um cardápio que mistura alguns pratos de consistência *versus* opções de comida rápida. Esses são obviamente requisitados pela pressa dos executivos em resolver seu estressado intervalo de trabalho, com saladas, *quiches* e sanduíches. Para um almoço mais demorado, vale a prova do estrogonofe suíço com *spätzli.*

BISTRÔ DOS CORREIOS ($$)

Rua Visconde de Itaboraí 20 | Centro Cultural dos Correios | Centro
(21) 2219-5324
DIARIAMENTE, ALMOÇO | ESTACIONAMENTO NÃO |
CARTÕES DE CRÉDITO A | D | M | V

Desde que o palacete atrás do prédio principal dos Correios foi transformado em centro cultural, um dos salões do térreo destinou-se a esta extensão culinária. A adaptação não foi feliz e até hoje parece um espaço improvisado. É pena não poder aproveitar o pátio vizinho — amplo e acolhedor. Para uma refeição rápida, seus omeletes e suflês eram bem cotados. Hoje o cardápio pende mais para a simplicidade das receitas, mas há lagostins, preparados em duas versões, gratinados ou grelhados, com risoto de limão.

BISTRÔ MAC ($$)

ADEGA ESPECIAL
Mirante da Boa Viagem s/nº, subsolo do Museu de Arte Contemporânea (MAC) | Boa Viagem | Niterói
(21) 2629-1416 | www.bistromac.com.br | f
3ªF A 5ªF E DOM, CAFÉ DA MANHÃ E ALMOÇO |
6ªF E SÁB, CAFÉ DA MANHÃ, ALMOÇO E JANTAR |
ESTACIONAMENTO SIM | CARTÕES DE CRÉDITO A | D | M | V

No subsolo do Museu de Arte Contemporânea de Niterói (MAC), funciona esse simpático bistrô, aos pés da baía de Guanabara, e dono de uma vista estupenda. A comida é simples, mas bem-feita. Destaque para o nhoque de aipim com carne seca e o peixe em crosta de tapioca com risoto de quinoa com legumes. A carta de vinhos tem excelentes opções, para todos os gostos e bolsos.

BISTRÔ OUVIDOR ($)

Rua do Ouvidor 52 | Centro
(21) 2509-5883 | bistroouvidor.com.br | f
2ªF A SÁB, ALMOÇO
ESTACIONAMENTO NÃO | CARTÕES DE CRÉDITO D | M | V
FILIAL Rua Bambina 145 | Botafogo (21) 3995-1627

Há ali muito mais características do gênero bistrô que a simples identificação de pequeno lugar. Nesse caso, além do intimismo, notam-se traços bastante similares. O quadro-negro e a oferta do *plat du jour* estão presentes, mas a cozinha da *chef* Ivone Lúcio é que se esforça para dar a maior prova, comparecendo com alguns petiscos que não negam essa busca de autenticidade: o patê de *campagne*, o *cassoulet* de frutos do mar e o *magret* de *canard* estão no *menu*.

BISTRÔ THE LINE ($)

Rua Visconde do Itaboraí 78 |
Casa França-Brasil | Centro
(21) 2233-3571 | 99922-5907 | www.theline.com.br | f
DIARIAMENTE, ALMOÇO
ESTACIONAMENTO NÃO | CARTÕES DE CRÉDITO A | M | V
FILIAIS Rua Alcântara Machado 35 | Centro (21) 2263-7457 • Travessa do Comércio 20 | Centro (21) 2224-6438 • Rua do Mercado 37 | Centro (21) 3970-5620 •

Praça Marechal Âncora s/nº | Museu Histórico Nacional | Centro (21) 2524-1211

Ocupando um pequeno salão no interior da Casa França-Brasil, propositalmente despido de qualquer complemento decorativo, o salão assimila a dignidade do magnífico prédio. Apesar da turbulência do trânsito à volta, o terraço é agradável e tem mesas sob guarda-sóis, divisando a portentosa fachada da Igreja da Candelária. No cardápio do *chef* Daniel Borges, a cada semana são apresentadas três novas sugestões de pratos. Às sextas-feiras, a feijoada é sagrada. Essa, talvez, uma prática culinária cada vez mais comum no Centro. Pelo alentado da refeição, ocasiona nesse dia uma provável baixa no índice de rendimento dos executivos, no turno pós-almoço.

BISTRÔ VILLARINO ($$)

Av. Rio Branco 180, lj B | Centro
(21) 2220-9571 | 2210-5069 |
www.bistrovillarino.com.br | f
2ªF A 6ªF, ALMOÇO E JANTAR
ESTACIONAMENTO NÃO | CARTÕES DE CRÉDITO A | D | M | V

Surfando no prestígio do velho empório com o mesmo nome, a casa exalta a disponibilidade de uma adega com mais de 300 rótulos. Executam *menu* fixo, trocando pratos a cada quinzena. No *ranking* dos pedidos *à la carte*, consta em preferencial colocação a paleta de cordeiro ao vinho do Porto. O visual da casa é circunspecto, exemplarmente mostrado pela forração das paredes com lambris de madeira escura. Dada a antiguidade do prédio onde está instalada, a opção decorativa justifica o esforço de integração ao tradicional conjunto arquitetônico da Cinelândia.

BOCA CHICA ($$)

Av. das Américas 500 bloco 13 lj 115 |
Shopping Downtown | Barra da Tijuca
(21) 3798-9998 | www.bocachica.com.br
2ªF A SÁB, ALMOÇO
ESTACIONAMENTO SIM | CARTÕES DE CRÉDITO A | D | M | V

O original é uma mistura de restaurante e boate, ultrabadalado, no balneário de Punta del Este, no Uruguai. Mas a filial carioca é bem menos pretensiosa do que a matriz. Apesar do cardápio desenhado pelo artista plástico uruguaio Carlos Paez Vilaro, a comida do lugar é bem modesta. No *menu*, saladas, carnes, peixes, massas.

BOTECO DOC ($)

Rua das Laranjeiras 486 | Laranjeiras
(21) 3486-2550 | www.botecodoc.com.br | f
3ªF A SÁB, ALMOÇO E JANTAR; DOM, ALMOÇO
ESTACIONAMENTO NÃO | CARTÕES DE CRÉDITO A | D | M | V

Casa pequenina e bem transada, encravada no coração de Laranjeiras, frequentada principalmente por moradores do bairro. As poucas mesas vivem cheias, tanto para almoço quanto para jantar. O segredo: boa e criativa comida, e preços justos. O *chef* Gabriel Carvalho é um cara para prestar atenção. O pastel de *boeuf bourguignon*, o trio de mini-hambúrgueres e a barriga de porco (feita sob encomenda) são clássicos instantâneos. A carta de cervejas é outro ponto a favor da casa.

BOTTEGA DEL VINO ($$$)

Rua Dias Ferreira 78 | Leblon
(21) 2512-6526 | www.bottegadelvino.com.br | f
2ªF A 5ªF, ALMOÇO; 6ªF A DOM, ALMOÇO E JANTAR
ESTACIONAMENTO SIM | CARTÕES DE CRÉDITO A | D | M | V

A casa funciona na movimentada Dias Ferreira, no Leblon, vizinha ao Esch Café. A ideia inicial era montar uma espécie de bar de *tapas* italianas, com pratos em pequenas porções e uma aposta numa adega afiada. Mas a necessidade de adaptação levou a casa a outro caminho. O cardápio segue a inspiração italiana, com massas, risotos, *carpaccios* e carne — mas em tamanho normal. Já a carta de vinhos, embora conte com algumas boas surpresas, fica a desejar para um restaurante que leva a bebida no nome.

BRACARENSE ($)

BARES & BOTEQUINS
Rua José Linhares 85, lj B | Leblon
(21) 2294-3549 |
www.bracarense.com.br | f
DIARIAMENTE, ALMOÇO E JANTAR
ESTACIONAMENTO NÃO | CARTÕES DE CRÉDITO NÃO

Muito antes de os botequins entrarem na moda e ganharem uma roupa mais moderninha, o "Braca" já se fartava de vender chopes e quitutes, como o bolinho de aipim com camarão e catupiry, clássico inconteste da gastronomia carioca. Opção sempre segura de almoço saboroso e com bom preço no caro e disputado Leblon.

BRANCHE ($$)

FRANCÊS
Av. Atlântica 2.554 | Hotel Tulip Inn | Copacabana
(21) 3545-5100 | www.brancherestaurants.com | f
DIARIAMENTE, CAFÉ DA MANHÃ, ALMOÇO E JANTAR
ESTACIONAMENTO NÃO | CARTÕES DE CRÉDITO A | D | M | V

Na cartilha do *marketing* hoteleiro, os restaurantes figuram como eficientes chamarizes. No caso deste, lançado em 2010 pelo Hotel Tulip Inn, de Copacabana, a cozinha optou pela comida moderna. A escolha da vanguarda gastronômica pressupõe equipamento na mesma linha, nada a ver com os batidos pratos redondos. O Branche adota simpáticas cumbucas, preferindo a louça de *design* convencional, desprezando os pratos redondos de sempre. Mas faria melhor aposta se todo esse esmero no *décor* igualmente contemplasse o acabamento e a textura dos quitutes que produzem.

BRASEIRO DA GÁVEA ($)

BARES & BOTEQUINS
Praça Santos Dumont 116 | Gávea
(21) 2239-7494 |
www.braseirodagavea.com.br |
DIARIAMENTE, ALMOÇO E JANTAR
ESTACIONAMENTO NÃO | CARTÕES DE CRÉDITO A | M | V

Ponto de encontro das mais diversas tribos da Zona Sul carioca. Surfistas, músicos, atores, artistas plásticos, jornalistas, advogados, empresários e que tais, todos vão em busca da comida boa e farta, com preço justo (em se tratando de Zona Sul) e clima absolutamente informal e carioca. Destaque para a picanha fatiada com arroz de brócolis e batata à escolha do cliente, um dos clássicos da casa e da cidade.

BRASILEIRINHO ($$)

Av. Atlântica 3.564 | Hotel Debret | Copacabana
(21) 2267-3148 |
www.cozinhatipica.com.br |
DIARIAMENTE, ALMOÇO E JANTAR
ESTACIONAMENTO SIM | CARTÕES DE CRÉDITO A | D | M | V
FILIAL Rua Jangadeiros 10 | Ipanema (21) 2513-5184

Tradicionalmente instalado em Ipanema, desde 2013 também respira a brisa marinha de Copacabana. Sua culinária segue os passos das modalidades típicas, pesando mais no cardápio os pratos de origem nordestina. Os pastéis de angu e as costelinhas de porco fritas com aipim, entre outras, são boas iscas para agradar aos turistas que andam atrás da petiscada regional.

BRASSERIE EUROPA ($$)

CARNES
Rua Senador Dantas 117, ljs I, J e K | Centro
(21) 2220-2656 | 2533-4409
2ª F A 6ª F, ALMOÇO E JANTAR
ESTACIONAMENTO NÃO | CARTÕES DE CRÉDITO D | M | V

Longe de encontrar o modelo culinário que caracteriza as *brasseries* parisienses, este salão de largas proporções se preocupa em disponibilizar o máximo de escolhas à clientela de todo dia. Em geral, ao pessoal que trabalha nas redondezas. Na avalanche de ofertas, é possível notar algum ensaio na gastronomia contemporânea, usualmente muito ciosa da estética de suas montagens. E, contrariando os métodos culinários, aqui não se dispensa a alegoria dos pratos arrumados com essa pretensão.

BRASSERIE ROSÁRIO ($$)

FRANCÊS | PÃES
Rua do Rosário 34 | Centro
(21) 2518-3033 | 2518-3533 |
www.brasserierosario.com.br |
2ªF A 6ªF, ALMOÇO E JANTAR; SÁB, ALMOÇO
ESTACIONAMENTO NÃO | CARTÕES DE CRÉDITO A | D | M | V

Do finado Garcia e Rodrigues — o mais ambicioso projeto de complexo gastronômico da cidade — Luiz Antônio Rodrigues, ex-sócio e fundador, levou para sua *brasserie* toda a memória dos bons momentos. E, claro, tratando de esquecer o tanto que não deu certo. Frédèric Monnier, um *chef* eficiente, é responsável por boa fatia do atual êxito de empreendimento. Além do restaurante, a casa produz alguns petiscos para venda em balcão. E talvez não seja exagero creditar à sua iniciativa o renascimento daquele canto do Centro, com a animação das horas tardias e, principalmente, nos fins de semana.

BRÁZ ($$)

PIZZARIA
Rua Maria Angélica 129 | Jardim Botânico
(21) 2535-0687 |
www.brazpizzaria.com.br |
DIARIAMENTE, JANTAR
ESTACIONAMENTO NÃO | CARTÕES DE CRÉDITO A | D | M | V
FILIAL Av. Érico Veríssimo 46 | Barra da Tijuca
(21) 2491-7170

No Rio já são duas filiais — no Jardim Botânico e na Barra — acumuladas à rede das quatro casas do grupo gastronômico paulista. Uma expansão como essa comprova o sucesso das pizzarias mais descoladas como fórmula ideal para caber em orçamentos mais contidos. Eduardo Cunha, um dos mais antigos conhecedores dos segredos da boa *pizza* (inclusive do projeto de fornos), é o sócio carioca e não tem do que se queixar da repercussão das casas que estão sob sua guarda.

BRIGITE'S ($$$)

COMIDINHAS
Rua Dias Ferreira 247 | Leblon
(21) 2274-5590 | brigites.com.br |
2ªF, JANTAR; 3ªF A DOM, ALMOÇO E JANTAR
ESTACIONAMENTO SIM |
CARTÕES DE CRÉDITO A | D | M | V

O ambiente é *clean*, com um balcão que convida o cliente a sentar. A carta de vinhos é pequena, mas bem-feita. Os drinques são criativos e gostosos. O lugar é bem frequentado. A cozinha andou rateando no começo, mas os ajustes apareceram com a chegada do *chef* Nelo Garaventa. Fazendo alterações, deu personalidade ao cardápio, principalmente com a adoção do sotaque italiano. Uma boa prova é a polenta crocante com molho de queijo trufado. Em toda a casa, espalham-se as famosas cadeiras Rio, do *designer* Carlos Motta.

BUGATTI PIZZARIA ($$)

PIZZARIA

Av. Armando Lombardi 633 | Shopping Market Street | Barra da Tijuca

(21) 2491-6369

3ª F A DOM, JANTAR

ESTACIONAMENTO SIM | CARTÕES DE CRÉDITO A | D | M | V

A *pizza* fina, feita com farinha 00 e água mineral, costuma agradar aos fãs da redonda. No cardápio, 40 opções para não deixar ninguém insatisfeito. A casa oferece a opção de rodízio, com cerca de 20 tipos de *pizzas* diferentes, e também o *menu à la carte*.

C

CAFÉ SORELLE ($)

COMIDINHAS

Rua Capitão Salomão 14 | Botafogo

(21) 2527-9991 | www.cafesorelle.com.br

2ª F A 6ª F, CAFÉ DA MANHÃ E ALMOÇO

ESTACIONAMENTO NÃO | CARTÕES DE CRÉDITO A | D | M | V

FILIAL Praia de Botafogo 400, 3º piso, Botafogo Praia Shopping | Botafogo (21) 3171-9890

Cafés de diferentes tipos, dos melhores da cidade, estão na carta desta simpática casa tradicional de Botafogo e fizeram a fama do lugar. Mas, além da bebida quente, pratos como sopinhas, sanduíches, saladas, omeletes, *quiches*, *terrines* e bolos fazem a alegria da clientela. Além de café da manhã e chá da tarde, o Sorelle serve almoço executivo durante a semana.

CAIS ($$$)

PORTUGUÊS

Rua Itaboraí 8 | Centro

(21) 2203-0178 | 2233-2531 | www.caisgourmet.com.br |

3ª F A SÁB, ALMOÇO E JANTAR; DOM E 2ª F, ALMOÇO

ESTACIONAMENTO NÃO | CARTÕES DE CRÉDITO M | V

Naquele sobrado do século XIX, sucedeu ao Cais do Oriente. Com a queda do aposto geográfico, foram-se também alguns excessos decorativos. O vistoso pé-direito de 10 metros ostenta a estrutura original de suas paredes de cacos de pedras e tijolos, sem reboco. Ao longo do salão, modernas luminárias tornam o espaço ainda mais fora do comum. Na cozinha, com intuito de mudar a cara do cardápio, ao *chef* Eduardo Castro foi encomendada uma reciclada geral. O andar de cima destina-se a intenso programa musical.

CANECO GELADO DO MÁRIO ($)

BARES & BOTEQUINS | COMIDINHAS

Rua Visconde de Uruguai 288, lj 5 | Centro, Niterói

(21) 2620-6787

2ª F A 6ª F, CAFÉ DA MANHÃ, ALMOÇO E JANTAR;

SÁB, CAFÉ DA MANHÃ E ALMOÇO

ESTACIONAMENTO NÃO | CARTÕES DE CRÉDITO D | M | V

Mário Martins Ribeiro Carvalho é um bracarense da gema: ou seja, nasceu na cidade de Braga, em Portugal. Nasceu durante a Segunda Guerra Mundial, mas veio para o Brasil ainda pequeno, com os pais, em busca de oportunidades. Quando eles voltaram à terrinha, Mário mal contava 15 anos de idade, mas decidiu ficar. Lavou pratos, serviu mesas, juntou dinheiro. E abriu um bar em Niterói. O bolinho de bacalhau ganhou tanta fama que até tiro Seu Mário levou em uma tentativa de sequestro. Mas, além do consagrado bolinho e da cerveja sempre estupidamente gelada, a casa tem outros atrativos: os pastéis, as empadas e a casquinha de siri são de arrancar suspiros e sorrisos.

CANTINA DA NONNA ($)

GALETERIA
Rua Conde de Bonfim 601 | Tijuca
(21) 2570-0744
3ª F A SÁB, ALMOÇO E JANTAR; DOM, ALMOÇO
ESTACIONAMENTO NÃO | CARTÕES DE CRÉDITO M | V

Quem já fez o *tour* de vinhos pela Serra Gaúcha conhece bem a especialidade daquela região: *capelletti al brodo* de entrada, galetos e carnes como prato principal. Pois exatamente esta é a especialidade da simpática casa tijucana, que, à moda gaúcha, serve tudo em sistema de rodízio. Merecem menção honrosa o fígado frito e o arroz de carreteiro.

CANTINHO DA TIA PENHA ($$)

PEIXES & FRUTOS DO MAR
Estrada Roberto Burle Marx 10.815 |
Barra da Guaratiba
(21) 2410-1425 | 3427-5541 |
www.tiapenharestaurante.com.br | f
3ª F A DOM, CAFÉ DA MANHÃ E ALMOÇO
ESTACIONAMENTO SIM | CARTÕES DE CRÉDITO A | D | M | V

A estrada Burle Marx, em Guaratiba, é o recanto das "tias". A cada 200 metros, um restaurante chamado "tia isso", "tia aquilo" desponta. Entre os melhores, está o Cantinho da Tia Penha. O ambiente é simples, a cozinha é regional. Comece pelos pastéis (o de camarão é especial), não deixe de provar os caldos (feijão, siri, peixe e sururu). Ainda há bobós, peixes e moquecas variadas para saciar a fome dos mais esfomeados.

CAPRICCIOSA ($$$)

PIZZARIA
Rua Vinícius de Moraes 134 | Ipanema
(21) 2523-3394 | 2523-1169 |
www.capricciosa.com.br | f
DIARIAMENTE, ALMOÇO E JANTAR
ESTACIONAMENTO SIM | CARTÕES DE CRÉDITO A | D | M | V

FILIAIS Rua Maria Angélica 37 | Jardim Botânico (21) 2527-2656 • Av. Olegário Maciel 108 | Barra da Tijuca (21) 2494-2212 • Rua Domingos Ferreira 187 | Copacabana (21) 2255-2598 • Orla Brigitte Bardot 500 | Búzios (22) 2623-2691

Não se pode negar a Bruno Tolpiakow, o sócio que toca toda a operação da rede de suas pizzarias, o mérito de ter pulado na dianteira, dando ao gênero um modelo inovador. Adiante, mais que imitado. As amplas e confortáveis salas cativam pelo ambiente informal que proporcionam. Do lado culinário, é curioso, no entanto, que as *pizzas* — produzidas copiosamente — não representem a melhor aptidão dessas casas. À frente delas, não há igual na cidade como a bancada de antepastos, tão recheada de iguarias como as que se veem por lá. Sobretudo na companhia de crocantes *focaccias*.

CARANGUEJO ($)

BARES & BOTEQUINS | PEIXES
Rua Barata Ribeiro 771 | Copacabana
(21) 2235-1249 |
www.restauranteocaranguejo.com.br |
DIARIAMENTE, CAFÉ DA MANHÃ, ALMOÇO E JANTAR
ESTACIONAMENTO NÃO | CARTÕES DE CRÉDITO A | D | M | V

Faz a felicidade dos adeptos dos frutos do mar. Com é o caso dos camarões à milanesa, numa quantidade que chega perto do meio quilo, a R$ 119,00, servidos em porções que saciam a gula de três pessoas. Os caranguejos saem sem parar, em duas versões: casquinha ou patinhas empanadas. Já tem muito tempo que a frequência não se limita à vizinhança do bairro. Tornou-se uma das mais populares casas deste ramo na cidade, apesar de manter a simplicidade de um lugar junto à calçada da rua Barata Ribeiro.

CARMELO ($$)

ITALIANO
Rua Corrêa Dutra 75 | Catete
(21) 2225-1890 |
www.carmelorestaurante.com.br |
DIARIAMENTE, ALMOÇO E JANTAR
ESTACIONAMENTO NÃO | CARTÕES DE CRÉDITO A | D | M | V

Parente próximo do Carmelo Café, do Centro (válido para *menu* executivo), a casa do Flamengo concentra-se na cozinha italiana, esgotando receitas, tanto quanto se possa imaginar, desta farta culinária. O prato campeão de aprovação da freguesia é a *tagliata* de filé, entremeada de fatias de figo, trazendo ao lado risoto de *parmigiano*, regado por vinho do Porto. Na mesma rua, o grupo administra negócio adendo, o Carmelo Armazém.

CASA DA CACHAÇA ($$)

BARES & BOTEQUINS
Av. Niemeyer 121 | Sheraton Rio Hotel & Resort | Vidigal
(21) 2274-1122
DIARIAMENTE, ALMOÇO E JANTAR
ESTACIONAMENTO NÃO | CARTÕES DE CRÉDITO M | V

No internacional Hotel Sheraton, da avenida Niemeyer, é lá que os turistas de fora matam a curiosidade sobre a nossa mais famosa aguardente. As marcas da "branquinha" variam, mas sempre mantendo a preferência pelos tradicionais alambiques mineiros.

CASA DA FEIJOADA ($$)

BRASILEIRO | FEIJOADA
Rua Prudente de Morais 10 B | Ipanema
(21) 2247-2776 | www.cozinhatipica.com.br | f
DIARIAMENTE, ALMOÇO E JANTAR
ESTACIONAMENTO SIM | CARTÕES DE CRÉDITO A | D | M | V

O mais carioca dos pratos é a estrela desta casa, aberta em 1989, na praça General Osório, em Ipanema. A feijoada reina soberana no cardápio todos os dias, mas é nos finais de semana que locais e turistas disputam as poucas mesas do lugar. O feijão vem com 11 variedades de carnes, além de diversos acompanhamentos como torresmo, couve, farofa, arroz, laranja. Para beber, caipirinha tradicional, feita com cachaça da boa. O serviço é atencioso e o ambiente é simples, mas bem simpático.

CASA DA SUÍÇA ($$$)

ALEMÃO, AUSTRÍACO E SUÍÇO
Rua Cândido Mendes 157 | Glória
(21) 2252-5182 |
www.casadasuica.com.br | f
2ª F A 6ª F E DOM, ALMOÇO E JANTAR; SÁB, JANTAR
ESTACIONAMENTO SIM | CARTÕES DE CRÉDITO D | M | V

Este restaurante convive com uma situação rara. Por eficácia da gastronomia que realiza, sua localização o eleva, por décadas, em solitário reinado. Quando chega a temporada de dias mais frios, Wolkmar Wendlinger — *chef* e proprietário — registra recordes de adesão à custa de *fondues*, os mais famosos da cidade. Nessa época, para atender à procura, se abrem todos os salões da casa. A batata *röesti*, outro herói do cardápio, acompanha muitos pratos de carne, embora o assado de vitela seja o parceiro mais frequente. O *steak tartare* também consta da lista dos preferidos do público.

CASA DO BACALHAU ($$)

PORTUGUÊS
Rua Dias da Cruz 426 | Méier
(21) 3822-8200 | www.casadobacalhaudomeier.com.br

2ªF A SÁB, ALMOÇO E JANTAR
ESTACIONAMENTO SIM | CARTÕES DE CRÉDITO A | M | V

Em Lisboa, a Casa do Bacalhau está instalada nas antigas cavalariças do Palácio dos Duques de Lafões, um edifício do século XVIII, junto ao Convento do Beato. Na versão carioca, fica numa esquina nada glamorosa, no tradicional Méier, Zona Norte da cidade. Mas, se há um oceano de distância na questão do charme entre as duas casas, na comida não é bem assim. Desde os bolinhos aos pratos principais, a casa carioca capricha na receita. O bacalhau à Zé do Pipo é de tirar o fôlego. Os pratos servem bem a duas pessoas — ou mais, se a fome não for tamanha.

CASA DO FILÉ ($$)

CARNES
Largo dos Leões 11 | Humaitá
(21) 2246-4901 | www.casadofile.com.br
2ªF E DOM, ALMOÇO; 3ªF A SÁB, ALMOÇO E JANTAR
ESTACIONAMENTO SIM | CARTÕES DE CRÉDITO A | D | M | V

Tendo a carne como tema central de sua gastronomia, não há como não enquadrá-la no gênero explorado pelas *steak houses*. Ainda assim, sem o mínimo compromisso de copiar o modelo americano. O que significa alívio para seus frequentadores que se beneficiam dos preços ao avesso daquelas sofisticadas congêneres. A especificação dos cortes é simplificada numa lista de cinco tipos de grelhados, além da oferta de acompanhamentos e molhos. E, variando diariamente, a sugestão de três receitas especiais.

CASA DO SARDO ($)

ITALIANO
Rua São Cristóvão 405 | São Cristóvão
(21) 2501-9848 | www.restaurantecasadosardo.com.br |
2ªF A SÁB, CAFÉ DA MANHÃ, ALMOÇO E JANTAR;
DOM, CAFÉ DA MANHÃ E ALMOÇO
ESTACIONAMENTO NÃO | CARTÕES DE CRÉDITO M | V

O outrora imponente bairro de São Cristóvão, hoje decadente, ainda abriga alguns casarões da época de ouro. Em um destes sobrados, o sardo Sílvio Podda e o siciliano Paolo di Bella abriram esta cantina, cujo mérito maior é a comida boa e verdadeiramente italiana. Massas, peixes, crustáceos, o cardápio é cheio de opções e os preços são justos. O único senão: *tiramisu* feito com biscoito de maisena não é exatamente italiano...

CASA MOMUS ($$)

ITALIANO
Rua do Lavradio 11 | Lapa
(21) 3852-8250 | www.casamomus.com.br |
2ªF A SÁB, ALMOÇO E JANTAR
ESTACIONAMENTO NÃO | CARTÕES DE CRÉDITO A | D | M | V

No mapa de toda aquela animação, este lugar figura no coração do bairro. Não fugindo ao modelo baseado na informalidade, a cozinha resume-se a 4 ou 5 opções de cada variedade — carne, peixe, massa *etc.* Entre os aperitivos, lembre-se da sardinha frita com limão e picles de cebola roxa ou o *arancini* (bolinho de risoto empanado) com recheio de ervilhas e muçarela. No visual, é impossível não perceber o móvel mais simbólico da casa: a estante que ocupa a parede principal do salão. Veio da antiga loja Lidador, ganhou restauro e correta iluminação.

CASA PALADINO ($)

BARES & BOTEQUINS | DELICATESSEN | TOMBADO PELO PATRIMÔNIO
Rua Uruguaiana 224 | Centro
(21) 2263-2094 | 2263-1398
2ª F A 6ª F, CAFÉ DA MANHÃ, ALMOÇO E JANTAR;
SÁB, CAFÉ DA MANHÃ E ALMOÇO
ESTACIONAMENTO NÃO | CARTÕES DE CRÉDITO NÃO

Com mais de um século de idade, sua tradição foi reconhecida pela Prefeitura ao lhe outorgar o título de Patrimônio Cultural da Cidade. Sua forma arquitetônica é singular, plantada em prédio assobradado, numa esquina triangular da avenida Marechal Floriano, a antiga e lendária rua Larga. Explorando até hoje um tipo de boteco-mercearia, serve sanduíches e uma variada lista de omeletes, sendo a de sardinha a mais incomum de todas.

CASA VILLARINO ($$)

BARES & BOTEQUINS | TOMBADO PELO PATRIMÔNIO
Av. Calógeras 6, lj B | Centro
(21) 2240-9634 | 2240-1627 | www.villarino.com.br | f
2ª F A 6ª F, ALMOÇO E JANTAR
ESTACIONAMENTO NÃO | CARTÕES DE CRÉDITO A | D | M | V

Este é um dos mais velhos remanescentes do estilo de bar/restaurante instalado nos fundos de um armazém. O modelo, praticamente intocado, revela lambris a meia altura, piso de pastilhas com desenhos geométricos e mesinhas de pés de ferro com tampo de mármore. O pratinho de salgados traz risole, empadinha, quibe e pastel, numa festa de frituras. Lamentável é a economia de molho ferrugem no sanduíche de carne assada, em que o pão fresco e o recheio saboroso não eximem a aridez do conjunto, tão seco como o bacalhau da porta.

CAVIST ($$)

ADEGA ESPECIAL
Rua Barão da Torre 358 | Ipanema
(21) 2123-7900 | www.cavist.com.br | f
2ª F A SÁB, CAFÉ DA MANHÃ, ALMOÇO E JANTAR; DOM, ALMOÇO
ESTACIONAMENTO NÃO | CARTÕES DE CRÉDITO M | V

FILIAIS Av. Afrânio de Melo Franco 290, lj 403 | Shopping Leblon | Leblon (21) 3875-1566 • Av. Érico Veríssimo 901, lj A | Barra da Tijuca (21) 2493-6161 • Av. das Américas 3.900, lj 201, Shopping Village Mall | Barra da Tijuca (21) 3252-2747

A primeira das casas (são quatro endereços na cidade) fica em Ipanema. Passou por uma reforma há um par de anos. E ficou muito melhor. Os vinhos (quase 2 mil rótulos) seguem sendo a estrela da companhia. Mas a varanda do andar de cima, com vista da copa das árvores da praça Nossa Senhora da Paz, faz com que a pessoa se esqueça da vida. Para comer, acompanhados de um bom vinho a preço de loja, queijos, frios, entradinhas e até alguns pratos de inspiração franco-italiana.

CEDRO DO LÍBANO ($)

ÁRABE
Rua Senhor dos Passos 231 | Centro
(21) 2224-0163 | www.cedrodolibano.com.br | f
2ª F A SÁB, ALMOÇO
ESTACIONAMENTO NÃO | CARTÕES DE CRÉDITO M | V

Na década de 1940 nascia o restaurante que perdurou em mãos libanesas por mais de dez anos. Virou português/espanhol, mas a culinária continuou igual, para a felicidade do grande contingente de patrícios que convivem na região do Saara. A cozinha nunca se atreveu a trazer para seu cardápio preparações que não fossem as mesmas velhas conhecidas de seus frequentadores. Mas faz constar uma reduzida lista de pedidas especiais, e dali vale citar o lombo de cordeiro marinado ao molho de damasco e guarnecido por cuscuz marroquino com recheio de ameixas.

CELEIRO ($$$)

COMIDINHAS | QUILOS & BUFÊS | PÃES | VEGETARIANOS & SALADAS
Rua Dias Ferreira 199 | Leblon
(21) 2274-7843 | www.celeiroculinaria.com.br | f
2ª F A SÁB, ALMOÇO
ESTACIONAMENTO NÃO | CARTÕES DE CRÉDITO D | M | V

Contando com a varanda, seus 70 lugares não dão conta da demanda que diariamente a casa enfrenta, quase sempre com resignada fila de espera na porta. As saladas de D. Rosa Herz, que comanda tudo em conjunto com Bia e Lúcia, suas filhas, partem de primorosas e variadas combinações. E a bancada em que ficam expostas para o serviço dos próprios comensais é reabastecida e rearrumada a todo tempo. No cuidado com seus nutritivos produtos, cujos legumes, frutas e folhas têm origem orgânica, são escaladas frequentes vistorias bacteriológicas. A cada semana faz-se a troca de receitas. Para levar para casa, confie nas fornadas de pães e nos doces da vitrine.

CERVANTES ($)

BARES & BOTEQUINS | TOMBADO PELO PATRIMÔNIO
Av. Prado Júnior 335, lj B | Copacabana
(21) 2275-6147 | 2542-9287 |
www.restaurantecervantes.com.br
3ª F A DOM, ALMOÇO E JANTAR
ESTACIONAMENTO NÃO | CARTÕES DE CRÉDITO A | V
FILIAIS Av. Ayrton Senna 3.000, Shopping Via Parque, lj 2.068 | Barra da Tijuca (21) 2421-1068 • Av. das Américas 5.777, Comercial Park Palace, lj 112 | Barra da Tijuca (21) 2438-1458

Quando abriu, em 1955, a casa era apenas uma mercearia que também vendia sanduíches. Dez anos depois, sob nova direção, virou o restaurante que o carioca adora amar. Aberto durante a madrugada, virou porto seguro dos insones famintos. O sanduíche de pernil com queijo e abacaxi é um dos clássicos da gastronomia do Rio de Janeiro. A salada de batatas é das melhores da cidade. Além da tradicional casa em Copacabana, o Cervantes tem duas filiais na Barra da Tijuca.

CHÁCARA TROPICAL ($$)

CAFÉ DA MANHÃ
Rua Dom Rosalvo da Costa Rego
(Estrada do Itanhangá) 420 | Barra da Tijuca
(21) 2495-8065 | 2493-0394 |
www.chacaratropical.com.br | f
3ª F A DOM, CAFÉ DA MANHÃ E ALMOÇO
ESTACIONAMENTO SIM | CARTÕES DE CRÉDITO A | D | M | V

Plantas, palmeiras, flores, artesanato... O lugar é uma espécie de polo de jardinagem e paisagismo da Barra da Tijuca. Mas ali funciona um restaurante que serve um baita café da manhã e um caprichado almoço, com destaque para a leitoa caipira à pururuca, o polvo à lagareira e a *paella* marinera.

CHEF DOG ($)

COMIDINHAS
Rua Lauro Müller 116, 1º piso,
Shopping Rio Sul | Botafogo
(21) 2541-0437
DIARIAMENTE, ALMOÇO E JANTAR
ESTACIONAMENTO SIM | CARTÕES DE CRÉDITO M | V

Mesmo localizado numa parte afastada da tensa concentração dos *fast-food* do Shopping Rio Sul, consegue manter a fidelidade dos admiradores do cachorro-quente. Numa competição da categoria para eleger os melhores da cidade, disputaria com facilidade uma boa posição. Tem também algumas escolhas do cardápio formal, que mudam a cada semana. Aos amantes de pudins, é imperioso experimentar o de laranja, como não se encontrará mesmo em casas especializadas.

CHEZ L'AMI MARTIN ($$$$)

FRANCÊS
Estrada da Gávea 899, Shopping Fashion Mall, 3º andar | São Conrado
(21) 3322-2005 | www.chezlamimartin.com.br |
DIARIAMENTE, ALMOÇO E JANTAR
ESTACIONAMENTO SIM | CARTÕES DE CRÉDITO M | V

Típico bistrô, com o francês Pascal Jolly no comando. Do Clube Chocolate, a antiga casa onde trabalhava, o *chef* trouxe as batatas fritas com molho *bernaise*, que seguem encantando os clientes. E há mais: omelete, *steak tartare*, coelho da fazenda Santana — cozido no bafo —, *steak au poivre*... a lista é vasta! Na hora da sobremesa, a grande questão é escolher entre os profiteroles ou o *pain perdu*. Nem par ou ímpar resolve...

CHEZ YUNES ($)

ÁRABE
Av. das Américas 3.555, lj 102, Shopping Barra Square | Barra da Tijuca
(21) 2431-4101 | 2431-4202 | www.chezyunes.com.br |
DIARIAMENTE, ALMOÇO E JANTAR
ESTACIONAMENTO SIM | CARTÕES DE CRÉDITO A | M | V

O colunista social Ibrahim Sued era um dos sócios da casa quando ela inaugurou, no Leblon, na década de 1980. Os tempos de *glamour* ficaram para trás, e, depois de passar por Copacabana, o Chez Yunes aportou na Zona Oeste, na nada charmosa praça de alimentação do Shopping Barra Square, na Barra da Tijuca. Mas algumas peças da casa original seguem firmes e fortes, marcando presença. Uma delas é o dono, José Carlos Srour, remanescente da sociedade inaugural. E, entre belos lustres, tapetes persas e narguilés coloridos, pratos de outrora, como o carneiro assado com vinho, seguem intocados no cardápio. De segunda a sexta, a casa trabalha com rodízio de pratos árabes no almoço.

CHICO & ALAÍDE ($)

BARES & BOTEQUINS | COMIDINHAS
Rua Dias Ferreira 679 | Leblon
(21) 2512-0028 | www.chicoealaide.com.br |
2ª F A DOM, ALMOÇO E JANTAR
ESTACIONAMENTO NÃO | CARTÕES DE CRÉDITO A | D | M | V

Quando um garçom querido por meio mundo e uma quituteira de mão-cheia tida e havida como a alma de um dos mais populares bares do Rio de Janeiro se juntam, não havia como a coisa dar errado. Some-se a isso a ajuda de amigos famosos, como o cartunista Chico Caruso, que contribuiu com charges para a decoração do lugar, e está explicado o sucesso da empreitada do garçom Francisco das Chagas e da cozinheira Alaíde Carneiro, parceiros desde os tempos do Bracarense. Receitas como o bolinho de tutu, a almofadinha de frutos do mar e a forminha de caruru com vatapá são de encher a boca de água. Tudo acompanhado pelo chope gelado — e sempre muito bem tirado — pelo próprio Chico.

CHURRASCARIA BARRA GRILL ($$$)

CARNES
Av. Ministro Ivan Lins 314 | Barra da Tijuca
(21) 2493-6060 | 2493-4003 | www.barragrill.com.br
DIARIAMENTE, ALMOÇO E JANTAR
ESTACIONAMENTO SIM | CARTÕES DE CRÉDITO A | D | M | V

Clássica churrascaria, onde o vai e vem dos garçons carregando espetos e bandejas para conter o pinga-pinga da gordura da carne compõe o balé improvável da casa, auscultado por um falatório feliz de hordas de clientes satisfeitos e empanturrados de picanhas e maminhas até o pescoço. Mas, embora a carne seja o forte da casa, o bufê rico em opções (ostras frescas e cavaquinha na manteiga costumam estar entre as estrelas da casa) encanta e sacia os menos carnívoros. A carta de vinhos caprichada também merece registro.

CHURRASCARIA CARRETÃO ($$)

CARNES
Rua Visconde de Pirajá 112 | Ipanema
(21) 2267-3965 | www.carretaochurrascaria.com.br | f
DIARIAMENTE, ALMOÇO E JANTAR
ESTACIONAMENTO NÃO | CARTÕES DE CRÉDITO A | D | M | V
FILIAL Rua Siqueira Campos 23 | Copacabana
(21) 2236-3435

É quase certo que nada tenha a ver com a Carreta, antiga churrascaria de Ipanema, frequentada na época por gente famosa. Era o reduto carnívoro da turma da Bossa Nova. E que fez do *maître* Garrincha um conhecido personagem da cidade. O Carretão, por sua vez, fica também em Ipanema (noutro local) e em Copacabana. O rodízio, como não se poderia esperar diferente, convive com bufê de saladas e de *sushi*. Para vegetarianos, vegans e demais integrantes da tribo verde, há rodízio *light*, e com preço fixo.

CHURRASCARIA MAJÓRICA ($$)

CARNES
Rua Senador Vergueiro 11 | Flamengo
(21) 2285-6789 | 2205-6820 | 2205-0205 |
www.majoricario.com.br | f
DIARIAMENTE, ALMOÇO E JANTAR
ESTACIONAMENTO SIM | CARTÕES DE CRÉDITO A | D | M | V
FILIAL Rua do Imperador 754, Centro Histórico |
Petrópolis (24) 2242-2498

Integrante de um time de churrascarias da velha guarda,

em 2011 sofreu um incêndio, inutilizando grande parte de seus amplos salões. Sua volta à ativa deu-se rapidamente, recuperando a totalidade do antigo espaço. Da rua, faz boa vista a fachada do portentoso sobrado de três andares. Para um lugar centrado nas receitas protagonizadas pelas carnes, surpreende a abundância de pratos *à la carte*, como se vê no cardápio. Entre estes, o bacalhau na brasa que mantém fervorosos seguidores.

CHURRASCARIA OÁSIS ($$$)

CARNES
Estrada do Joá 136 | São Conrado
(21) 3322-3144 | 3322-2883 |
www.churrascariaoasis.com.br
DIARIAMENTE, ALMOÇO E JANTAR
ESTACIONAMENTO SIM | CARTÕES DE CRÉDITO A | D | M | V
FILIAL Rodovia Presidente Dutra km 7,5 | São João de Meriti (21) 2651-2951

Churrascaria com público fiel, muito graças à qualidade sempre impecável da carne, assim como por causa do serviço atencioso. O foco ali é na carne mesmo. A moda dos bufês enormes, incrementados com *sushis* de quinta categoria e frutos do mar de procedência duvidosa, nunca chegou à casa. A estrela foi, é, e, ao que tudo indica, sempre continuará a ser a picanha, muito bem coadjuvada pela maminha, a fraldinha, o cupim, e por aí vai.

CHURRASCARIA PALACE ($$)

CARNES
Rua Rodolfo Dantas 16 B | Copacabana
(21) 2541-5898 | www.churrascariapalace.com.br | f
DIARIAMENTE, ALMOÇO E JANTAR
ESTACIONAMENTO SIM | CARTÕES DE CRÉDITO A | D | M | V

Angariando fama pela descoberta do sistema de rodízio de espetos, seus esforços promocionais não param por aí. A incessante programação de festivais culinários, de abril a novembro, um por mês e de diferentes inspirações, a destaca no bairro. O que atrai a atenção dos *concierges* de hotéis da periferia, atiçando para lá um exército de turistas. Além da numerosa relação de cortes de carnes, surpreende a oferta de peixes de água doce preparados, também, sobre brasas.

CHURRASCARIA PAMPA GRILL ($$$)

CARNES
Av. Almirante Barroso 90 | Centro
(21) 3094-0450 | www.pampagrill.com.br | f
2ª F A 6ª F, ALMOÇO E JANTAR
ESTACIONAMENTO NÃO | CARTÕES DE CRÉDITO A | D | M | V
FILIAL Av. das Américas 5.150 | Carrefour | Barra da Tijuca (21) 3325-0861

Churrascaria simples, que funciona no Centro da Cidade, coleciona filas na hora do almoço, mais pela praticidade do farto serviço de bufê do que pela qualidade da comida ali servida. Além das carnes, *sushis*, uma boa variedade de saladas e de pratos quentes saciam a fome de quem não tem muito tempo a perder em almoços demorados. De terça a sexta, a casa abre para um concorrido *happy hour*. Na Barra, funciona uma filial da casa com um serviço mais voltado para a churrascaria rodízio tradicional.

CHURRASCARIA PORCÃO ($$$)

CARNES
Av. Infante Dom Henrique s/nº | Aterro do Flamengo | Flamengo
(21) 3521-2900 | www.porcao.com.br | f
DIARIAMENTE, ALMOÇO E JANTAR
ESTACIONAMENTO SIM | CARTÕES DE CRÉDITO A | M | V
FILIAIS Rua Barão da Torre 218 | Ipanema
(21) 3521-2880 | 3389-8989 • Av. Armando Lombardi 591 | Barra da Tijuca (21) 3521-2814

Com a compra de parte do grupo, os novos donos mantiveram a unidade do Aterro do Flamengo na primazia da rede. Não é difícil supor a razão de ser a mais procurada também. O visual endossa: tem à frente a magnífica paisagem do Pão de Açúcar e a da enseada de Botafogo. Os variados cortes que saem de suas grelhas continuam em boa conta, mas o afiado atendimento, o melhor de seus méritos, não é mais aquele — o que faz óbvia diferença. No entanto, este não é o principal tropeço de seus empreendedores. Eles também adquiriram o Garcia e Rodrigues, cuja diversidade de serviços o colocava na posição de indispensável ponto do Leblon. Já faz mais de três anos que não se tem notícias do que vingará ali, configurando um explícito caso de lesa-gula a seus antigos e fiéis frequentadores.

CHURRASCARIA ROYAL GRILL ($$$)

CARNES
Av. Ayrton Senna 2.150, bl G, lj A, CasaShopping | Barra da Tijuca
(21) 3325-6166 | 2429-8324 | www.casashopping.com
DIARIAMENTE, ALMOÇO E JANTAR
ESTACIONAMENTO SIM | CARTÕES DE CRÉDITO A | D | M | V

Tradicional casa de carnes na Barra, famosa pelo palmito na brasa (foi uma das primeiras a apostar no prato) e pela qualidade da carne. Tem fãs fiéis, serviço atencioso, bons acompanhamentos. Mas a cozinha já viveu dias melhores.

CIPRIANI ($$$$)

ITALIANO
Av. Atlântica 1.702, Hotel Copacabana Palace | Copacabana

(21) 2548-7070 | www.copacabanapalace.com.br
2ª F A SÁB, ALMOÇO E JANTAR; DOM, ALMOÇO
ESTACIONAMENTO SIM | CARTÕES DE CRÉDITO A | D | M | V

Da excepcional reforma feita no Copa após passar às mãos do grupo inglês, não houve ideia melhor que a escolha do lugar para instalar o primordial espaço gastronômico do hotel. Só a privilegiada visão da piscina já seria um bom motivo para tão luminoso aproveitamento. Não bastasse isso, a cozinha nos brinda sempre com chefia em alto estilo. A começar pela presença de Francesco Carli, que deu a partida na excelência de sua *cucina italiana*. Hoje, sob o comando do *chef* Luca Orini, o nível culinário se mantém e suas receitas falam por si: abacate cremoso com lagostim crocante em farinha de milho ou o creme de batata e provolone defumado sob filés de trilha.

CLUBE GOURMET ($$$)

QUILOS & BUFÊS
Rua Sete de Setembro 63 | Centro
(21) 3575-7458 | www.bestfork.com.br
2ª F A 6ª F, ALMOÇO
ESTACIONAMENTO NÃO | CARTÕES DE CRÉDITO A | D | M | V

Como nos tempos de José Hugo Celidônio, o inventor da casa e da vitoriosa fórmula de almoço, o lugar arrasta uma clientela fiel e lota de segunda a sexta. O *chef* Adão, o mesmo de sempre, prepara algumas receitas quentes que o freguês pode escalar como prato principal: massa ou peixe, além da campeã do cardápio fixo, a picanha fatiada. Antes, é praticamente obrigatório passar pelo bufê de sopas, frios, saladas, *quiches* e pequenas entradas. Para adoçar a boca, prefira, entre outros, dois clássicos de Celidônio que se eternizaram por lá: o crepe de maracujá ou a *coupe délice*, com sorvete de baunilha, calda de chocolate e lâminas de amêndoas.

COCCINELLE ($)

FRANCÊS
Travessa do Comércio 11 | Centro
(21) 2224-8602 | www.coccinellebistro.com
2ª F A SÁB, ALMOÇO
ESTACIONAMENTO SIM | CARTÕES DE CRÉDITO A | M | V

O ideal de atrair comensais da nova geração realmente provoca grande tensão nos donos de restaurantes. Para tanto, a isca quase sempre é a comida dos palitos de madeira. Não é o caso do Coccinelle, dos arredores do Paço, que esbanja referências típicas dos pequenos restaurantes franceses. O dono é Yves Roquemaurel, o ambiente é de bistrô, e a gastronomia *à la carte* trata de receitas de panelas francesas. Mas a curiosa presença dos *sushis* e *sashimis* numa embalagem tão francófila se deve às raízes nipônicas da *chef* Maya.

COLOMBO/CRISTÓVÃO ($$)

CAFÉ DA MANHÃ | DOCES & SALGADOS | FEIJOADA
Rua Gonçalves Dias 32 | Centro
(21) 2505-1500 | www.confeitariacolombo.com.br | f
2ª F A 6ª F, CAFÉ DA MANHÃ, ALMOÇO E JANTAR;
SÁB, CAFÉ DA MANHÃ E ALMOÇO
ESTACIONAMENTO NÃO | CARTÕES DE CRÉDITO A | M | V
FILIAL Praça Cel. Eugênio Franco nº 1, Forte de Copacabana | Copacabana (21) 3201-4049

Parada obrigatória no roteiro turístico da cidade, o palacete deslumbra pela beleza do interior *belle époque*, com destaque para as paredes forradas por fabulosos espelhos, além dos detalhes em ferro trabalhado. A curiosidade é tão frequente que a visitação sem consumo só é permitida após as 16h. A cozinha do experiente Renato Freire pratica uma culinária de pratos tradicionais, mas também se dedica à pesquisa e ao resgate de receitas remotas, que remontam à origem do centenário casarão. A filial de Copacabana vale pela vista primorosa da praia e a sombra agradável nos fins de tarde.

CORRIENTES 348 ($$$)

CARNES
Av. das Américas 7.777, lj 147 | Shopping Rio Design | Barra da Tijuca
(21) 3648-7008 | www.corrientes348.com.br | f
DIARIAMENTE, ALMOÇO E JANTAR
ESTACIONAMENTO SIM | CARTÕES DE CRÉDITO A | D | M | V

Casa paulistana que já tinha filiais em Brasília e Curitiba, abriu as portas no Rio neste 2014, pós-Copa do Mundo. No *menu*, cortes argentinos, em versões de 300g e 600g. Vários acompanhamentos incrementam o cardápio. De entrada, empanadas, linguiças e afins. Não deixe de provar as *mollejas* (glândula de vitelo, conhecida como timo) e os *chinchulins* (tripas). De sobremesa, deleite-se com o doce de leite. O ambiente parece o de uma churrascaria mais transada, cheia de motivos argentinos (com direito a foto de Maradona), mas com mesas muito próximas umas das outras e um pé-direito enorme (e que acaba provocando uma zoeira sem fim no restaurante). Destaque positivo para o serviço bem atencioso.

COSMOPOLITA ($$)

BARES & BOTEQUINS | CARNES | TOMBADO PELO PATRIMÔNIO
Travessa do Mosqueira 4 | Lapa
(21) 2224-7820
2ª F A SÁB, ALMOÇO E JANTAR
ESTACIONAMENTO NÃO | CARTÕES DE CRÉDITO A | D | M | V

Porto seguro da farta culinária lusa do Centro, seus quase 90 anos o integram na história da cidade. Seu Juan, proprietário desde a época em que o lugar era frequentado por políticos, gosta de lembrar que por isso o Cosmopolita era também chamado de Senadinho. O atestado de nascimento do filé à Osvaldo Aranha registra a inspiração do poderoso ministro ao criar a popular receita feita com alho, farofa e arroz. Quando a Lapa passou a efervescer como reduto boêmio, o atendimento da casa aderiu às altas horas. O novo ritmo exigiu espaço esticado até a calçada, formando ampla varanda para consumo de petiscos e alta litragem de chope. Além do famoso filé, o feijão-manteiga também é imperdível.

COUVE-FLOR ($)

QUILOS & BUFÊS | VEGETARIANOS & SALADAS
Rua Pacheco Leão 724 | Jardim Botânico
(21) 2239-2191 | www.couveflor.com.br | f
DIARIAMENTE, ALMOÇO E JANTAR
ESTACIONAMENTO NÃO | CARTÕES DE CRÉDITO M | V
FILIAL Rua Paulo Emídio Barbosa 485, quadra 1A, Parque tecnológico, UFRJ | Cidade universitária | Ilha do Fundão • Rua Marquês de São Vicente 293, PUC | Gávea

Dos primeiros restaurantes a apostar no sistema de comida a quilo, o Couve-Flor já completou trinta anos de estrada na rua Pacheco Leão, no Jardim Botânico. E está sempre cheio. O bufê cheio de opções deixa o cliente com vontade de experimentar de tudo um pouco. Tem filial dentro da PUC, na Gávea, e da UFRJ, no Fundão.

CT BOUCHERIE ($$$)

CARNES
Rua Dias Ferreira 636 | Leblon
(21) 2529-2329 | www.ctboucherie.com.br | f
DIARIAMENTE, ALMOÇO E JANTAR
ESTACIONAMENTO SIM | CARTÕES DE CRÉDITO A | M | V

Casa do *chef* Claude Troisgros, no Leblon, em pleno agito da Dias Ferreira, especializada em carnes. Tem codorna, pato, cordeiro, galeto, porco, salmão e diversos cortes de carne de boi, como picanha, *t-bone*, filé-mignon, *prime rib*, bife de *chorizo*, picanha *black angus*, *wagyu* e por aí vai. Tudo escorado por um rodízio de acompanhamentos e molhos à escolha do freguês. Passa longe da qualidade do Olympe, restaurante onde o *chef* Claude apresenta suas melhores armas, mas atende bem aos carnívoros contumazes.

CT BRASSERIE ($$$$)

FRANCÊS
Estrada da Gávea 899, 3º piso, Fashion Mall | São Conrado
(21) 3322-1440 | www.ctbrasserie.com.br | f
DIARIAMENTE, ALMOÇO E JANTAR
ESTACIONAMENTO SIM | CARTÕES DE CRÉDITO A | D | M | V
FILIAL Av. das Américas 3.900, 3º piso, Village Mall | Barra da Tijuca (21) 3252-2777

Claude Troisgros foi buscar Didier L'Abbé em São Francisco, Califórnia, para lhe confiar os fogões do exemplar nº 1 da hoje ampla prole CT. No embalo de sua recorrente animação, Troisgros fez valer também a primeira incursão da gastronomia de autor nos hiperativos corredores de um *shopping*. No caso, os do Fashion Mall, em São Conrado. Sua cozinha exibe um repertório de pratos que não segue à risca o das *brasseries*, mas revelam-se escolhas bem inspiradas. Como o linguado crocante com banana caramelada e os lagostins e lulas servidos com arroz negro.

CT TRATTORIE ($$$)

ITALIANO
Av. Alexandre Ferreira 66 | Lagoa
(21) 2266-0838 | 2247-0220 | www.cttrattorie.com.br |
DIARIAMENTE, ALMOÇO E JANTAR
ESTACIONAMENTO NÃO | CARTÕES DE CRÉDITO A | M | V

Espécie de cantina italiana com um toque francês, fica na mesma casa onde antigamente funcionava o Boteco 66. Do restaurante antigo, por sinal, o cardápio manteve alguns pratos clássicos, como o galeto assado, as coxas de rã à provençal e as *moules marinières*. De pegada mais italiana, destaque para o *polpettone* e para o *gnocchi de la meme forte*, uma receita criada pela avó italiana de Claude Troisgros, Anna Forte.

CUISINART ($)

Rua de Santana 182 | Centro
(21) 2221-0361 |
2ª F A 6ª F, ALMOÇO
ESTACIONAMENTO NÃO | CARTÕES DE CRÉDITO M | V
FILIAL Rua Assunção 184 | Botafogo (21) 2537-2732

Inspirada em um bom tempo de experiência ao lado de Roberta Sudbrack, Mirka Lage decidiu que chegara a hora de tocar suas próprias caçarolas. A mestra deu força e todo o aprendizado foi parar numa casa do Centro, na rua de Santana. Na fusão dos componentes dos pratos, há a prudente intenção de manter o foco na comida mais familiar à freguesia. Ainda assim, alguns tímidos toques de seu aprendizado são sutilmente percebidos.

D

D.O.C. RISTORANTE ($$$)

ITALIANO

Av. das Américas 3.500 | Centro Empresarial Le Monde | Barra da Tijuca

(21) 3268-2588 | www.docristorante.com.br | f

DIARIAMENTE, ALMOÇO E JANTAR

ESTACIONAMENTO SIM | CARTÕES DE CRÉDITO A | M | V

A loja, enorme, já abrigou dois restaurantes, Blu e Le Canton, que fecharam as portas sem deixar grande saudade. O D.O.C. tenta mudar a sina da casa, apostando em um ambiente elegante, com as mesas grandes e cadeiras confortáveis; e, na culinária italiana tradicional, sem grandes invenções nem pretensões. Marcam presença no cardápio as massas, os risotos, os assados. Para quem gosta da combinação cordeiro/risoto, é um prato (bem) cheio.

D.R.I. ($$)

CAFÉ DA MANHÃ | COMIDINHAS

Rua Jardim Botânico 414, Parque Lage | Jardim Botânico

(21) 2226-8125 | www.driculinaria.com.br | f

2ª F A 5ª F, CAFÉ DA MANHÃ, ALMOÇO E JANTAR;
6ª F A DOM, CAFÉ DA MANHÃ E ALMOÇO

ESTACIONAMENTO SIM | CARTÕES DE CRÉDITO M | V

FILIAIS Rua Marquês de São Vicente 52, 3º piso, Shopping da Gávea | Gávea (21) 2259-2058 • Av. Vieira Souto 176 | Ipanema (21) 2513-3835

Misto de restaurante e café, com boas opções de doces e salgados, pratos simples mas bem-feitos, chás, pães, cafés e tudo o mais que uma casa que investe neste tipo de formato precisa ter. São duas casas no Rio: uma em Ipanema e outra no Shopping da Gávea, muito procurada por quem curte um cinema ou um teatro no local.

D'AMICI ($$$$)

ITALIANO

Rua Antônio Vieira 18 | Leme

(21) 2541-4477 | 2543-1303 | www.damicirestaurante.com.br

DIARIAMENTE, ALMOÇO E JANTAR

ESTACIONAMENTO SIM | CARTÕES DE CRÉDITO A | D | M | V

No horário do almoço — expediente de difícil rentabilidade — a visão de seus dois salões mostra, quase sempre, mesas lotadas. A casa é favorita dos empresários do Centro, desejosos de um prolongado intervalo de boa comida, o mais próximo possível dos ares marinhos. À noite, o movimento também não para. Por justiça, grande parte deste êxito se deve aos méritos do sócio e chefe de salão Antônio Salustiano, um dos melhores profissionais de seu ramo. A freguesia mais fiel não abre mão das receitas consagradas: lagostins grelhados com risoto de limão-siciliano; *penne* ao bacalhau, brócolis e alho. De safra mais recente, vale a prova da paleta de cordeiro marinada e assada lentamente, e servida com feijão-verde e farofa de cenoura

DA BRAMBINI ($$$)

ITALIANO
Av. Atlântica 514, lj B | Leme
(21) 2275-4346 | www.dabrambini.com.br
DIARIAMENTE, ALMOÇO E JANTAR
ESTACIONAMENTO SIM | CARTÕES DE CRÉDITO A | D | M | V

O italianinho do Leme, como já foi carinhosamente apelidado, recolhe-se em sua própria discrição, mesmo situado muito próximo de ruidosas cervejarias. Sua culinária não faz caso da originalidade e apraz-se em oferecer receitas, que sabem já dos gostos dos comensais que batem ponto na casa. Faz parte deste naipe culinário o *tortelloni alla salvia* (ravióli mais graúdo), recheado de ricota e espinafre, regado de manteiga escura e perfumado pela erva que nomeia a receita.

DA CARMINE ($$)

ITALIANO | PIZZARIA
Rua Mariz e Barros 305 a 309 | Icaraí, Niterói
(21) 3602-4988 | 3602-4943 | www.dacarmine.com.br
2ª F, JANTAR; 3ª F A DOM, ALMOÇO E JANTAR
ESTACIONAMENTO NÃO | CARTÕES DE CRÉDITO A | M | V
FILIAL Estrada Francisco da Cruz Nunes 2.687 |
Itaipu, Niterói (21) 2609-3400 | 3602-7063

"*Pane, Vino e Fantasia.*" Este é o lema dos irmãos Carmine e Bruno, que comandam a casa que fica em Niterói. Restaurante italiano típico, não faltam opções de antepastos, *pizzas*, carnes, risotos e massas. O clima é bem descontraído, e faz com que todos se sintam à vontade. Bem como numa cantina *veramente* italiana.

DEGRAU ($$)

Av. Ataulfo de Paiva 517, lj B | Leblon
(21) 2259-3648 | 2259-2842 |
www.restaurantedegrau.com.br |
DIARIAMENTE, ALMOÇO E JANTAR
ESTACIONAMENTO SIM | CARTÕES DE CRÉDITO A | D | M | V

Surgiu como Bar Progresso, acumulando a lenda de mais de 50 anos de serviços prestados à tradição boêmia do Leblon. Mudou de nome por causa do degrau, que para grande parte de assíduos fregueses tornava-se incômodo obstáculo, na despedida de seus prolongados exercícios etílicos. Dotado de variado estoque de bebidas, há tempos a comida caseira — que sempre dominou o cardápio — não é só mais um pretexto para forrar o estômago. Ilustrando um pouco mais este capítulo, na relação de pratos especiais apareceram o polvo, o salmão e a cavaquinha.

DEPÓSITO GOURMET ($$$)

CARNES
Av. das Américas 7.777, 3º piso, ljs318/325,
Rio Design Barra | Barra da Tijuca
(21) 3326-2820 | 3388-0986 |
www.depositogourmet.com.br |
DIARIAMENTE, ALMOÇO E JANTAR
ESTACIONAMENTO SIM | CARTÕES DE CRÉDITO A | M | V

Quando a casa abriu, apostava em carnes exóticas, como jacaré e coisas do tipo. A freguesia não entendeu a proposta e a reformulação veio através das mãos do *chef* Morvan Lucky. No cardápio, há espaço para tudo: *tapas*, massas, risotos, carnes, peixes. A comida costuma demorar a chegar à mesa e o preço está acima da média. Além de restaurante, o Depósito Gourmet funciona como loja de vinhos.

DEUSIMAR SUSHI ($$)

JAPONÊS
Rua General Urquiza 188, lj B | Leblon
(21) 2512-6827 | 2239-3876
2ª F A 6ª F, JANTAR; SÁB E DOM, ALMOÇO E JANTAR
ESTACIONAMENTO NÃO | CARTÕES DE CRÉDITO A | D | M | V
FILIAIS Rua Farme de Amoedo 101 | Ipanema
(21) 2259-9000 | 2522-7140 • Rua Marquês de São Vicente 67 | Gávea (21) 2523-2017

Japa pequenino, escondido num trecho pouco movimentado do Leblon, com cozinha tradicional. O cardápio traz os tradicionais enrolados, combinados, duplas, *tempuras* e *temakis*. Mas tudo muito bem-feito. O serviço de entregas em domicílio é eficiente e um dos pontos fortes da casa, que tem filial na Gávea.

DO HORTO ($$)

Rua Pacheco Leão 780 | Jardim Botânico
(21) 3114-8439 | 9986-4826 | www.dohorto.com.br |
3ª F A DOM, ALMOÇO E JANTAR
ESTACIONAMENTO NÃO | CARTÕES DE CRÉDITO A | M | V

Luzes coloridas, banheiros divertidos, ambiente informal e descolado, e o Jardim Botânico logo ali na frente, com o

Cristo Redentor abençoando a todos do alto. Eis a receita para o sucesso deste simpático bar que fica na rua Pacheco Leão, a caminho do Horto. No cardápio, um misto de Brasil e Ásia, com pratos como *pizza* de tapioca, bolinhos de acarajé, cubos de carne de avestruz ao *curry* e bolinhos de arroz arbóreo com um picante *chutney* de frutas. Para beber, drinques e caipirinhas.

DOIS EM CENA ($)

Av. Lauro Müller 116, 4º piso, Shopping Rio Sul | Botafogo
(21) 2244-2912
DIARIAMENTE, ALMOÇO E JANTAR
ESTACIONAMENTO SIM | CARTÕES DE CRÉDITO A | M | V

Completamente alheio à turbulenta praça de alimentação do Shopping Rio Sul, em Botafogo, o restaurante dobrou de tamanho, a fim de atender o acúmulo de fregueses fazendo filas nos corredores, em variadas horas do dia. Pertencente à atriz Nívea Maria, provavelmente seja seu prestígio estrelar o motivo de tanto aflição. Mas esta cozinha sem maiores pretensões também exibe sua cota de méritos. Uma das pedidas mais apreciadas, o prato *light*, traz filé de frango grelhado com molho de ricota, brócolis e *flan* de cenoura.

DOM BARCELOS ($)

GALETERIA
Rua Correia Vasques 39 | Cidade Nova
(21) 2502-4730 | dombarcelos.com.br | f
2ª F A 6ª F, ALMOÇO E JANTAR
ESTACIONAMENTO NÃO | CARTÕES DE CRÉDITO M | V

Galeteria e *grill*, localizada na Cidade Nova, próximo ao Centro da cidade. Na decoração, o Galo de Barcelos, um dos símbolos de Portugal, está presente por todos os lados. No cardápio, o galeto faz a fama do lugar. Mas pratos da Terrinha, como o Bacalhau Açores (servido com batata ao murro, pimentões, alho assado, vagem e cebola) e o Borrego Quinta da Madeira (cordeiro assado ao vinho com batatas, especiarias e servido com arroz negro e cebola assada) não decepcionam. Outra especialidade da casa, as trufas salgadas de feijoada e de rabada, fazem a alegria da clientela.

DOMBRI EDO ($$)

JAPONÊS
Rua Prudente de Morais 1.117, Hotel Everest | Ipanema
(21) 3201-1104 | www.dombriedo.com.br | f
DIARIAMENTE, ALMOÇO E JANTAR
ESTACIONAMENTO NÃO | CARTÕES DE CRÉDITO M | V

O nome da casa se inspira nos *domburi*, tigelas de arroz com variados acompanhamentos. Abrigado no Hotel Everest, em Ipanema, o reconhecimento deste pequeno e recolhido lugar repercute junto aos aficionados pelas preparações japonesas, por causa de seu rodízio. Tido como mais em conta, permite inesgotável consumo ao preço máximo de R$79,90.

DON CAMILLO ($$)

ITALIANO
Av. Atlântica 3.056, lj A | Copacabana
(21) 2549-9958 | www.doncamillo.com.br
DIARIAMENTE, ALMOÇO E JANTAR
ESTACIONAMENTO SIM | CARTÕES DE CRÉDITO A | D | M | V

Tradicional *trattoria* de Copacabana, continua a ser, em seu gênero, uma das melhores opções de toda a orla. Teve seus dias de gastronomia mais fértil durante a consultoria de Ângelo Neroni, quando, vale destacar, se mantinha nessa tarefa em tempo integral. Este agradável local tem a seu favor o mérito de não ter se deixado contaminar pela culinária de carregação que se vê em tantas enganosas cozinhas do calçadão da avenida Atlântica. Sobretudo, as das inconfiáveis — em grande parte — tendas brancas. A presença do *sommelier* Walmir Pereira a cargo da carta da casa garante bons conselhos na parte líquida da refeição.

DON PASCUAL ($$)

Estrada do Sacarrão 867, casa 12 | Vargem Grande
(21) 3417-0776 | 2428-6237 | http://donpascual.com.br
www.facebook.com/donpascualvg
DIARIAMENTE, ALMOÇO E JANTAR
ESTACIONAMENTO SIM | CARTÕES DE CRÉDITO A | M | V

A estrada é longa e íngreme, mas os que se dispõem a enfrentá-la são recompensados por um visual que inevitavelmente traz paz de espírito. O restaurante (que também funciona como pousada) fica no meio de uma floresta. O verde impera soberano. Em um ambiente assim, não há como competir com a natureza. Portanto, a comida é apenas coadjuvante no lugar. O que não significa que seja ruim, pelo contrário. É simples, mas saborosa. E as porções, generosas, satisfazem com tranquilidade duas pessoas.

DUO ($$$)

ITALIANO
Av. Érico Veríssimo 690, térreo | Barra da Tijuca
(21) 2484-4547 | www.duorestaurante.com.br
DIARIAMENTE, ALMOÇO E JANTAR
ESTACIONAMENTO SIM | CARTÕES DE CRÉDITO A | D | M | V

Casa bonita, ambiente elegante, atendimento de primeira e boa comida italiana. Eis a receita para o sucesso desta casa. O dueto em questão, entre o *maître* Nicola Giogio e o *sommelier* Dionísio Chaves, deu tão certo que rendeu outros restaurantes no Rio, como o Uniko e o Bottega del Vino . Pioneiro da nova leva de restaurantes sofisticados a apostar com sucesso na Barra da Tijuca.

E

EÇA ($$$$)

FRANCÊS

Av. Rio Branco 128, na loja H. Stern | Centro

(21) 2524-2399 | 2524-2300 | www.hstern.com.br/eca |

2ª F A 6ª F, ALMOÇO

ESTACIONAMENTO NÃO | CARTÕES DE CRÉDITO A | D | M | V

Belga de nascimento, o *chef* Frédéric de Mayer se orgulha muito do chocolate que seu país produz. Esta animação resulta em exaltada dedicação às sobremesas, que o torna muito mais conhecido neste segmento da cozinha. Fazendo justiça, é bom lembrar suas aptidões na criação de pratos salgados. Um dos que os fregueses não deixariam sair do *menu* é o *mignon* de vitela com risoto de aspargos verdes e cogumelos frescos, regado por azeite trufado. Enquanto Nina Ramos apura o trato nos salões da casa, Daisy Novakoski mostra cuidados maternais com os finos rótulos de sua cave.

ECCELLENZA PIZZARIA ($$)

PIZZARIA

Rua Visconde de Caravelas 121 | Botafogo

(21) 2535-0591 | 2266-5774 | www.eccellenza.com.br |

DIARIAMENTE, ALMOÇO E JANTAR

ESTACIONAMENTO NÃO | CARTÕES DE CRÉDITO M | V

As *pizzas* estão inapelavelmente ungidas à preferência daqueles momentos à volta da mesa, levando a criançada. O Eccellenza também tem a sua cota deste tipo de freguesia, mas busca incrementar o expediente das *pizzas* elaboradas para satisfazer paladares mais exigentes. Nesse rol, vale citar a *stupenda*, cujo recheio até passa da medida, mas revela-se saborosa. Sobre discos gorduchos, entram tomate pelado, muçarela de búfala, figo caramelado, tomate-cereja, lascas de presunto de Parma, rúcula e queijo *pecorino*.

ECLÉTICO ($$)

Av. das Américas 3.434, bl4, lj 101 | Barra da Tijuca

(21) 2439-0190 | 2497-2492 |

www.restauranteecletico.com.br |

2ª F, ALMOÇO; 3ª F A 6ª F, ALMOÇO E JANTAR, SÁB, JANTAR

ESTACIONAMENTO SIM | CARTÕES DE CRÉDITO M | V

De repente, não mais que de repente, o garçom que está servindo a sua mesa sobe num palco e tchan, tchan, tchan, tchan: solta a voz e começa a cantar, tal e qual um Frank Sinatra ou uma Barbra Streisand dos tempos modernos. Portanto, não se assuste. Mas, em uma casa em que os garçons cantores são o diferencial, bem que a comida poderia ser mais do que uma coadjuvante canastrona. Além do *show* dos garçons, bandas e DJs se apresentam por lá. Durante o dia, a casa trabalha com almoço no sistema de *self-service*.

EME ARTE & GASTRÔ ($$)

Rua do Carmo 55, 2º andar | Centro
(21) 2232-8903
2ª F A 6ª F, ALMOÇO; JANTAR SÓ PARA GRUPOS
ESTACIONAMENTO NÃO | CARTÕES DE CRÉDITO A | D | M | V

Sucedeu ao Beco do Carmo, que durou longo tempo neste ponto. Num estilo mais austero, nunca foi de encher o salão. Seu acesso por elevador na calçada até hoje é fator de inibição a muita gente. O ambiente calmo e reservado leva vantagem quando convém a almoços mais confidenciais. Vigora no Eme uma culinária sem maiores inspirações, que por isso também não enfrenta eventuais tropeços.

EMPÓRIO CITTÁ NOVA ($$)

ITALIANO
Rua Correia Vasques 56 | Cidade Nova
(21) 2293-0410
2ª F A 6ª F, CAFÉ DA MANHÃ, ALMOÇO E JANTAR;
SÁB, APENAS COM RESERVA PARA NO MÍNIMO 15 PESSOAS
ESTACIONAMENTO NÃO | CARTÕES DE CRÉDITO A | M | V

A partir da sede da Prefeitura e de outros prédios da Cidade Nova, que já abrange um formigueiro de gente em busca de um lugar para almoçar, era natural a formação de uma frente culinária, em que o Empório se inclui. E que teve em seu início o *chef* Franco Barone à frente da cozinha. Sua passagem, há décadas, pelo antigo Barone Fasoli, em Ipanema, foi marcada pela correção do cozimento das massas *al dente*, o que até então era desconhecido. O serviço do Empório começa cedo, com farto café da manhã.

EMPÓRIO SANTA FÉ ($$$)

ADEGA ESPECIAL
Praia do Flamengo 2 | Flamengo
(21) 2245-6274 | www.emporiosantafe.com
2ª F A SÁB, ALMOÇO E JANTAR; DOM, ALMOÇO
ESTACIONAMENTO SIM | CARTÕES DE CRÉDITO A | D | M | V

Na Praia do Flamengo, fica bem escondido no canto que tinha mais movimento quando o Grupo Manchete ainda era vivo. Compõe o modelo que tenciona contentar o público curtidor de *wine* bar, sua versão inicial. Tanto tendo à frente a praticidade de uma tábua de queijos como opções de pratos mais robustos. O segundo andar oferece o bônus visual do Aterro do Flamengo, com o Pão de Açúcar ao fundo. Os raviólis de diversos recheios estão entre os favoritos da freguesia.

EMPORIUM PAX ($)

Praça Santos Dumont 31, 2º andar,
Jockey Club da Gávea | Gávea
(21) 3114-5519 | www.emporiumpax.com.br
6ª F A 2ª F, ALMOÇO ATÉ A ÚLTIMA CORRIDA DE CAVALOS;
3ª F A 5ª F, ALMOÇO
ESTACIONAMENTO SIM | CARTÕES DE CRÉDITO A | D | M | V
FILIAIS Praia de Botafogo 400, 2º e 7º pisos, Botafogo Praia Shopping | Botafogo (21) 3171-9713 • Av. Lauro Sodré, 1º piso, Rio Sul | Botafogo (21) 2295-4475 • Rua Quinze de Novembro 8, Plaza Niterói | Centro, Niterói (21) 2722-4095

No Grupo Pax, é o modelo criado para atender o consumo dos fregueses de *shopping*. Com influência do cardápio do Pax Delícia, promove adaptações à praticidade e urgência requeridas nesses lugares. O relógio da freguesia acaba obrigando a máxima racionalização das receitas. Perde a gastronomia, certamente, mas o restaurante cumpre seu papel.

ENOTECA UNO ($$$)

ITALIANO
Av. Rio Branco 1, 10º andar, Centro Empresarial Internacional Rio | Centro
(21) 3213-1900 | 2223-0070 | www.enotecauno.com.br
2ª F A 6ª F, ALMOÇO
ESTACIONAMENTO SIM | CARTÕES DE CRÉDITO A | D | M | V

A casa funciona apenas para almoço, no alto de um prédio de escritórios na movimentada avenida Rio Branco. A vista — do porto e da baía de Guanabara — é espetacular. Mas ainda melhor do que a vista é a comida do *chef* Joachim Koerper, alemão radicado em Portugal, onde comanda a cozinha do Eleven, primeiro restaurante de Lisboa a conquistar uma estrela Michelin. A presidente Dilma Rousseff é fã. Não dispense o *couvert*. O *carpaccio* de atum com *foie gras* é divino. O cordeiro vem sempre no ponto perfeito.

ENOTRIA POR JOACHIM KOERPER ($$$$)

ADEGA ESPECIAL
Av. Ayrton Senna 2.150, 2º piso, CasaShopping | Barra da Tijuca
(21) 2442-2117 | 2431-9119 | www.enotriajk.com.br
DIARIAMENTE, ALMOÇO; 3ª F A SÁB, JANTAR
ESTACIONAMENTO SIM | CARTÕES DE CRÉDITO A | D | M | V

O Enotria é um tradicional restaurante carioca, tendo passeado por Copacabana e São Conrado, até fincar raízes na Barra da Tijuca, no CasaShopping. Recentemente, ganhou cara e fôlego novos, com a chegada do estrelado *chef* alemão Joachim Koerper. Alta gastronomia com pegada mediterrânea, ambiente moderno, serviço de primeira linha. Entre as criações do *chef*, *tataki* de atum, confitura de papaia verde e gergelim, para começar. O badejo com lulas salteadas, salada de feijão-manteiguinha de Santarém (Pará) e molho de vinho tinto é outro espetáculo. Para beber, se deixe levar pelas sugestões do *sommelier* Jorge Nunes, o melhor em atividade no Rio de Janeiro, trazido direto de Portugal pelo *chef*. Nos almoços, a casa serve *menu* executivo.

ENTRETAPAS ($$)

ESPANHOL
Rua Conde de Irajá 115 | Humaitá
(21) 2537-0673 | 2286-6618 | www.entretapas.com.br |
DIARIAMENTE, ALMOÇO E JANTAR
ESTACIONAMENTO SIM | CARTÕES DE CRÉDITO M | V

A dupla Jan Santos e Antonio Alcaraz marcou um golaço quando resolveram abrir este simpático bar de *tapas* em Botafogo. A casa é descolada, descomplicada e bem resolvida. O ambiente é gostoso e aconchegante. E o cardápio é recheado de gostosuras. Impossível não se apaixonar pela sopa fria de amêndoas (*Ajo Blanco*) ou pelos croquetes. Como não amar as *habitas con jamón* (favas salteadas com azeite aromatizado de alho e presunto espanhol)? Para beber, vinhos espanhóis, sangria e cervejas.

EPIFANIA ORIENTAL CONTEMPORÂNEO ($$)

JAPONÊS
Rua Roberto Dias Lopes 25, lj A | Leme
(21) 2541-8330 | epifaniaoriental.com.br |
3ª F A DOM, ALMOÇO E JANTAR
ESTACIONAMENTO NÃO | CARTÕES DE CRÉDITO A | M | V

O pequeno e pioneiro japa do Leme já ganhou fama no bairro. O balcão, claro, se incumbe dos conhecidos clichês de lâminas de peixe cru sobre bolinhos de arroz. Mas a cozinha se atreve a algo além do comum, sem chegar, claro, ao que o título da casa atrevidamente sugere. É o caso do atum semicru com purê de *wasabi* e crocante de cenoura e o *hot* filadélfia monte Fuji, com salmão, camarão, atum e *cream chease* empanado com farinha *panko*. Esse ensaio mais original divide com os preços acessíveis o bom nível de ocupação.

ESCH CAFÉ ($$$)

Rua Dias Ferreira 78 | Leblon
(21) 2512-5651 | www.esch.com.br
DIARIAMENTE, ALMOÇO E JANTAR
ESTACIONAMENTO SIM | CARTÕES DE CRÉDITO D | M | V
FILIAL Rua do Rosário 107 | Centro (21) 2507-5866

Há os que acreditam que os amantes da charutaria são tão poucos que caberiam num furgão. O Esch prova o contrário. A começar pela loja interna, que exibe desde as mais corriqueiras cigarrilhas até os mais raros e caros Cohibas da praça. O bom movimento desfaz qualquer dúvida sobre esta preferência. Há bastante fumaça, claro, mas isso nada surpreende nesta casa, hoje agradavelmente aberta para a calçada. O cardápio lista um bom número de pratos, e a carta de bebidas, principalmente, é bem variada. Confirmando a regra: não há fumante sem copo ao lado...

ESCONDIDINHO ($$)

BARES & BOTEQUINS | BRASILEIRO
Beco dos Barbeiros 12 | Centro
(21) 2242-2234 | www.restauranteescondidinho.com | f
2ª F A 6ª F, ALMOÇO
ESTACIONAMENTO NÃO | CARTÕES DE CRÉDITO A | D | M | V

Sempre se fala, imprudentemente, serem os botecos indiscutíveis endereços para encontrar os verdadeiros sabores da comida caseira. Entre as muito boas exceções, este é dos que possui uma cozinha a se conferir. E mais elogiável pela resistência de manter até agora o mesmo figurino que fez naufragar vários lugares do Centro, na época em que eram referências daquele tradicional gênero culinário. D. Lurdes já não está lá há longo tempo, mas deixou para seus cozinheiros uma bela herança de pitéus. Vale conferir, sobretudo, o viço e a suculência da galinha ao molho pardo, tanto quanto da costela de boi, magra e adoravelmente regada por molho ferrugem.

ESPAÇO 7ZERO6 ($$)

Av. Vieira Souto 706 | Praia Ipanema Hotel | Ipanema
(21) 2141-4992 | www.espaco7zero6.com.br
SÁB E DOM, CAFÉ DA MANHÃ E ALMOÇO
ESTACIONAMENTO NÃO | CARTÕES DE CRÉDITO A | D | M | V

A posição privilegiada do terraço do Praia Ipanema Hotel divisa toda a praia à frente. Pela altura do prédio, o visual vai além, alcançando o panorama do contorno da Lagoa Rodrigo de Freitas até as fraldas do morro do Corcovado. Desfrutam deste cenário a piscina, o bar e o restaurante do hotel. Quem comanda a cozinha é o *chef* Patrick Bolle, que teve carreira iniciada aos 14 anos, no Saint Honoré — uma lenda em sua época — sob a batuta de ninguém menos que Laurent Suaudeau. A gastronomia de Bolle se inclina pela comida contemporânea aplicada aos sabores nativos, um viés muito em voga na evolução do cardápio brasileiro.

ESPÍRITO SANTA ($$$)

BRASILEIRO
Rua Almirante Alexandrino 264,
Largo dos Guimarães | Santa Teresa
(21) 2507-4840 | www.espiritosanta.com.br | f
2ª F, 4ª F A DOM, ALMOÇO E JANTAR
ESTACIONAMENTO NÃO | CARTÕES DE CRÉDITO A | D | M | V

A *chef* paraense Natacha Fink não nega as origens no restaurante que comanda em Santa Teresa. Bom para os clientes, que podem experimentar delícias como o croquete de tambaqui, os rolos de feijoada ou os *tacachos* (medalhões de banana-pacovão cobertos com siri catado). Os petiscos, por sinal, são o forte da casa. No inverno, os caldos (como o de tucupi ou a mujica de piranha) são uma excelente pedida. Entre os pratos principais, destaque para os peixes de rio, como o tambaqui e o pacu. Guarde espaço para a sobremesa. As opções são muitas e de dar água na boca. Destaque para a Mineira, uma torta quente de goiaba com queijo da serra da Canastra e canela.

ESPLANADA GRILL ($$$$)

ADEGA ESPECIAL | CARNES
Rua Barão da Torre 600 | Ipanema
(21) 2512-2970 | 2239-6028 |
www.esplanadagrill.com.br |
DIARIAMENTE, ALMOÇO E JANTAR
ESTACIONAMENTO SIM | CARTÕES DE CRÉDITO A | D | M | V

Quando só havia as churrascarias convencionais, já de longe era fácil reconhecer maminhas, picanhas *etc.*, trafegando pelo salão. Precursor no advento das *steaks houses* cariocas, o Esplanada fez com que devotos carnívoros pasmassem diante de bifes de *chorizo*, miolos de alcatra, bifes de tira, nunca vistos antes. Ostentava procedência de produtos da vizinha Argentina, que ainda emplacam no cardápio. Mais recentemente, cevados nas distantes pastagens australianas, chegaram peças de corte Ancho, ainda melhores. As contas da casa, é bom saber, geralmente incomodam bolsos mais cautelosos.

ETTORE ($$)

ITALIANO
Av. Armando Lombardi 800, ljs C, D e E,
Condado de Cascais | Barra da Tijuca
(21) 2495-3316 | 2493-8939 | www.ettore.com.br |
DIARIAMENTE, ALMOÇO E JANTAR
ESTACIONAMENTO NÃO | CARTÕES DE CRÉDITO D | M | V

Já são 30 anos de (bons) serviços prestados à gastronomia carioca, o que faz do Ettore um porto seguro a quem busca comida italiana tradicional de boa qualidade. A mesa de antepastos continua a fazer um sucesso danado, assim como os pães e massas preparados na casa, com molhos tradicionais. Opção de bom custo-benefício para quem procura culinária da Itália, sem concessões nem grandes inovações.

F

FASANO AL MARE ($$$$)

ITALIANO

Av. Vieira Souto 80 | Ipanema

(21) 3202-4000 | 3202-4010 | www.fasano.com.br |

2ª F A 6ª F, ALMOÇO E JANTAR;

SÁB E DOM, CAFÉ DA MANHÃ, ALMOÇO E JANTAR

ESTACIONAMENTO SIM | CARTÕES DE CRÉDITO A | D | M | V

A chegada do *chef* Paolo Lavezzini, em dezembro de 2012, trouxe leveza ao cardápio do Fasano. Sem mexer nos clássicos da casa, imprimiu seu estilo com sutis mudanças. A massa mais fina é a mais notável. O atum com *stracciatella* (o miolo da *burratta*) e figo é imperdível. O espaguete feito com tinta de lula e frutos do mar é inesquecível. O ambiente é requintado, o serviço, impecável. E os preços, como esperado, bem altos.

FELLINI ($)

QUILOS & BUFÊS

Rua General Urquiza 104 | Leblon

(21) 2511-3600 | www.fellini.com.br |

DIARIAMENTE, ALMOÇO E JANTAR

ESTACIONAMENTO NÃO | CARTÕES DE CRÉDITO D | M | V

Tradicional restaurante a quilo no Leblon, frequentado majoritariamente por moradores (e trabalhadores) vizinhos ao lugar. No bufê, diversas opções de saladas e pratos quentes, preparados na hora, assim como *sushi* e *sashimi* para os fãs de comida japonesa. Nada de mais, mas opção razoável para quem procura uma comida descomplicada e rápida.

FIAMMETTA ($)

PIZZARIA

Av. das Américas 7.777, 3º piso,

Rio Design Barra | Barra da Tijuca

(21) 2438-7500 | www.fiammetta.com |

DIARIAMENTE, ALMOÇO E JANTAR

ESTACIONAMENTO SIM | CARTÕES DE CRÉDITO M | V

FILIAIS Rua General Severiano 97, 1º piso, Casa & Gourmet | Botafogo (21) 2295-9096 • Livraria da Travessa, nível Américas, lj 220, Barra Shopping | Barra da Tijuca (21) 3411-1000

Quando abriu, a casa sonhava em fazer a melhor *pizza* do Rio de Janeiro. De fato, chegou a beliscar um prêmio aqui, outro ali e a conseguir reconhecimento. Mas os donos resolveram abrir mais casas, as contas não fecharam e o bolo desandou. As dívidas acumuladas forçaram os antigos donos a venderem a casa. E os atuais, embora mantenham as redondas no cardápio, diversificaram e até almoço a quilo, com pratos variados, resolveram servir. A qualidade, como era de se esperar, passa longe dos tempos de glória da casa.

FILÉ DE OURO ($$)

CARNES
Rua Jardim Botânico 731 | Jardim Botânico
(21) 2259-2396
3ª F A SÁB, ALMOÇO E JANTAR; DOM, ALMOÇO
ESTACIONAMENTO SIM | CARTÕES DE CRÉDITO A | M | V

Avenidas de tráfego intenso são inóspitas a restaurantes. Na rua Jardim Botânico, por exemplo, a presença do Filé de Ouro é um caso quase excepcional. Mas, apesar da localização, a clientela não liga. E se apegou tanto que fez a casa dobrar o espaço. Os bifes são o forte de sua cozinha, em três diferentes tamanhos e preços. O menor tem o mérito de dar conta da fome de um dia inteiro, e, como os outros, também não erra na textura e no ponto de sal. Num dos mais procurados, o filé à Osvaldo Aranha, mesmo submetendo a fritura de seus acompanhamentos a teste de precisão, igualmente não falha: batatas-portuguesas sequinhas e alho finamente picado, num só tom de dourado.

FILÉ DO LIRA ($)

CARNES
Av. Ataulfo de Paiva 658 | Leblon
(21) 2294-2599 | 99567-0153 | www.filedolira.com | f
DIARIAMENTE, ALMOÇO E JANTAR
ESTACIONAMENTO NÃO | CARTÕES DE CRÉDITO A | D | M | V

A casa de esquina com grandes janelões voltados para o agito da Avenida Ataulfo de Paiva em nada lembra o antigo restaurante que funcionava ali. O tradicional Le Coin, completamente isolado da rua, mais parecia uma caixa-forte. O cardápio também não buscou referência no antigo dono do pedaço. No Filé do Lira, como o nome já sugere, tudo gira em torno das carnes. São diversos cortes, escorados por 14 molhos e 26 acompanhamentos. Para beber, chope bem gelado ou caipirinha de lima-da -pérsia.

FILET & FOLHAS ($)

CARNES
Av. Rio Branco 1, lj A | Centro
(21) 2518-1313 | 2518-1733 | www.filetefolhas.com.br | f
2ª F A 6ª F, ALMOÇO

ESTACIONAMENTO NÃO | CARTÕES DE CRÉDITO A | D | M | V
FILIAIS Rua do Rosário 104 | Centro (21) 2222-4151 | 2224-8925 • Rua Néri Pinheiro 331 | Cidade Nova (21) 2502-4135 | 2502-1872

Contando com pequena rede de três casas, optou por resumir o cardápio numa fórmula compacta, em que as saladas preponderam. Para que suas misturas possam variar segundo a preferência de cada comensal, é dado a cada um fazer a escolha de folhas, acompanhamentos e molhos que desejar. Seguindo em frente, há *quiches* e grelhados.

FIM DE TARDE ($$$)

ESPANHOL
Rua Miguel Couto 105 | Centro
(21) 2516-2409 | www.fimdetarde.com.br
2ª F A 6ª F, ALMOÇO E JANTAR
ESTACIONAMENTO NÃO | CARTÕES DE CRÉDITO A | M | V

Típico empreendimento familiar, de origem galega, tem laços societários com o Málaga, fixado na mesma rua. Pelo título, dá para perceber que nasceu para funcionar como um bar de *tapas* e *bocadillos*. Depois de adotar o feitio de restaurante, repaginou o visual, em que sobressai a forração de madeira e as divisórias de treliça, méritos do projeto da arquiteta Márcia Müller. A boa cozinha já consagrou vários pratos, embora o "polvo à feira" seja o mais aclamado pela clientela.

FIORINO ($$)

ITALIANO | PIZZARIA
Av. Heitor Beltrão 126 | Tijuca
(21) 2567-4476 | 2567-3386 | www.restaurantefiorino.com.br
2ª F, A SÁB, JANTAR; DOM, ALMOÇO E JANTAR
ESTACIONAMENTO SIM | CARTÃO DE CRÉDITO NÃO

O casarão do início do século XX, que já foi cenário de filme e locação de novela, chama a atenção de quem passa pela rua. Ali, desde 1983, funciona um restaurante italiano, especializado em comida da Emilia-Romagna. O ambiente, pra lá de romântico, é o ponto forte da casa. A comida, se não deixa grande saudade, tampouco causa decepções. É simples e bem-feita. O preço é bom (inclusive dos vinhos), o que, aliado ao charme da casa, faz com que o restaurante tenha um público cativo. Atenção: o Fiorino não aceita nenhum tipo de cartão. Nem de crédito, nem de débito. Ali, pagamento apenas em dinheiro vivo ou cheque.

FOGO DE CHÃO ($$$)

CARNES
Av. Repórter Nestor Moreira s/nº | Botafogo
(21) 2279-7117 | www.fogodechao.com.br | f

DIARIAMENTE, ALMOÇO E JANTAR
ESTACIONAMENTO SIM | CARTÕES DE CRÉDITO A | M | V

Churrascaria rodízio com uma vista privilegiada da enseada de Botafogo, a casa repete, no Rio, a receita consagrada em outras cidades, como São Paulo e Belo Horizonte, de foco na carne com bufê simples, em que sobressaem as saladas. O problema é que a carne, carro-chefe de qualquer churrascaria, não chega nem perto da qualidade da vista. O rodízio é caro, mas, ainda assim, vive lotado. Nos finais de semana, faça reserva. Ou chegue cedo.

FONTES ($)

VEGETARIANOS & SALADAS
Rua Visconde de Pirajá 605, ljs D, F e M | Ipanema
(21) 2512-5900 | 2529-2260 | www.fontesipanema.com.br
2ª F A SÁB, ALMOÇO E JANTAR
ESTACIONAMENTO NÃO | CARTÕES DE CRÉDITO D | M | V

Mercearia e restaurante, ambos focados em produtos naturais e orgânicos, convivem lado a lado numa pequena galeria de Ipanema. A casa tem frequentadores fiéis, desde que abriu, em 1987, que vão atrás das receitas criadas pelo casal Raul e Maria Luíza Pitanga Santos. A comida é variada, simples e gostosa. Vegetarianos, macrobióticos e celíacos têm no Fontes um porto seguro. Mas, mesmo quem não se encaixa em nenhuma destas tribos, caso apareça por lá, sairá satisfeito — e bem alimentado.

FORNERIA SÃO SEBASTIÃO ($$)

COMIDINHAS
Rua Aníbal de Mendonça 112 | Ipanema
(21) 2540-8045 | www.restauranteforneria.com.br | f
DIARIAMENTE, ALMOÇO E JANTAR
ESTACIONAMENTO SIM | CARTÕES DE CRÉDITO A | D | M | V

Quando abriu as portas no Rio, a Forneria chamou a atenção dos cariocas pela qualidade dos *paninis*, pelo ambiente descolado e pela quantidade de famosos que por lá passavam. O ambiente continua igual. Os *paninis* seguem no cardápio. Mas os famosos, bom, esses não aparecem mais por lá com tanta frequência. A razão é simples: a qualidade, impecável quando a casa abriu, despencou.

FORNO E FOGÃO ($$)

Av. Atlântica 3.716,
Hotel Golden Tulip Regente | Copacabana
(21) 3545-5400 |
www.goldentulipregente.com/pt-pt/restaurantes
DIARIAMENTE, CAFÉ DA MANHÃ, ALMOÇO E JANTAR
ESTACIONAMENTO NÃO | CARTÕES DE CRÉDITO A | M | V

Durante um tempo, o restaurante do antigo Hotel Luxor não cumpria, como muitos, apenas o papel de refeitório para hóspedes. Sua cozinha procurava o paladar caseiro e conseguia agradáveis resultados. Mas isso, possivelmente, não foi reconhecido. Voltou a vigorar — como também agora na vigência do internacional grupo hoteleiro Tulip — a prática da convencional lista de pratos, encontrada em toda parte. Resta para os clientes a curtição da sempre panorâmica vista da praia, ainda que hoje muito comprometida pela abundância de quiosques e acessórios urbanos que lotam e enfeiam o calçadão.

FRATELLI ($$$)

ITALIANO

Av. General San Martin 983 | Leblon

(21) 2259-6699 | www.fratellirestaurante.com.br |

DIARIAMENTE, ALMOÇO E JANTAR

ESTACIONAMENTO SIM | CARTÕES DE CRÉDITO A | D | M | V

FILIAL Av. Sernambetiba 2.916 | Barra da Tijuca

(21) 2494-6644

Joaquim Moreira, mais conhecido como Seu Moreira, é um apaixonado pela culinária italiana. Gosta tanto da coisa que, em 1988, comprou, na Barra da Tijuca, um restaurante especializado neste tipo de cozinha: o Fratelli. Em 1992, abriu outra casa, com o mesmo nome e o mesmo estilo, no Leblon. Desde então, o lugar tornou-se um porto seguro para os amantes de massas, *pizzas* e risotos no Rio de Janeiro. No começo de 2014, a comida da casa ganhou um festejado *upgrade*, com o retorno do *chef* italiano Massimo Torresan ao Fratelli. A carta de vinhos é recheada de boas opções a preço justo.

G

GABBIANO RISTORANTE ($$$)

ITALIANO
Av. das Américas 3.255,
Shopping Barra Garden | Barra da Tijuca
(21) 3153-5529 | www.gabbiano.com.br | f
DIARIAMENTE, ALMOÇO E JANTAR
ESTACIONAMENTO SIM | CARTÕES DE CRÉDITO A | M | V

Italiano com perfil clássico na gastronomia da Barra. O cardápio é repleto de risotos, massas e assados. Dia 29 tem nhoque da fortuna, com direito a dólar e um monte de opções. A carta de vinhos é bem cara. E a comida, apenas correta. Sem grandes surpresas, nem decepções. Se possível, escolha uma mesa na varanda.

GABBIANO AL MARE ($$$$)

ITALIANO | PEIXES & FRUTOS DO MAR
Av. Vieira Souto 320, Hotel Sol Ipanema | Ipanema
(21) 2521-6464 | www.gabbiano.com.br | f
DIARIAMENTE, ALMOÇO E JANTAR
ESTACIONAMENTO NÃO | CARTÕES DE CRÉDITO A | M | V

A principal diferença entre a matriz na Barra da Tijuca e a versão Al Mare do Gabbiano é a vista para o mar. De resto, é quase tudo a mesma coisa. Massas, risotos e filés, feitos bem ao gosto do carioca, dominam o cardápio. O serviço é atencioso, mas a carta de vinhos, cara e óbvia, desanima os fãs mais atentos da bebida.

GALANI ($$$$)

CAFÉ DA MANHÃ | FEIJOADA
Av. Vieira Souto 460, cobertura, Hotel Caesar Park | Ipanema
(21) 2525-2525 | www.caesarpark.com.br
DIARIAMENTE, CAFÉ DA MANHÃ, ALMOÇO E JANTAR
ESTACIONAMENTO SIM | CARTÕES DE CRÉDITO A | D | M | V

A vista da praia de Ipanema é o que de melhor o restaurante tem a oferecer. Instalado na cobertura do Hotel Caesar Park, a casa já viveu dias melhores. O cardápio aposta em pratos brasileiros. E é a brasileiríssima feijoada, servida aos sábados e que já foi considerada a melhor do Rio, a única coisa capaz de rivalizar minimamente com o cenário espetacular.

GALERIA 1618 ($$)

Rua Gustavo Sampaio 840 | Leme
(21) 2295-1618 | www.galeria1618.com.br
DIARIAMENTE, ALMOÇO E JANTAR
ESTACIONAMENTO SIM | CARTÕES DE CRÉDITO A | M | V

Quando estreou, dividia o local com livros, exposição e fotos — à volta das mesas. Depois de decidir dedicar-se exclusivamente à culinária, o restaurante foi ampliado e seu cardápio passou a oferecer maior opção de pratos consistentes, como o cuscuz tunisiano, levando linguiça e picanha de cordeiro. Mesmo assim, os petiscos mais informais combinam com o ambiente e têm boa saída.

GALETO DO LEBLON ($)

GALETERIA
Rua Dias Ferreira 154 | Leblon
(21) 2294-3997
DIARIAMENTE, ALMOÇO E JANTAR
ESTACIONAMENTO NÃO | CARTÕES DE CRÉDITO A | D | M | V

A casa, quase totalmente desprovida de charme, fica na chique e movimentada Dias Ferreira. Funciona desde 1975, quando a famosa rua nem de longe sonhava em gozar de tanto prestígio na gastronomia da cidade. A receita para a longevidade é a mesma desde a abertura: boa comida a preços razoáveis. Como o próprio nome diz, a especialidade da casa é o galeto. O chope gelado, a boa seleção de acompanhamentos e outros cortes de carne costumeiramente bem-feitos ajudam a manter a boa fama da casa.

GALLI ($)

GALETERIA
Av. das Américas 500, bl5,
Shopping Downtown | Barra da Tijuca
(21) 3153-7716 | 3433-7056 |
www.restaurantegalli.com.br | f
DIARIAMENTE, ALMOÇO E JANTAR
ESTACIONAMENTO SIM | CARTÕES DE CRÉDITO A | M | V
FILIAIS Av. Maracanã 987, piso L3, Shopping Tijuca | Tijuca (21) 2569-4404 • Rua Quinze de Novembro 4, lj 4.006, piso L4, Plaza Shopping Niterói | Niterói (21) 2620-8731 • Av. Ayrton Senna 3.000, lj 2.160, Shopping Via Parque | Barra da Tijuca (21) 3118-0177

Misto de galeteria e *grill*, com casas na Barra, na Tijuca e em Niterói. O ambiente é informal, e o cardápio segue a receita consagrada em casas mais antigas do gênero: galetos, picanhas e outros cortes de carne dividem espaço com massas e risotos. Nada especial, mas tudo bem-feito.

GARDEN ($$)

FEIJOADA

Rua Visconde de Pirajá 631, Jardim de Alah | Ipanema
(21) 2259-3455 | www.gardenrestaurante.com.br |

2ª F A SÁB, ALMOÇO E JANTAR; DOM, ALMOÇO
ESTACIONAMENTO SIM | CARTÕES DE CRÉDITO D | M | V

Casa tradicional em Ipanema, famosa tanto pela feijoada de sábado quanto pelos festivais de camarão, pato e bacalhau que costumam se revezar no cardápio ao longo do ano. Outro dado curioso é a inquietude dos proprietários da casa, que trocam a pintura da fachada como quem muda de roupa. Frequentado por famílias, confrarias e grupos de amigos, o Garden é daqueles restaurantes cada vez mais raros na cidade, em que clientes e garçons se conhecem pelo nome.

GEPETTO ($$)

CARNES | PIZZARIA

Estrada de Vargem Grande 326 | Vargem Grande
(21) 3254-3322 | www.restaurantegepetto.com.br

5ª F A DOM, ALMOÇO E JANTAR
ESTACIONAMENTO SIM | CARTÕES DE CRÉDITO D | M | V
FILIAL Av. das Américas 500, bl8, lj 106, Shopping Downtown | Barra da Tijuca (21) 2491-2137

À primeira vista, a casa com ares de cantina, inaugurada em 1983, no aprazível bairro de Vargem Grande, pode parecer uma pizzaria ou algum lugar especializado em massas. De fato, as redondas estão no cardápio, em uma infinidade de versões, assim como diversos tipos de pasta. Mas o que fez o Gepetto famoso foram as carnes. A picanha esmeralda é um clássico da casa. Outro prato que tem fãs ferrenhos é o estrogonofe. O restaurante possui uma filial no Shopping Downtown.

GERO ($$$$)

ITALIANO

Rua Aníbal de Mendonça 157 | Ipanema
(21) 2239-8158 | www.fasano.com.br |

DIARIAMENTE, ALMOÇO E JANTAR
ESTACIONAMENTO SIM | CARTÕES DE CRÉDITO A | D | M | V
FILIAL Av. Érico Veríssimo 190 | Barra da Tijuca
(21) 3523-5700

Casa exemplar, principalmente pelo atendimento. Quando abriu suas portas no Rio, fez seus rivais tremerem com a desenvoltura que o diferenciava no serviço do salão. Como a cozinha não fica muito atrás, é apreciável a quantidade de novos endereços formados por *chefs*, *maîtres* e *sommeliers* saídos dos domínios da família Fasano. Outro recorde do lugar é o favoritismo que as celebridades lhe dedicam, tornando o Gero imbatível no magnetismo que afeta certo tipo de público. Donato Di Giuseppe é o responsável pelo desempenho gastronômico. De sua lavra, um inesquecível e perfumado risoto mar e monte, sublinhado por frutos do mar, *porcini* frescos e legumes picados.

GIUSEPPE ($$$)

ITALIANO
Rua Sete de Setembro 65 | Centro
(21) 3575-7474 |
www.bestfork.com.br/giuseppe/
2ª F A 6ª F, ALMOÇO
ESTACIONAMENTO NÃO | CARTÕES DE CRÉDITO A | D | M | V

O primeiro exemplar da conexão Giuseppe nasceu na rua Sete de Setembro, no Centro. No início, tentou vingar uma seção de lanches rápidos logo à entrada da casa, servindo sanduíches (ótimos, aliás) para atender a turma da correria. Esta parte não foi em frente. O restaurante, depois de ampliado, mantém seu cardápio firme nas especialidades da velha bota. Sem maiores elaborações gastronômicas, porém produzido com capricho.

GIUSEPPE GRILL ($$$)

CARNES
Av. Bartolomeu Mitre 370 | Leblon
(21) 2249-3055 |
www.bestfork.com.br/giuseppegrill/leblon/
DIARIAMENTE, ALMOÇO E JANTAR
ESTACIONAMENTO SIM | CARTÕES DE CRÉDITO D | M | V
FILIAL Rua da Quitanda 49 | Centro (21) 2507-6740

Já há uma década o grupo BestFork, dono da cadeia Giuseppe, apostou no formato de *steak house*, no Centro. Lá, a concorrência colecionava apenas churrascarias. Entretanto, a partir da chegada de um modelo mais moderno, teve de encarar a novidade. Inclusive pelo fato de ter sido a primeira do bairro a cozinhar e a assar as carnes — tanto as da grelha como as da churrasqueira — sobre o fogo de carvão, algo que faz bela diferença. O visual da casa, obra de restauração de um sobrado, exibe pé-direito alto e agradável iluminação. Experimente, ao lado de qualquer dos bons cortes, o melhor creme de espinafre da cidade.

GIUSEPPE GRILL MAR ($$$)

PEIXES & FRUTOS DO MAR
Av. Borges de Medeiros 1.424, Lagoon | Lagoa
(21) 2239-1503 |
www.bestfork.com.br/giuseppegrill/mar/
DIARIAMENTE, ALMOÇO E JANTAR
ESTACIONAMENTO SIM | CARTÕES DE CRÉDITO A | M | V

Os peixes e crustáceos frescos que chegam todos os dias de pescadores próprios são as estrelas da casa, que funciona no Lagoon. O *cassoulet* de frutos do mar, uma tentação. A sardinha frita, servida de entrada com uma pasta de caviar, uma obrigação. Aos que não se dão bem com as coisas do mar, a casa oferece uma boa seleção de carnes de boi.

GONZALO ($$$)

CARNES

Av. Bartolomeu Mitre 450 | Leblon

(21) 3796-3342 | www.gonzaloparrilla.com.br |

2ª F, JANTAR; 3ª F A DOM, ALMOÇO E JANTAR

ESTACIONAMENTO SIM | CARTÕES DE CRÉDITO A | M | V

Simpática casa de comida uruguaia, instalada no Leblon, onde um dia funcionou o Redondo. Para começar, empanadas (a *criolla* é tudo de bom). A seguir, *mollejas*, *chinchulines* e *riñones*. O assado de tira, o carré de cordeiro e o bife do vazio (parte mais tenra da fraldinha) estão entre as especialidades do lugar. Para acompanhar tudo, um bom tannat uruguaio cai divinamente bem.

GRAND CRU ($$)

Rua Vinicíus de Moraes 130 | Ipanema

(21) 2247-1089 | www.grandcru.com.br |

3ª F A DOM, ALMOÇO E JANTAR

ESTACIONAMENTO SIM | CARTÕES DE CRÉDITO A | D | M | V

FILIAIS Av. das Américas 7.841, bl 1, lj 103, Sundeck Comercial | Barra da Tijuca (21) 2431-0864 • Av. Ataulfo de Paiva 348 lj A | Leblon (21) 2540-9957 • Rua Dr. Júlio Olivier 445 | Macaé (22) 2759-1112 • Rua Castilho França 36 | Icaraí, Niterói (21) 3674-3232

A loja de vinhos faz dobradinha com a gastronomia, servindo almoço e jantar no 2º piso. Os compactos *menus* da *chef* Michele Regina têm preço fixo, mas não impedem pedidos de pratos isoladamente. São agendados, com certa regularidade, jantares temáticos harmonizando pratos e vinhos. Em dias normais, para dar mais vazão aos rótulos de sua variada adega, a casa estipula modesto preço para a sequência de taças — champanhe, branco e tinto — durante a refeição.

GRUTA DE SANTO ANTÔNIO ($$$)

ADEGA ESPECIAL | PORTUGUÊS

Rua Silva Jardim 148 | Ponta da Areia, Niterói

(21) 2621-5701 | 2613-0762 |

www.grutadesantoantonio.com.br |

DOM A 4ª F, ALMOÇO; 5ª F A SÁB, ALMOÇO E JANTAR

ESTACIONAMENTO SIM | CARTÕES DE CRÉDITO A | D | M | V

Dona Henriqueta Henriques é um ícone da gastronomia luso-brasileira. Mesmo estando em Niterói, muitos cariocas ignoram o trânsito pesado para saborear suas receitas. O entorno do restaurante é sem charme. Chegar lá, mesmo para quem mora em Niterói, não é fácil. Mas, uma vez lá dentro, tudo compensa. O lugar é um pedacinho de Portugal encravado às margens da Baía de Guanabara.

Destaque para as diversas versões de bacalhau. A carta de vinhos é das melhores do estado. O filho de Dona Henriqueta, Alexandre, comanda a cozinha ao lado da mãe e foi responsável pelo toque moderno ao *menu*.

GUIMAS ($$$)

Rua José Roberto Macedo Soares 5 | Gávea
(21) 2259-7996 | 2529-2281 |
restauranteguimas.com.br |
DIARIAMENTE, ALMOÇO E JANTAR
ESTACIONAMENTO SIM | CARTÕES DE CRÉDITO A | D | M | V

Mesmo apartado do reduto mais efervescente da Zona Sul e fixado na quietude da Gávea, sua imagem se confunde com os ambientes descolados. Chico e Tintim Mascarenhas criaram a atmosfera marcante do lugar. Mas, aos poucos, o comando vem sendo dividido com Domingas, a competente primogênita do casal. Pelo menos, é o que se sente no ímpeto de sua renovação culinária. Sugerida, nesse caso, pelas receitas de sopa de abóbora e gengibre e da salada em camadas de atum, *shitake* e brotos de alfafa. Nada, no entanto, que deva preocupar a freguesia grisalha do velho Guimas: o receituário clássico restará intocável.

GULA GULA ($)

VEGETARIANOS & SALADAS
Rua Henrique Dumont 57 | Ipanema
(21) 2259-3084 | 2274-2303 | www.gulagula.com.br |
DIARIAMENTE, ALMOÇO E JANTAR
ESTACIONAMENTO SIM | CARTÕES DE CRÉDITO D | M | V
FILIAIS Av. Ministro Ivan Lins 270 | Barra da Tijuca (21) 2493-2995 • Av. das Américas 7.777, lj 331, Rio Design Barra | Barra da Tijuca (21) 2438-7608 • Av. General San Martin 1.196 | Leblon (21) 2294-8792 • Av. Ataulfo de Paiva 270, subsolo 109, Rio Design Leblon | Leblon (21) 2540-8005 • Rua Senador Dantas 80 | Centro (21) 2252-8799 • Rua Primeiro de Março 23 | Centro (21) 3852-1174 • Rua Néri Pinheiro 289, Boulevard Cidade Nova | Cidade Nova (21) 2504-6010 • Rua Marquês de São Vicente 52, lj 136 | Gávea (21) 2239-5594 • Estrada da Gávea 899, lj 224, Fashion Mall | São Conrado (21) 2422-1797 • Rua Alexandre Ferreira 220 lj A | Jardim Botânico (21) 2537-8906 • Rua Gal. Severiano 97, lj 144, Casa & Gourmet Shopping | Botafogo (21) 2541-4045 • Av. das Américas 4.666, lj 106, Barra Shopping | Barra da Tijuca (21) 2431-9180 • Av. Embaixador Abelardo Bueno 1.300, Shopping Metropolitano | Barra da Tijuca (21) 3326-6610 • Rua Quinze de Novembro 8, lj 4.003, Plaza Shopping Niterói | Niterói (21) 2621-1180 • Av. Borges de Medeiros 1.424, 2º piso, Lagoon | Leblon (21) 2239-0881 • Av. Lauro Sodré 445, piso G3, Shopping Rio Sul | Botafogo (21) 2541-3139 • Av. Maracanã 987, lj 3.026, Shopping Tijuca | Tijuca (21) 2567-5114

Clássico carioca, comida despretensiosa, leve, saudável e saborosa, com ênfase nas saladas e nos grelhados. Há diversos restaurantes espalhados pela cidade, e a consistência entre as casas impressiona. A carta de vinhos, repleta de rótulos leves e frescos, acompanha a filosofia da comida do Gula. Inovador, foi o primeiro restaurante de comida rápida a apostar em uma apresentação mais bonita e elaborada.

GUTESSEN ($)

Rua Visconde de Caravelas 148 | Botafogo
(21) 2294-2053 | 3549-2053 | www.gutessen.com.br | f
2ª F A SÁB, ALMOÇO
ESTACIONAMENTO NÃO | CARTÕES DE CRÉDITO A | M | V

Raríssimo representante da culinária judaica na cidade, em muitos pratos mostra semelhança com receitas árabes. A cozinha ortodoxa sofre rígidas regras e não admite influências de preparo ou da evolução de outros gêneros gastronômicos. No cardápio do Gutessen, não poderia faltar o arenque defumado, o *borsht* de beterraba e, talvez o mais predominante de todos, o *guelfite fish*. Dos doces, o bolo de mel é, certamente, o campeão de popularidade.

GUY ($$)

CAFÉ DA MANHÃ | COMIDINHAS
Rua Fonte da Saudade 187 | Lagoa
(21) 3529-8640 | 3549-8307 |
www.guyrestaurante.com.br
3ª F A DOM, CAFÉ DA MANHÃ, ALMOÇO E JANTAR
ESTACIONAMENTO SIM | CARTÕES DE CRÉDITO A | M | V

Misto de padaria e restaurante que funciona numa casa de dois andares na Fonte da Saudade, na Lagoa. No primeiro andar, fica a padaria com diversas opções de pães e doces. As mesas ficam na agradável varanda e o cheiro de pão convida a um sanduíche. Outras boas opções para o almoço são as omeletes e os *waffles*. No andar de cima, o restaurante, que funciona à noite e serve massas, risotos, filés.

H

HANSL ($$)

ALEMÃO, AUSTRÍACO E SUÍÇO
Rua Professor Júlio Lohman 132 | Joá
(21) 2493-0279 | www.hansl.com.br | f
2ª F A 6ª F, JANTAR; SÁB E DOM, ALMOÇO E JANTAR
ESTACIONAMENTO SIM | CARTÕES DE CRÉDITO A | D | M | V

Com uma privilegiada vista da Pedra da Gávea, o Hansl, restaurante alemão que fica no Joá, desde quando abriu, virou *point* para casais de namorados que lá vão comer *fondue* — mesmo no verão. A Lei Seca e os engarrafamentos infernais afastaram um pouco o público da Zona Sul, mas ainda assim a casa mantém uma clientela fiel. Além das famosas *fondues*, pratos da culinária germânica, como *goulash*.

HOLLANDAISE ($$$)

Av. Lúcio Costa 5.750 | Barra da Tijuca
(21) 2492-0061 | www.hollandaise.com.br | f
3ª F A DOM, ALMOÇO E JANTAR
ESTACIONAMENTO NÃO | CARTÕES DE CRÉDITO A | D | M | V

A vista para a praia da Barra é uma das atrações da casa. O projeto arquitetônico, que mistura madeira de demolição e vidro, obra e graça de Elvira Lousada, é outro ponto forte. O cardápio tem opções para todos os gostos: *pizzas*, massas, risotos, carnes, sopas, sanduíches, peixes, frutos do mar... Mas o grande sucesso do lugar é mesmo a batata frita à moda da casa: esta entradinha tem uma legião de fãs.

I

IBÉRICO ($$$)

ESPANHOL
Rua Saturnino de Brito 84 | Lagoa
(21) 3197-4227 | www.iberico.com.br/ |
2ª F A SÁB, JANTAR
ESTACIONAMENTO SIM | CARTÕES DE CRÉDITO A | D | M | V

Depois do sucesso do Entretapas, o *chef* Jan Santos e o companheiro dele, o espanhol Antonio Alcaraz, partiram para uma nova empreitada, ainda mais ousada: um restaurante com conceito sustentável. A água é purificada ali mesmo. No telhado existe uma horta. Batentes de trem foram usados como revestimento. Até a tinta usada nas paredes é ecológica. Mas noves fora o louvável conceito, a principal atração do restaurante são mesmo as delícias preparadas por Jan. Com um cardápio elaborado, destaque para o tamboril, o Bacalhau Ibérico, que desmancha na boca, e o leitão assado com *migas*. As sobremesas também merecem destaque.

IL BORGO DEL CONTE ($$)

ITALIANO
Rua Conde de Irajá 201 | Botafogo
(21) 3502-2991 | www.ilborgodelconte.com.br
3ª F A SÁB, JANTAR; DOM, ALMOÇO
ESTACIONAMENTO NÃO/ CARTÕES DE CRÉDITO A | D | M | V

A casa é charmosa, o *menu*, enxuto, com pratos clássicos (e bem preparados) da culinária italiana, com destaque para o nhoque e para o *ossobuco*. O ambiente é aconchegante e a carta de vinhos, embora pequena, tem boas opções. Mas o grande diferencial do lugar mesmo é o atendimento. O próprio dono está lá e faz as vezes de *maître*. Os garçons sempre atenciosos não deixam a peteca cair. Se a hospitalidade é a alma do negócio, o Borgo está no caminho certo.

IL BORSALINO ($$$$)

ITALIANO
Av. Armando Lombardi 633, lj 111,
Shopping Market Street | Barra da Tijuca

(21) 2491-4288 | www.borsalino.com.br | f
3ª F A 5ª F, JANTAR; 6ª F, SÁB E DOM, ALMOÇO E JANTAR
ESTACIONAMENTO SIM | CARTÕES DE CRÉDITO A | D | M | V

Em 2012, a casa mudou de sócios. Fechou e reabriu em 2014 após uma reforma, o nome ganhou um artigo (*Il*) antes de Borsalino. O ambiente ganhou leveza com a reforma, mas o cardápio continua enorme e pesado. Muito por conta e exigência dos próprios clientes, que insistiram para que os cerca de 80 pratos continuassem no *menu*. Cuidado para não levar um susto com a conta. Apesar de a culinária não ter nada de outro mundo, o preço dos pratos costuma andar nas alturas.

INTIHUASI ($$)

PERUANO
Rua Barão do Flamengo 35, lj D | Flamengo
(21) 2225-7653 | www.intihuasi.art.br | f
3ª F A SÁB, ALMOÇO E JANTAR; DOM, ALMOÇO
ESTACIONAMENTO SIM | CARTÕES DE CRÉDITO A | D | M | V

Foi a primeira cozinha peruana a brotar no circuito gastronômico da cidade. A *chef* Margarita Sayan cursou o Cordon Bleu Peru, onde se graduou com o título de *master*. Seu cardápio diversifica, mas mantendo-se fiel a esta típica e atraente culinária. É um bom começo o *ceviche* de linguado, trazendo grãos de milho crocantes, finas lâminas de cebola roxa e batata-doce. Em seguida vale o teste da *paella* andina, instigada pelo açafrão espanhol, e juntando quinoa a *shitake* e legumes fatiados. A casa tem despretensiosa instalação, num ponto do Flamengo em que nada estimula, compreensivelmente, a fazer maior investimento neste quesito.

IRAJÁ GASTRÔ ($$$)

CONTEMPORÂNEO
Rua Conde de Irajá 109 | Botafogo
(21) 2246-1395 | www.irajagastro.com.br | f
DIARIAMENTE, ALMOÇO E JANTAR
ESTACIONAMENTO NÃO | CARTÕES DE CRÉDITO A | D | M | V

Simpática casa em Botafogo, onde o *chef* Pedro de Artagão (um dos mais talentosos da nova geração de cozinheiros cariocas) usa e abusa da criatividade. Convém chegar cedo. Ou fazer reserva. São poucos — e disputados — lugares. Entre os clássicos da casa, o Falso Toro, a salada Caprese 4.0, o Irajá Burguer e o Bolo Quente de Brigadeiro. Os que não têm medo de ser felizes podem se entregar à Experiência Irajá, *menu* degustação feito apenas sob reserva. Obrigatório para os fãs de alta gastronomia.

IX BISTRÔ ($$$)

ITALIANO
Rua Marquês de São Vicente 52, 3º piso,

Shopping da Gávea | Gávea
(21) 2512-5842 | www.ixbistrot.com.br/ | f
DIARIAMENTE, ALMOÇO E JANTAR
ESTACIONAMENTO SIM | CARTÕES DE CRÉDITO A | D | M | V

No corredor do Shopping da Gávea, foi feito milagroso enclave para caber o restaurante e seus bastidores. Aproveitando a aposentadoria (que se espera provisória) de Silvana Bianchi, a quem foi encomendada a criação do *menu*. Embora suas luzes não brilhem mais por lá, é o *chef* Val Menezes que responde pelo desempenho dos pratos. Como mostra, a propósito, seu espaguete à *carbonara*, exemplo da mais trivial cozinha italiana, mas raro de se ver tão corretamente preparado.

J

JARDINETO ($$$)

BRASILEIRO
Rua Luciano Gallet 75 | Vargem Grande
(21) 2428-1053 | 2428-1412 | www.jardineto.com.br | f
5ª F A DOM, ALMOÇO E JANTAR
ESTACIONAMENTO SIM | CARTÕES DE CRÉDITO D | M | V

Desde o ano passado, a *chef* Valéria Cavalcante assumiu o comando da casa (e das panelas), fundada em 1995. A mudança fez bem ao restaurante. Entre as novidades, o leitão à pururuca (a casquinha crocante é uma delícia) e o nhoque de banana-da-terra com camarões e gengibre, outra ótima pedida. Além da boa comida, o passeio até o lugar já é um programa que vale a pena. As melhores mesas ficam na varanda. Mas convém reservar. Na parte de dentro da casa, o ponto contra fica por conta da exaustão deficiente.

JOÃO DE BARRO ($$$)

BRASILEIRO
Rua Visconde de Inhaúma 113 | Centro
(21) 2233-2733 | 2283-1261 |
www.joaodebarrorestaurante.com.br | f
2ª F A 6ª F, ALMOÇO
ESTACIONAMENTO NÃO | CARTÕES DE CRÉDITO A | D | M | V

Integrante de um tipo de restaurante do Centro que se caracterizava por proporcionar ambiente propício a um fim de tarde em que o uísque era o personagem mais festejado. Era o finado *happy hour.* Diziam seus habituais frequentadores tratar-se de um momento de relaxamento após a faina diária, antes do retorno a seus lares. Hoje, à mesa, pratos de substância, inspirados na cozinha lusa, continuam a coroar o ritual dos almoços de negócios.

JOBI ($$)

BARES & BOTEQUINS | TOMBADO PELO PATRIMÔNIO
Av. Ataulfo de Paiva 1.166, lj B | Leblon
(21) 2274-0547 | f
2ª F A DOM, ALMOÇO E JANTAR
ESTACIONAMENTO NÃO | CARTÕES DE CRÉDITO A | D | M

A comida é mais ou menos e o chope está longe de ser dos melhores da cidade. Charme também não é o ponto forte do lugar. Mesmo assim, este bar vive cheio. Durante o dia, almoçam por lá vizinhos e pessoas que trabalham nas redondezas. Nos finais de semana, é *point* disputado no pós-praia do Leblon. Mas é durante a noite que o Jobi literalmente ferve. Quanto mais a madrugada se avizinha, mais complicado é arrumar uma mesa por lá. Mesmo assim, ninguém fica de bico seco. Os atenciosos e quase folclóricos garçons sempre dão um jeito para que todos, mesmo os que estão em pé, em papos filosóficos, conversas descompromissadas, discussões de relação ou paquera pura e simples, permaneçam de copo cheio. Para comer, caldinho de feijão, sanduíche de carne assada ou mesmo um simples filé com fritas.

JUICE & CO. ($$)

COMIDINHAS | VEGETARIANOS & SALADAS
Av. General San Martin 889 | Leblon
(21) 2294-0048 | www.juiceco.com.br
3ª F A DOM, ALMOÇO E JANTAR
ESTACIONAMENTO SIM | CARTÕES DE CRÉDITO D | M | V

A herança do nome de uma loja de sucos na Barra não ajuda a visualizar a verdadeira vocação gastronômica deste simpático espaço do Leblon. Em contrapartida, garante farta adesão do público jovem. O *chef* Ivídio Costa investiu na combinação de ingredientes, como é o caso do duo de *tartare* de salmão e atum com *guacamole*, e do *steak au poivre* de salmão, manteiga de malbec e amoras, purê de inhame e *chips* de Parma. Como lembrança dos tempos da informalidade na Barra, vigora uma lista de apetitosos sanduíches, um dos quais, o que leva *homus*, legumes grelhados e compota de tomate picante, no pão *ciabatta*, vale provar.

JULIUS BRASSERIE ($$)

Av. Portugal 986, lj D | Urca
(21) 3518-7117 | www.juliusbrasserie.com.br | f
3ª F A DOM, ALMOÇO E JANTAR
ESTACIONAMENTO NÃO | CARTÕES DE CRÉDITO M | V

Vigora em todos os moradores da Urca um hermético espírito residencial, julgando assim preservar a graça e quietude do bairro. Defronte à murada que divisa a pequena praia, acrescente-se a visão da baía e do recanto onde se aglomeram as velas. Foi nesse ponto, numa pequena casa da avenida Portugal, que o casal Julius Bijlsma e Márcia Helena encontrou um lugar com eco de Paraty, de onde vieram. As receitas que servem não se restringem a nenhuma especialidade, mas são feitas com trato e bom tempero. Os almoços de terça a quinta têm preço fixo de R$32,50.

K

KAÇUÁ ($)

BRASILEIRO

Rua Senador Rui Carneiro 220 | Recreio
(21) 2490-2607 | www.kacua.com.br |
www.restaurantekacua.blogspot.com.br | f

3ª F A DOM, ALMOÇO E JANTAR
ESTACIONAMENTO NÃO | CARTÕES DE CRÉDITO M | V

Casa no Recreio dos Bandeirantes, especializada em comida nordestina, bastante movimentada principalmente nos finais de semana. Há diversas opções de entradas típicas, como acarajé, mandioca frita, patinha de caranguejo e tapioca. Entre os pratos principais, carne de sol, baião de dois, moquecas e bobós, além da feijoada da casa e outros pratos menos votados. O ambiente é rústico e acolhedor. O serviço é atencioso, mas os pratos demoram a chegar à mesa — na melhor tradição nordestina. Mas, apesar de todo o capricho, a cozinha peca pela irregularidade. Nos finais de semana, tem música ao vivo a partir das 22h30.

KI ($$$)

JAPONÊS

Rua Fonte da Saudade 179 | Lagoa
(21) 2535-3848 |
www.restauranteki.com.br | f

2ª F A SÁB, JANTAR; DOM, ALMOÇO E JANTAR
ESTACIONAMENTO NÃO | CARTÕES DE CRÉDITO A | D | M | V

A casa é bonita por fora, o ambiente, charmoso — embora as cadeiras não sejam das mais confortáveis. O cardápio é vasto, com boas opções de *sushi*, mas (com algumas exceções, como o *sushi veggie*) pouco criativo. Já os que preferem não ousar nas escolhas não têm do que reclamar: o peixe é sempre fresco e tudo é muito bem-feito.

KOTOBUKI ($$)

JAPONÊS

Praia de Botafogo 400, 7º piso,
Botafogo Praia Shopping | Botafogo
(21) 3171-9595 | www.kotobuki.com.br | f

DIARIAMENTE, ALMOÇO E JANTAR

ESTACIONAMENTO SIM | CARTÕES DE CRÉDITO A | D | M | V
FILIAL Av. das Américas 7.777, 3º piso, Rio Design Barra | Barra da Tijuca (21) 3328-8844

Quando apareceu, fez ciclônica carreira, logo se transformando em extensa rede. Na chegada de tempos mais bicudos, arrefeceu o entusiasmo e o número de filiais encolheu. Tem, como outros, o mais típico perfil de culinária japonesa, enquadrado no formato dos *sushis*, *sashimis* e enrolados de sempre. E com variedade de pescado cru que raramente passa do atum, salmão e mais uma ou duas espécies.

L

L'ATELIER DU CUISINIER ($$)

FRANCÊS
Rua Teófilo Otoni 97 | Centro
(21) 3179-0024 | www.latelierducuisinier.com.br |
2ª F A 6ª F, ALMOÇO
ESTACIONAMENTO NÃO | CARTÕES DE CRÉDITO M | V

A exígua fachada do sobrado ainda conserva a parede azulejada e as telhas de cerâmica azul e branca, da época de sua construção. O interior, quase um corredor, onde cabem 24 pessoas, revela um lugar cuja atmosfera tem muitas características de um autêntico bistrô parisiense. O *chef* e "patron", David Jobert, cuida das panelas, mas, pelo balcão de sua cozinha aparente, controla o ambiente e arranja um tempinho para trazer um dos pratos e trocar uma palavra com os fregueses. Suas receitas são feitas com capricho, sem gratuitos adereços culinários. Além de dar aulas de cozinha e de fazer *wokshop* em domicílio, treina cozinheiros que pretendem disputar o Bocuse D'Or, uma das mais almejadas premiações francesas da gastronomia mundial.

L'ENTRECÔTE DE PARIS ($$)

CARNES
Av. Ayrton Senna 2.150, bl O, ljs G e H, CasaShopping | Barra da Tijuca
(21) 2108-6318 |
www.lentrecotedeparis.com.br |
DIARIAMENTE, ALMOÇO E JANTAR
ESTACIONAMENTO SIM | CARTÕES DE CRÉDITO A | D | M | V

Se você é daqueles que se desesperam ao abrir um cardápio e dar de cara com dezenas de opções, então este é o melhor restaurante do mundo. O *menu* tem apenas um prato: contra filé servido com molho secreto e batatas fritas, servidas durante toda a comilança. De entrada, salada. Os sócios são os irmãos Marcelo e Monique Malta. O restaurante tem filiais em São Paulo, São José do Rio Preto, Brasília, Salvador e Miami. Mesmo assim, com a casa tão difundida, o molho continua sendo secreto.

L'ETOILE ($$$$)

FRANCÊS
Av. Niemeyer 121, Sheraton Rio Hotel & Resort | Vidigal
(21) 2529-1299 |
www.letoile-rio.com.br/pt |
2ª F A SÁB, JANTAR
ESTACIONAMENTO SIM | CARTÕES DE CRÉDITO A | D | M | V

O francês Jean Paul Bondoux é velho conhecido dos brasileiros que frequentam assiduamente o balneário uruguaio de Punta del Este. Por lá, abriu em 1979 o restaurante La Bourgougne, de culinária francesa. Depois de abrir outras casas na Argentina e no Uruguai, chegou ao Rio e aportou no Sheraton, com uma vista de tirar o fôlego das praias de Ipanema e Leblon. No dia a dia, comanda a casa o *chef* executivo Emmanuel Serrano, que já trabalha ao lado do francês há quase 10 anos. No *menu*, clássicos da cozinha de Bondoux como coxas de rã, escalope de *foie gras*, *magret de canard*.

LA CARIOCA CEVICHERIA ($$)

PEIXES & FRUTOS DO MAR
Rua Maria Angélica 113 | Jardim Botânico
(21) 2226-8821 | www.lacarioca.com.br |
2ª F A 6ª F, JANTAR; SÁB E DOM, ALMOÇO E JANTAR
ESTACIONAMENTO NÃO | CARTÕES DE CRÉDITO M | V
FILIAL Rua Garcia D'Ávila 173, lj A | Ipanema (21) 2522-8184

O restaurante é bem pequeno, de ambiente informal, mas com as (poucas) mesas coladas umas nas outras — o que inviabiliza qualquer tipo de conversa mais reservada. No cardápio, *ceviches*, de inúmeros tipos para todos os gostos. Para beber, *pisco sour*.

LA CIGALE ($$$)

QUILOS & BUFÊS
Rua Aristides Espíndola 88, ljs A e C | Leblon
(21) 2279-4473 |
http://lacigalerestaurante.com.br |
2ª F A SÁB, ALMOÇO E JANTAR
ESTACIONAMENTO NÃO | CARTÕES DE CRÉDITO A | M | V

A casa nasceu com a intenção de ser uma espécie de bistrô francês encravado no coração do Baixo Leblon, a alguns passos da agitada Dias Ferreira e bem em frente à Pizzaria Guanabara. Mudou de *chef* e de rumo algumas vezes. No almoço, funciona como bufê. No jantar, *à la carte*. Entre altos e baixos, segue como uma opção menos badalada em uma área onde arranjar uma mesa para jantar num sábado à noite pode ser tarefa digna de um Hércules.

LA FIDUCIA ($$$)

ITALIANO

Rua Duvivier 21 | Copacabana

(21) 2295-7474 | www.lafiducia.com.br | f

DIARIAMENTE, ALMOÇO E JANTAR

ESTACIONAMENTO SIM | CARTÕES DE CRÉDITO A | M | V

Para gastrônomos antigos, é difícil não lembrar, saudosamente, que neste mesmo ponto perdurou por décadas o Montecarlo. Era comum naquele tempo, nos restaurantes, a existência de um bar em ambiente separado, para o ritual de um prólogo alcoólico, regando um bom par de horas antes das refeições. Depois que fechou, houve substituições sem relevância, até que o La Fiducia chegou para ficar. Do projeto antigo, nada restou, mas a reforma manteve a casa com conforto. Praticam ali uma cozinha italianizada, e isso não é tão raro. Talvez, imagine-se que este aparente estrangeirismo forneça um cobiçado requinte à casa. Seu cardápio remete ao receituário das *nonnas*, é verdade, mas há também picadinho, carne-seca, bacalhau ao Braz e arroz de marreco. Italianos ou não, aqui são em geral produzidos com razoável trato.

LA FIORENTINA ($$)

ITALIANO

Av. Atlântica 458, lj A | Leme

(21) 2543-8395 | www.lafiorentina.com.br

DIARIAMENTE, ALMOÇO E JANTAR

ESTACIONAMENTO SIM | CARTÕES DE CRÉDITO A | D | M | V

Pertencente ao empresário Omar Peres, administrador que mostra especial fé no vigor da avenida Atlântica, tal o número de tentativas empreendidas no local. Atualmente, concentra suas atenções a esta cantina. Porém, promete fulgurante projeto hoteleiro num dos últimos terrenos disponíveis na mesma orla. Após o término dos espetáculos teatrais, a Fiorentina vive seu horário nobre. Tida como célebre refúgio de artistas, que na madrugada matam a fome noturna com pratos de massas. Ou, mais frequentemente, *pizzas*, o mais forte atrativo culinário da casa.

LA MOLE ($)

Rua Dias Ferreira 147 | Leblon

Central de pedidos: (21) 3460-0800 |
www.lamole.com.br | f

DIARIAMENTE, ALMOÇO E JANTAR

ESTACIONAMENTO NÃO | CARTÃO DE CRÉDITO A | D | M | V

FILIAIS Av. Armando Lombardi 175 | Barra da Tijuca • Av. das Américas 4.666, lj 106, Barra Shopping | Barra da Tijuca • Praia de Botafogo 228, lj 102, Edifício Argentina | Botafogo • Av. Vicente de Carvalho 909, lj 1.012, Carioca Shopping | Vila Kosmos • Av. Graça Aranha 182, ljs A e B | Centro • Rua Dias da Rocha 31, lj B | Copacabana

• Rua Comendador Queiroz 8, lj 101 | Icaraí, Niterói • Rua Barão de São Francisco 236, lj 451, Boulevard Rio | Vila Isabel • Av. Maestro Paulo e Silva 400, lj 229, Ilha Plaza | Ilha do Governador • Rua Joana Angélica 159 | Ipanema • Av. Dom Helder Câmara 5.475, lj 4.105, Norte Shopping | Cachambi • Rua XV de Novembro 8, lj 151, Plaza Niterói | Niterói • Av. Lauro Müller 116, lj A, Rio Sul | Botafogo • Rua Marquês de Valença 74 | Tijuca • Rua Fonseca 240, lj 130, Bangu Shopping | Bangu

Verdadeira instituição da gastronomia carioca, o La Mole tem mais idade do que a grande maioria dos *chefs* que labutam na Cidade Maravilhosa. Abriu em 1958, quando Pelé e Garrincha ainda eram estrelas nascentes no futebol brasileiro. O medalhão com arroz à *piemontese* (que de piemontês não tem nada) alimentou gerações de cariocas. O *couvert*, com brioche, *pizza* branca, torrada com parmesão, *grissini*, azeitona verde, ovo de codorna, molho *golf*, linguiça calabresa, queijo muçarela, salame, manteiga, patê de fígado e pasta de ricota temperada, é uma instituição carioca.

LA NOSTRA PIZZA ($)

PIZZARIA
Rua Almirante Ary Rangel 455, lj A | Recreio
(21) 3079-7221 | 2437-3598 |
www.lanostrapizza.com.br | f
3ª F A DOM, JANTAR
ESTACIONAMENTO SIM | CARTÕES DE CRÉDITO M | V

Paolo Pitzalis nasceu na Sardenha, onde foi dono de duas pizzarias até decidir se mudar de mala e cuia para o Brasil, em 2004. E abriu então, no Rio de Janeiro, um dos melhores segredos guardados do Recreio dos Bandeirantes. O La Nostra Pizza fica numa rua pouco badalada do bairro, em uma loja completamente desprovida de qualquer charme. Não precisa. As redondas que saem do forno, desde as tradicionais até algumas receitas trazidas pelo *chef* da Sardenha, falam por si sós. São das melhores *pizzas* da cidade, ainda por cima com excelentes preços, mas praticamente desconhecidas de quem mora fora do Recreio.

LA PASTASCIUTTA ($$)

ITALIANO
Rua Marquês de São Vicente 52, lj 172,
Shopping da Gávea | Gávea
(21) 2294-0298 | 2259-7296 |
www.lapastasciutta.com.br
2ª F A SÁB, CAFÉ DA MANHÃ, ALMOÇO E JANTAR;
DOM, ALMOÇO E JANTAR
ESTACIONAMENTO SIM | CARTÕES DE CRÉDITO A | D | M | V

Localizado em uma via transversal e pouco movimentada do *shopping*, este simpático restaurante, como o próprio nome diz, é especializado em massas. As frescas, feitas na casa, são as melhores. Os molhos, simples e tradicionais, são bem-feitos e saborosos.

LA PLANCHA ($$)

PEIXES & FRUTOS DO MAR
Av. Ayrton Senna 1.791 | Barra da Tijuca
(21) 3325-3383 | www.laplancha.com.br | f
DIARIAMENTE, CAFÉ DA MANHÃ, ALMOÇO E JANTAR
ESTACIONAMENTO SIM | CARTÕES DE CRÉDITO M | V

Funciona dentro do mercado produtor de peixes da Barra da Tijuca. O que já é uma vantagem, pois garante o frescor dos peixes e dos frutos do mar — os donos do pedaço e destaques do cardápio. Entre as entradas, vale experimentar o caldinho de sururu. Como pratos, a cavaca é uma das especialidades da casa, que também aposta em lagostas, camarões, e, claro, peixes preparados das mais variadas formas.

LA SAGRADA FAMILIA ($$)

Rua do Rosário 98, sobrado | Centro
(21) 2252-2240 | 2253-5572 |
www.lasagradafamilia.com.br | f
2ª F A 6ª F, ALMOÇO
ESTACIONAMENTO NÃO | CARTÕES DE CRÉDITO D | M | V

Nada é mais similar ao gênero de bistrô adaptado ao gosto carioca que esta casa. Inclusive na administração, em que participa toda a família. Estabelecida no miolo histórico do Centro, seu ambiente guarda cuidadosamente a arquitetura dos velhos sobrados, com interferências limitadas aos indispensáveis acessórios funcionais: bar, balcão *etc.* O formato gastronômico segue o das receitas caseiras, mas aqui e ali acrescidas de ingredientes não tão tradicionais. Mas, discretamente integrado à modernidade. Para apreciar como se dá esse flerte culinário, experimente os camarões flambados no *armagnac*, com rúcula desmaiada no azeite e pimenta-dedo-de-moça.

LA TRATTORIA ($)

ITALIANO
Rua Fernando Mendes 7, lj A | Copacabana
(21) 2255-3319 | 2255-0781 |
www.latrattoriario.com.br | f
DIARIAMENTE, ALMOÇO E JANTAR
ESTACIONAMENTO NÃO | CARTÕES DE CRÉDITO A | D | M | V

Para fazer a imitação de características *trattorias* italianas, ninguém no Rio chegou tão perto como a ex-Tarantella, velha desbravadora da culinária da Barra. Em Copacabana, a Trattoria consegue manter a atmosfera de simplicidade, embora, além das toalhas quadriculadas e alguns pôsteres nas paredes, não exiba maiores esforços na ambientação. No horário do almoço, os preços tornam-se mais convidativos pelas doses generosas servidas em seus pratos. Isso é visto até no arroz de camarões, onde — por aí afora — a presença do encantado crustáceo teima em justificar contas de exorbitantes valores. À noite, dizem, a casa atrai — talvez pelas mesmas razões — simpatizantes da classe artística.

LA VILLA ($$)

FRANCÊS

Rua Álvaro Ramos 408 | Botafogo

(21) 2542-2771 | www.lavillario.com.br

3ª F E 4ª F, ALMOÇO; 5ª F A DOM, ALMOÇO E JANTAR

ESTACIONAMENTO NÃO | CARTÕES DE CRÉDITO A | D | M | V

Em 2012, Damien Montecer encerrou sua carreira no elegante Térèse, de Santa Teresa, após implantar ali uma gastronomia de bom nível. Agora, ao lado do *sommelier* Marc Avit, parte para essa empreitada em Botafogo, propondo uma cozinha mais clássica, tipicamente de bistrô. Com visual rústico, mas de boas proporções e em dois níveis de salões, a novidade e os preços abaixo da média provocaram boa repercussão, como mostra a quantidade de gente à espera de mesa, na calçada. Sopa de couve-flor, *tartare* de salmão e omelete de queijo estão na lista de entradas, mas o prato vedete é o contrafilé sob molho de pimenta-do-reino, com fritas e *confit* de cebolas.

LAGUIOLE ($$$$)

ADEGA ESPECIAL

Av. Infante Dom Henrique 85, Museu de Arte Moderna (MAM) | Aterro do Flamengo

(21) 2517-3129 | www.bestfork.com.br |

2ª F A 6ª F, ALMOÇO

ESTACIONAMENTO SIM | CARTÕES DE CRÉDITO A | D | M | V

Como nunca se havia conseguido antes, a utilização do espaço do antigo bar foi suficiente para projetar o atual restaurante do MAM — Museu de Arte Moderna, deixando o grande salão para aluguel de festas. A proeza é assinada por Marcelo Torres e Jayme Drummond, seus donos, que bolaram a fórmula exata para atrair executivos na hora do almoço. O conteúdo culinário é o dos paladares contemporâneos. Hoje, sob o comando do jovem Ricardo Lapeyre, provando mais uma vez que, nesse *métier*, herança, como de Claude, seu pai, não falham. De suas últimas experiências, o cardápio ganhou novidades, como o ovo pochê trufado ao vapor e creme de *tallegio*, e a trilogia de cordeiro, integrada por costeleta grelhada com *dauphine* de baroa, lombo envolto em couve e paleta crocante sobre *mousseline*. A adega tem larga fama — foi parar no *ranking* da revista americana *Wine Spectator* e de lá não sai.

LAGUNA ($$$)

PEIXES & FRUTOS DO MAR
Ilha da Gigoia 34 | Barra da Tijuca
(21) 2495-1229 | 98883-0007 |
www.restaurantelaguna.com.br
5ª F E 6ª F, JANTAR; SÁB E DOM, ALMOÇO E JANTAR
ESTACIONAMENTO SIM | CARTÕES DE CRÉDITO D | M | V

Para comer lá, só fazendo reserva. A razão: este inusitado restaurante fica numa ilha, em plena Lagoa da Tijuca, na Barra. Chega-se de barco, num gostoso passeio de cerca de cinco minutos. Com sorte, pode-se avistar jacarés, capivaras, garças e outros animais que fazem parte da fauna do lugar. Num dia azarado, sente-se o cheiro por vezes fétido da lagoa. A ilha é um charme, o restaurante, idem. Infelizmente, a comida e o serviço não seguem o mesmo tom. Principalmente pelo preço que é cobrado.

LAMAS ($$)

TOMBADO PELO PATRIMÔNIO
Rua Marquês de Abrantes 18, lj A | Flamengo
(21) 2556-0799 |
www.cafelamas.com.br | f
DIARIAMENTE, ALMOÇO E JANTAR
ESTACIONAMENTO NÃO | CARTÕES DE CRÉDITO A | D | M | V

Mais antigo restaurante da cidade, o Lamas foi fundado em 1874. O Brasil ainda era uma monarquia e o futebol sequer existia. Os hábitos mudaram, guerras vieram, governos passaram e o Lamas lá se manteve, firme e forte. Sobreviveu às obras do metrô, a modas, modernismos e tendências. O cardápio sofreu modificações mas ainda conta com 21 tipos de filé. O mais pedido é o filé à francesa. Sempre foi reduto de artistas, intelectuais e políticos.

LAMPADOSA ($$)

Rua do Rosário 36 | Centro
(21) 2223-0144 | www.lampadosa.com.br | f
3ª F A 6ª F, ALMOÇO E JANTAR; 2ª F E SÁB, ALMOÇO
ESTACIONAMENTO NÃO | CARTÕES DE CRÉDITO A | M | V

Luciano Pires começou sua vida profissional no Rio como *barman* do Antiquarius. Depois, escreveu sobre bebidas e acabou sócio do Cais do Oriente, um portentoso restaurante com salão para apresentações musicais. No Lampadosa, também um sobrado do Centro, encontrou espaço para rechear de antiguidades, como é de seu gosto, e montar um cardápio incrementado pela culinária italiana, com alguns desvios para pratos do paladar português.

LANDHAUS ($)

ALEMÃO, AUSTRÍACO E SUÍÇO
Av. Geremário Dantas 615 | Jacarepaguá
(21) 3392-0107 | 2425-4683 | www.landhaus.com.br

6ª F, JANTAR; SÁB, ALMOÇO E JANTAR; DOM, ALMOÇO
ESTACIONAMENTO SIM | CARTÕES DE CRÉDITO M | V

Há um oásis na movimentada Geremário Dantas, no Pechincha, em Jacarepaguá. Um oásis alemão, para ser mais exato. Numa casa que poderia tranquilamente estar na serra, funciona o Landhaus, comandando pela *chef* Érika Meiswinkel. Tudo começa bem com o *couvert* de especialidades alemãs. O joelho de porco é outra perdição. Além de boa comida e serviço atencioso, a casa oferece uma boa variedade de cervejas alemãs, música típica nos primeiros domingos de cada mês, e ainda um espaço de arte e cultura com venda de porcelanas e outros mimos.

LASAÏ ($$$$)

CONTEMPORRÂNEO
Rua Conde de Irajá 191 | Botafogo
(21) 3449-1834 | 3449-1854 |
www.lasai.com.br |
3ª F A SÁB, JANTAR
ESTACIONAMENTO NÃO | CARTÕES DE CRÉDITO A | M | V

Nos dias de tempo bom, logo que o cliente chega ao Lasaï é convidado a ir ao terraço a céu aberto, com vista para o Cristo e jardim vertical. Ali, num ambiente que convida ao relaxamento e à conversa, é apresentado à proposta da casa. São duas opções: a primeira é o menu "não me conte histórias", composto por três pratos principais e diversos belisquetes apetitosos. A outra é o "festival", composto por 13 ou 14 pratos, que mudam diariamente, conforme os produtos disponíveis. Os produtos, por sinal, são um ponto importante da filosofia da casa. Verduras e legumes vêm de hortas próprias, tratadas de forma orgânica, o que garante o frescor dos ingredientes usados no *menu*. Outro capítulo à parte é o *chef* da casa, Rafael Costa e Silva. Com experiência na cozinha do Mugaritz, restaurante espanhol que frequentemente é listado entre os melhores do mundo, o calmo e tranquilo Rafa estreia no Rio de Janeiro em grande estilo, com uma proposta ousada e contemporânea, marcada pela qualidade e pela valorização do ingrediente.

LE BLÉ NOIR ($$)

FRANCÊS
Rua Xavier da Silveira 19 A | Copacabana
(21) 2267-6969 |
2ª F A SÁB, JANTAR
ESTACIONAMENTO SIM | CARTÕES DE CRÉDITO A | D | M | V
FILIAL Av. Lúcio Costa 1.976 | Barra da Tijuca
(21) 2493-5668

O *chef* bretão Alain Caro e o sócio Fábio Novello comandam duas casas, uma em Copacabana e outra na Barra, aberta em 2012. A receita é a mesma: crepes feitos com trigo-sarraceno (a saúde agradece), à moda bretã. Há para todos os gostos. Tradicionais, modernos, inusitados, doces e salgados. E o cliente ainda pode escolher a bel-prazer o que vai no próprio crepe. Difícil é não sentir vontade de voltar o quanto antes.

LE COIN ($$)
Rua General San Martin 435 | Leblon
(21) 2259-3078 | 2239-0886 |
www.lecoin.com.br
DIARIAMENTE, ALMOÇO E JANTAR
ESTACIONAMENTO SIM | CARTÕES DE CRÉDITO A | D | M | V

Com 30 anos de funcionamento, o Le Coin é quase uma instituição do Leblon. Junto com o Alvaro's e o Degrau, formam um triângulo de gastronomia tradicional entre as ruas Cupertino Durão e Ataulfo de Paiva. No cardápio (enorme), peixes, carnes, massas, risotos, pastéis. Cada prato serve dois, com folga. O serviço é atencioso, com garçons que parecem estar ali desde antes de a casa abrir. Não por acaso, recebe famílias inteiras que lotam a casa nos finais de semana.

LE PANIER ($)
Rua Sete de Setembro 48, 13º andar,
Vertical Shopping | Centro
(21) 2242-6001 |
www.lepanier.com.br |
2ª F A 6ª F, ALMOÇO
ESTACIONAMENTO SIM | CARTÕES DE CRÉDITO A | D | M | V
FILIAL Rua Correia Vasques 16 |
Cidade Nova (21) 2520-0572

Aberto em 2006, o lugar mostra ser uma opção de comida *à la carte* no Centro. Justo lá, onde os quilos abarrotam as ruas do bairro. Mas a localização do Panier no 13º andar do Vertical Shopping não desencoraja o acesso de seus frequentadores. Sua filial na Cidade Nova, instalou-se numa pequena casa, com fachada e interiores charmosos, com ar de bistrô. Em ambos os locais, os preços atraentes lotam as mesas.

LE PRÉ CATELAN ($$$$)
CONTEMPORÂNEO | FRANCÊS
Av. Atlântica 4.240, nível E | Hotel Sofitel Rio Palace |
Copacabana
(21) 2525-1160 | www.leprecatelan.com.br
2ª F A SÁB, JANTAR
ESTACIONAMENTO SIM | CARTÕES DE CRÉDITO A | D | M | V

Além de inegável herança lusitana, o passado gastronômico do Rio exibe imorredoura afinidade com a culinária francesa. Tanto que os melhores exemplares desta honorável espécie situam-se nesta cidade. Como um de nossos melhores exemplos, a cozinha de Roland Villard, e sua incansável aptidão pela renovação de receitas. O cardápio amazônico de sua lavra é, até hoje, um achado. São sabores nativos protagonizando clássicas preparações — fenômeno de integração difícil de ser imitado. Não descarte, para começar os trabalhos, os trios de *foie gras* e de frutos do mar — preparações de fino paladar.

LE VIN BISTRÔ ($$$)

FRANCÊS
Rua Barão da Torre 490 | Ipanema
(21) 3502-1002 | www.levin.com.br |
DIARIAMENTE, ALMOÇO E JANTAR
ESTACIONAMENTO SIM | CARTÕES DE CRÉDITO A | D | M | V
FILIAL Av. das Américas 4.666, lj 152, Barrashopping | Barra da Tijuca (21) 2431-8898

Pertencendo a uma extensa rede paulista, a franquia do Rio também já deu sinais — na Barra — de vocação expansionista. Por indicar massificação gastronômica, esse dado faz torcer o nariz de exigentes *gourmets*. Acreditam que aí submergem as virtudes do paladar. Não parece o caso do Le Vin. Desde sua chegada, há sete anos, recebeu boa acolhida e figura em Ipanema como um dos lugares mais frequentados do inquieto bairro. Da seleção do *chef* Fred Barroso — que se ocupa de toda a cadeia — as receitas são inspiradas na untuosa e farta culinária gaulesa. É o que provam a *terrine de foie gras*, o ravióli de espinafre regado de manteiga queimada e sálvia, e o *confit* de pato.

LIMA RESTOBAR ($$)

PERUANO
Rua Visconde de Caravelas 113 | Botafogo
(21) 2527-2203 |
www.limarestobar.com.br |
DIARIAMENTE, ALMOÇO E JANTAR
ESTACIONAMENTO NÃO | CARTÕES DE CRÉDITO M | V

Apesar de a gastronomia peruana ter sido a primeira do continente latino a se afinar com a vanguarda dos mestres espanhóis, o Brasil pouco se aproveitou dessa proximidade. No Rio, a presença da cozinha andina continua mínima, em que pese o lançamento do Lima, ano passado, e do Tupac, há poucos meses. Usando condimentos típicos, como o leite de tigre, ou fruta como a *chirimoya* (espécie de fruta-do-conde), seu receituário combina com nossos ares tropicais. No início, o *chef* Espinoza exibia mais capricho nos acabamentos dos pratos, hoje apenas restando neles o sabor de um entusiasmo inicial. As mesas muito coladas umas nas outras e a luz fria atrapalham o ambiente, dando um injusto ar de *fast-food* à casa. Para beber, *piscos* e outros drinques de inspiração peruana.

LORENZO BISTRÔ ($$$)

FRANCÊS | ITALIANO
Rua Visconde de Carandaí 2 | Jardim Botânico
(21) 2294-7830 | 3114-0855 | www.lorenzobistro.com.br
DIARIAMENTE, ALMOÇO E JANTAR
ESTACIONAMENTO SIM | CARTÕES DE CRÉDITO A | M | V

Inserido numa nostálgica esquina no interior do bairro do Jardim Botânico, o bistrô criou encantadores ambientes em seus três andares, deixando o terraço para curtição de prolongados programas de fins de tarde e noites enluaradas. Nick Cartolano — de cuja memória resta a delicadeza de inúmeras concepções culinárias, entre outros traços de sua elegante e sensível maneira de ser — formou com Janjão Garcia uma parceria de ampla vivência gastronômica, perfeita para a elaboração de um cardápio de delícias variadas. O filhote do lugar, a *deli* Casa Carandaí, metros adiante, é propício a um lauto café da manhã, em que sobressai uma das *baguettes* campeãs da cidade.

LUIGI'S ($$)

ITALIANO | PIZZARIA
Rua Senador Corrêa 10 | Laranjeiras
(21) 2205-7343 | 2205-5331 | f
3ª F A DOM, ALMOÇO E JANTAR
ESTACIONAMENTO NÃO | CARTÕES DE CRÉDITO M | V

Uma ampla varanda, cheia de plantas, iluminação de bom gosto. Tudo favorece o romance no Luigi's. Os pratos de culinária italiana, de *pizzas* a carnes, passando por massas, risotos e peixes, fincam pé na tradição, sem modismos nem modernismos. Mas tudo certinho, bem-feito, gostoso mesmo. E, melhor ainda: o preço. O que, num Rio cada vez mais surreal, é bem convidativo.

M

MAKOTO ($)

ASIÁTICO
Travessa do Comércio 15, Arco do Teles | Centro
(21) 2224-0338 | www.restaurantemakoto.com.br |
2ª F A SÁB, ALMOÇO
ESTACIONAMENTO SIM | CARTÕES DE CRÉDITO M | V

No Arco do Teles, um dos mais notórios vestígios do traçado barroco da praça XV, esconde-se o Makoto. Como todas as casas daquela adorável viela, esta também ocupa estreito espaço. Mas arrumou um jeito de acomodar mais mesas na travessa, sob tenda de plástico. A gastronomia dos palitos, atualmente em firme namoro com instigantes temperos tailandeses, também na cozinha do Makoto toma este atalho. O lugar conta com boa audiência junto a jovens executivos, valendo-se da proximidade do centro financeiro que agita os arredores da Bolsa.

MÁLAGA ($$$)

Rua Miguel Couto 121 | Centro
(21) 2233-3515 | 2253-0862 | www.malaga.com.br
2ª F A 6ª F, ALMOÇO E JANTAR
ESTACIONAMENTO NÃO | CARTÕES DE CRÉDITO A | D | M | V

Numa visão menos atenta, o Málaga poderia ser incluído entre os lugares que praticam a enigmática "cozinha internacional", que nada quer dizer, mas pretende que o título dê *status*. Aqui não é o caso. Seu longo cardápio se afina com os pratos tradicionais, apenas isso. Augusto Vieira, que é quem dá as ordens em toda a operação, não se intimida com quaisquer combinações de pratos que a freguesia, por capricho, decida fazer. Mas dá tudo certo. A paleta de cordeiro é uma das sugestões que mais acumula fãs. Mas a locomotiva da casa é o leitão à Bairrada, que tem dia certo para aparecer: sempre às quintas-feiras.

MAMMA JAMMA ($$)

PIZZARIA
Rua Saturnino de Brito 50 | Lagoa
(21) 3875-1223 | www.mammajamma.com.br |
DIARIAMENTE, JANTAR
ESTACIONAMENTO SIM | CARTÕES DE CRÉDITO A | M | V

Esta é uma das raras pizzarias que praticamente dedica-se à exclusividade das redondas. Reservando um pequeno espaço no cardápio para o introito das saladas, tudo o mais trata de *pizzas*. Numa coletânea de tirar o fôlego, registra 33 sugestões diferentes. A lenha usada no forno a 450 graus é de eucalipto de reflorestamento. Isso livra as *pizzas*, dizem, de umidade, deixando-as com aroma de madeira.

MAMMA ROSA ($)

PIZZARIA
Rua das Laranjeiras 506 | Laranjeiras
(21) 2556-6502 | 2285-3067 | www.mammarosa.com.br
DIARIAMENTE, ALMOÇO E JANTAR
ESTACIONAMENTO SIM | CARTÕES DE CRÉDITO A | M | V

Pizzaria italiana, com boa variedade das redondas, mesas com toalhas quadriculadas e decoração e ambiente que trazem a boa e velha Itália à tona. Frequentada por moradores do bairro e por estudantes de uma escola de teatro que fica nas vizinhanças. Tem comida boa, a preços honestos, e um serviço simpático.

MANEKINEKO ($$)

JAPONÊS
Rua Dias Ferreira 410 | Leblon
(21) 2540-6981 | 2540-7424 | www.manekineko.com.br | f
DIARIAMENTE, ALMOÇO E JANTAR
ESTACIONAMENTO NÃO | CARTÕES DE CRÉDITO D | M | V
FILIAIS Rua Voluntários da Pátria 446, lj 1 e 2 | Cobal Humaitá (21) 2537-1031 • Estrada da Barra da Tijuca 1.636, bl E, Itanhangá Center | Itanhangá (21) 2492-2442 • Av. Ayrton Senna 2.150, CasaShopping | Barra da Tijuca (21) 2431-6935 • Rua Barão da Torre 472 | Ipanema (21) 2523-0300 • Rua da Quitanda 86, lj 107 | Centro (21) 2568-7722

Já compõe uma rede que se estende da Barra ao Centro, totalizando seis casas. Foi um dos primeiros a aproveitar o prestígio da culinária japa, enxertando criações exóticas. As fotos para divulgação têm bom efeito, mas, no prato, nem sempre resultam em harmoniosas combinações de sabores. Ressalve-se a dificuldade de controlar o capricho e o acabamento em tantas cozinhas diferentes. Seu rodízio não circula pelo salão, mas permite o pantagruélico consumo de até 67 receitas, ao custo de R$97,00 *per capita*.

MANY ($$)

ESPANHOL
Rua Visconde de Caravelas 22 | Botafogo
(21) 3596-1769 | www.manyrestaurante.com.br | f
3ª F A SÁB, JANTAR; DOM, ALMOÇO
ESTACIONAMENTO NÃO | CARTÕES DE CRÉDITO A | M | V

Oficialmente, a cozinha oferece a tradicional culinária espanhola. No fundo, a verdadeira influência pende para os sabores do sul e, mais ardorosamente, os da Andaluzia. Esta casa, de ambiente asséptico, como provam as pareces azulejadas até o teto, prega que é desta região o melhor que a Espanha faz. O azeite — sendo deste país a maior produção em todo o mundo — deixa ver a diferença numa receita que muito envaidece a gastronomia do Many: a fritada de batatas e ovos, um clássico andaluz. Falando de pescado, as lulas fritas também estão na lista de suas especialidades, assim como o *gaspacho* sevilhano.

MARGUTTA ($$$$)

ITALIANO | PEIXES & FRUTOS DO MAR
Rua Henrique Dumont 62 | Ipanema
(21) 2259-3887/ 2259-3718 |
www.marguttacitta.com.br |
2ª F A 6ª F, JANTAR; SÁB E DOM, ALMOÇO E JANTAR
ESTACIONAMENTO SIM | CARTÕES DE CRÉDITO A | D | M | V

Paolo Neroni, experiente *chef*, cuida de sua cozinha em geral, mas suas origens adriáticas apontam uma visível preferência pelos peixes. E, assim, atende uma constante freguesia, que lá encontra boa diversificação de *menu* do mar. Um bom começo são as lulas à milanesa. Para fazer uma variação sem arrependimentos, as costeletas de cordeiro com batatas assadas é a opção ideal.

MARKET ($$)

COMIDINHAS | VEGETARIANOS & SALADAS
Rua Visconde de Pirajá 452, lj 1 | Ipanema
(21) 3283-1438 | 3251-2981 |
www.marketipanema.com.br |
2ª F A SÁB, ALMOÇO
ESTACIONAMENTO NÃO | CARTÕES DE CRÉDITO A | D | M | V

Depois que se despediu do charmoso pátio encravado em plena Ipanema, reduziu tanto a estrutura do novo endereço, que hoje lá cabem, no máximo, uma dúzia de clientes. Explica-se: o novo Market divide-se no atendimento de quem precisa consumir ali mesmo e de quem carrega a quentinha para casa ou o trabalho. Receitas simpáticas, bem-feitas e bem-arrumadas, atraem público que a casa luta para dar conta na hora do almoço.

MATRIARCADO ($)

Rua da Lapa 123, lj A | Lapa
(21) 2221-1885 | www.matriarcado.com.br |
2ª F A 6ª F, CAFÉ DA MANHÃ E ALMOÇO
ESTACIONAMENTO NÃO | CARTÕES DE CRÉDITO A | D | M | V

Três mulheres no comando de uma só cozinha é o próprio presságio para algum nível de estresse. No entanto, há cinco anos, tudo corre muito bem entre as três donas, Mariana, Fernanda e Adriana. Uma verdadeira ilha de harmonia e tranquilidade na agitada Lapa. O cardápio é caseiro, não havendo a menor chance de se encontrar por lá qualquer variação de fonte inovadora. O ambiente é acolhedor e os preços, mais ainda.

MAUÁ ($$)
Praça Mauá 5, 6º piso, Museu de Arte do Rio (MAR) |
Centro
(21) 3031-2819 |
www.museudeartedorio.org.br/pt-br/visite/servicos
3ª F A 5ª F, ALMOÇO; 6ª F A DOM, ALMOÇO E JANTAR
ESTACIONAMENTO NÃO | CARTÕES DE CRÉDITO A | D | M | V

Desde quando os grandes centros culturais decidiram incorporar a gastronomia ao mundo de suas artes, o mais novo museu da cidade — Museu do Mar — inaugurou o Mauá. Este, o último rebento do grupo Pax, ocupando a cobertura, desfruta de parte da vista do que será o Porto Maravilha e antecipa a ideia de transformação da região em vigoroso ponto turístico. O cardápio discorre sobre pratos da culinária brasileira e o serviço é *à la carte*, sem bufê.

MEE ($$$$)
ASIÁTICO
Av. Atlântica 1.702 | Copacabana Palace Hotel |
Copacabana
(21) 2548-7070 | www.copacabanapalace.com.br
DIARIAMENTE, JANTAR
ESTACIONAMENTO NÃO | CARTÕES DE CRÉDITO A | M | V

Quando o Copacabana Palace anuncia uma nova empreitada, sabe-se, seja o que vier, não faltará bom gosto. Mas, neste caso, à elegância e à frieza do ambiente contrapõe-se a falta de elementos para amortecer a estridência e o volume do som. Com isso, no ritual de delícias que sua gastronomia oriental propõe, até o visual fica abalado. À mesa, tudo muito bem-feito, valendo suspirar tanto nas pedidas elaboradas como nas mais banais. Outro dado comum a tudo que se peça: o preço, sempre nas alturas. Entre as demais formas de preparo de peixe cru, merecem atenção especial as imperdíveis versões de *sushi* de vieira — seja a com trufa, seja a mais simples, só ao limão.

MERCANTI ($$$)
CARNES
Av. Lúcio Costa 6.250 | Barra da Tijuca
(21) 2433-2498 | www.restaurantemercanti.com.br |
DIARIAMENTE, ALMOÇO E JANTAR
ESTACIONAMENTO SIM | CARTÕES DE CRÉDITO A | D | M | V

A localização, em frente à praia da Barra, é o ponto alto da casa. O ambiente descolado, cheio de motivos marinhos, poderia sugerir um restaurante especializado em frutos do mar. Mas, embora bacalhaus e camarões abundem no cardápio (enorme, por sinal), são as carnes e os respectivos cortes especiais que levam o *status* de estrelas da companhia. Vêm escoltados por dois acompanhamentos e um molho, à escolha do cliente. Se passa longe de ser uma experiência do outro mundo, tampouco é daqueles restaurantes que a gente se arrepende por ter passado na porta. Fica ali, entre o razoável e o mais ou menos.

MIAM MIAM ($$$)

CONTEMPORÂNEO
Rua General Goes Monteiro 34 | Botafogo
(21) 2244-0125 | www.miammiam.com.br |
3ª F A SÁB, JANTAR
ESTACIONAMENTO NÃO | CARTÕES DE CRÉDITO A | D | M | V

A primeira impressão que causa este restaurante é o de se estar entrando numa casa dos anos 1950, com suas mesas de tampo de fórmica, cadeiras de pés palitos e lustres de acrílico. Sua cozinha, de nítida influência da nova culinária espanhola, tem o mérito de ser uma das pioneiras do gênero, do tempo em que ainda não havia a consagração desta tendência. De lá sai o *pilaf* de grãos entrosado com camarões, *chorizo* e creme de milho. E o bar — em grande parte, credor de seu sucesso — detém numerosa lista de drinques exóticos, como o *screw ginger*, que leva vodca, infusão cítrica, gengibre e suco de laranja.

MILANO DOC ($$$)

ITALIANO | PIZZARIA
Rua Gomes Carneiro 132 | Ipanema
(21) 2522-0303 | www.milanodoc.com.br
2ª F A 6ª F, JANTAR; SÁB E DOM, ALMOÇO E JANTAR
ESTACIONAMENTO SIM | CARTÕES DE CRÉDITO A | D | M | V

Seu antecessor, Grottammare, tinha variedade ímpar de pescado fornecido pela turma da caça submarina. Bichos apanhados no dia, como pampo, olho-de-boi, garoupa, badejo-mira, badejo-saltão e outros, afluíam a suas grelhas. Até ouriços apareciam de vez em quando. É um mistério que os pescadores das cooperativas ou das colônias que abastecem nossos restaurantes não os vejam mais no mar. No Milano, o cardápio é caudaloso e praticamente fixo através dos anos. Mas, provido de uma culinária quase padronizada, contenta a clientela que ocupa seus amplos salões.

MINIMOK ($$$)

JAPONÊS
Rua Vinícius de Moraes 121, lj C | Ipanema
(21) 2523-7026 | www.minimok.com.br/sushi |
DIARIAMENTE, ALMOÇO E JANTAR
ESTACIONAMENTO NÃO | CARTÕES DE CRÉDITO A | M | V

FILIAIS Av. Lúcio Costa 3.460, lj 114 | Barra da Tijuca (21) 2496-8854 • Rua Dias Ferreira 116, lj D | Leblon (21) 2511-1476 • Av. dos Flamboyants 855, 1º piso, Península Open Mall | Barra da Tijuca (21) 2408-4732

Ao lado de rolinhos, *makimonos* (felizmente, sem abusar do *cream cheese*), *temakis* e combinados que batem ponto em quase todos os japoneses cariocas, há espaço para criações interessantes como *sunomono* refrescante de camarões e *harusame* com algas e um toque de tamarindo; e um *carpaccio* de pupunha, salmão selado e crocante de *bifum* com cogumelos, acompanhado por um *teryaki* de cupuaçu, entre outras ousadias. Em suma, um japa que agrada tanto a quem busca apenas *sushi-sashimi* (com as devidas variações) quanto a quem não tem medo de experimentar novos sabores.

MIRA! ($$)

QUILOS & BUFÊS
Rua General Severiano 159 | Botafogo
(21) 2275-0737 | www.restaurantemira.com.br | f
4ª F A DOM, ALMOÇO E JANTAR
ESTACIONAMENTO NÃO | CARTÕES DE CRÉDITO A | M | V

A magnífica construção neoclássica, em que sob seu teto já funcionou uma escola e antes uma ordem religiosa, foi admiravelmente restaurada, e só por isso vale uma visita. No porão habitável, como se chamava este espaço na era dos cabriolés, a simplicidade dos traços decorativos dá leveza ao restaurante, tocado pela *chef* Roberta Ciasca. Numa versão mais sucinta do cardápio de suas outras casas — Miam Miam e Oui Oui — destacam-se, por exemplo, os nhoques com vinho do Porto e os raviólis de ervilhas.

MITSUBA ($$)

JAPONÊS
Rua São Francisco Xavier 170 | Tijuca
(21) 2264-0274 | 2264-1232 |
www.restaurantemitsuba.com.br | f
DIARIAMENTE, ALMOÇO E JANTAR
ESTACIONAMENTO NÃO | CARTÕES DE CRÉDITO A | M | V

É mínima a incursão da cozinha oriental na Tijuca, e, em se falando especificamente da comida japonesa, este lugar monopoliza as preferências do bairro. E isto já há uma década. Com este favoritismo tão visível, as facas afiadas do *sushiman* Nakahara trabalham com variedade de pescados. Esse dado, do qual a casa se orgulha tanto, é exceção à regra.

MOCELLIN ($$)

CARNES
Av. Quintino Bocaiúva 151 | Niterói
(21) 3461-7080 | www.mocellinchurrascaria.com.br | f

DIARIAMENTE, ALMOÇO E JANTAR
ESTACIONAMENTO SIM | CARTÕES DE CRÉDITO A | D | M | V
FILIAL Praia Belo Jardim 285 | Ilha do Governador
(21) 2468-8200

Neodir Mocellin, o precursor do Porcão, desde 2011 toca por conta própria o tradicional rodízio nas restantes casas de Niterói e da Ilha do Governador. E nesses casos, também empregando conceitos de sua concepção, os mesmos que deram fama à antiga rede. Conforme o mandamento do gênero, o indefectível bufê de saladas não dispensa sua cota de *sushi*, *sashimi* e enrolados. E, como é de regra, se apresenta na introdução do frenético rodízio de carnes, hoje contabilizando mais de 30 opções diferentes.

MONTAGU ($$)

FRANCÊS
Rua Alcântara Machado 48 | Centro
(21) 2223-3240 |
www.montagu.com.br
2ª F A 6ª F, ALMOÇO
ESTACIONAMENTO NÃO | CARTÕES DE CRÉDITO A | D | M | V

Quem trabalha perto da praça Mauá agradece, mas é difícil entender a existência de culinária de bom nível numa rua de aspecto tão degradado. Mas, se a revitalização da vizinha área do porto modernizar toda a região, certamente beneficiará o simpático sobrado. Apesar do ponto antigastronômico, a cozinha oferece uma discreta criatividade de pratos. Entre os que a freguesia já trata com intimidade, estão a *bruschetta* de bacalhau, a moquequinha com farofa de dendê e a salada de mil-folhas e camarões.

MOSTEIRO ($$$)

PORTUGUÊS
Rua São Bento 13 | Centro
(21) 2233-6478 | 2233-6426 |
www.mosteirorestaurante.com.br
2ª F A 6ª F, ALMOÇO
ESTACIONAMENTO NÃO | CARTÕES DE CRÉDITO A | D | M | V

O impecável serviço deste lugar fixado junto à pequena colina do Mosteiro de São Bento está associado a uma cozinha que já não é a mesma, e que cada vez menos justifica os salgados preços de suas contas. De sua farta gastronomia galega, os pratos à base de polvo e bacalhau — aí, vale notar o de meia-cura — são exceções que nada perderam do brilho de outrora. De saudosa lembrança, vale anotar a dobradinha à brasileira, que junta feijão-branco, chouriço e batatas. Felizmente perdura o sabor das empadinhas de camarão e das caudas de lagosta, que circulam pelo salão, exibindo nobre variação das casquinhas de siri.

MR. LAM ($$$$)

ADEGA ESPECIAL | ASIÁTICO

Rua Maria Angélica 21 | Jardim Botânico

(21) 2286-6661 | www.mrlam.com.br |

2ªF A SÁB, JANTAR; DOM, ALMOÇO E JANTAR

ESTACIONAMENTO SIM | CARTÕES DE CRÉDITO A | D | M | V

Boa parte do império de Eike Batista ruiu ao longo de 2013. No entanto, este sofisticado restaurante chinês, um dos xodós do empresário, segue firme, forte e movimentado. Mesmo cheia, a casa é grande e sempre cabe mais um. E o mais impressionante: sem que haja prejuízo no serviço e nem na qualidade da comida. Entre os clássicos *satay* de frango, *sqwab* e *crispy duck* (pato laqueado), há espaço para novidades como a sopa de pequim (maravilhosa), o Maracanã *praws* (camarões agridoces empanados) e o cordeiro de pequim. Para beber, perca-se na carta de vinhos muito bem montada e com preços justos, ou então farte-se nos inúmeros e criativos drinques da casa.

MUSSALEM ($$)

ÁRABE

Av. Nossa Senhora de Copacabana 178 | Copacabana

(21) 2256-2000 | www.restaurantemussalem.com.br |

DIARIAMENTE, ALMOÇO E JANTAR

ESTACIONAMENTO NÃO | CARTÕES DE CRÉDITO A | D | M | V

O lugar é parte memorável da história gastronômica da cidade. Ali permaneceu, por décadas, o primoroso Le Bec Fin, último da lista dos pequenos bistrôs autenticamente franceses que chegaram ao Brasil depois da Segunda Guerra Mundial. Fechado durante anos, foi reaberto como boate e não vingou. Sua especialidade nessa recente investida é a culinária libanesa, amparada por um ambiente com mais luxo e conforto como os rivais não costumam dispensar.

MY THAI ($)

ASIÁTICO

Rua Fernandes Guimarães 82 | Botafogo

(21) 3172-5566 | www.mythai.com.br |

2ªF A SÁB, ALMOÇO E JANTAR

ESTACIONAMENTO NÃO | CARTÕES DE CRÉDITO D | M | V

Em tese, é um *fast-food*. O cliente faz o pedido no balcão e espera o prato na mesa. A comida vem rapidinho, o que é ótimo para quem tem pressa, e o preço é convidativo. A clientela é quase toda formada por quem mora ou trabalha ali do lado. Mas o cardápio, repleto de *pad thai*, *curries*, *satay*, bolinhos e rolinhos, e o preparo, com tudo simples, fresco e gostoso, livre de corantes e conservantes, faz do My Thai muito mais do que um simples *fast-food*.

N

NAGA ($$$$)

JAPONÊS
Av. das Américas 3.900, 3º piso,
Shopping Village Mall | Barra da Tijuca
(21) 3252-2698 | 3252-2567 | www.nagayama.com.br |
DIARIAMENTE, ALMOÇO E JANTAR
ESTACIONAMENTO SIM | CARTÕES DE CRÉDITO A | D | M | V

Casa paulista, inaugurada no Rio em 2013, trouxe um estilo de restaurante japonês que a cidade precisava. Tradicional na essência, aposta no frescor do peixe e na excelente qualidade do arroz, deixando de lado o *fusion* que impera em muitas casas do gênero no Rio. O *sushi* de enguia com abacate é coisa de maluco e deve ser pedido no final. Depois disso, fica complicado comer qualquer coisa a mais.

NAM THAI ($$)

ASIÁTICO
Rua Rainha Guilhermina 95, lj B | Leblon
(21) 2259-2962 | 2259-3172 | www.namthai.com.br |
DIARIAMENTE, ALMOÇO E JANTAR
ESTACIONAMENTO NÃO | CARTÕES DE CRÉDITO A | D | M | V

David Zisman abriu em 1998, em Itaipava, um simpático restaurante de comida do sudeste asiático, em especial da Tailândia. Três anos depois, desembarcou de mala, cuia e *wok* no Leblon, num simpático ponto na rua Rainha Guilhermina, perto de todo o buchicho do Baixo Leblon. Lá fincou raízes e tornou o lugar um porto seguro para os amantes deste tipo de culinária. Apesar de colecionar prêmios de publicações especializadas, recusa-se a deitar na cama do sucesso confortável e mantém viagens constantes para a Tailândia, Vietnã, Camboja e Malásia, em busca de novas ideias que possam ser aplicadas no restaurante. Os fãs agradecem.

NATURAL DO RECREIO ($)

VEGETARIANOS & SALADAS
Av. Aílton Henrique da Costa 459 | Recreio dos Bandeirantes
(21) 2490-7137 | 2486-8158 |

www.naturaldorecreio.com.br | f
3ª F A DOM, ALMOÇO
ESTACIONAMENTO NÃO | CARTÕES DE CRÉDITO A | D | M | V

Comida natural e saudável, num ambiente descontraído, com a cara de um pós-praia. Nos deques ao ar livre, espreguiçadeiras e chuveiros para que o povo tire o sal e a areia do corpo. No almoço, bufê, com várias opções de saladas e pratos com soja, peixes, *quiches* e frutas. Atenção, carnívoros: carne vermelha, lá, não entra. E não faz a menor falta...

NIK SUSHI ($$)

JAPONÊS
Rua Garcia D'Ávila 83 | Ipanema
(21) 2512-6446 | 2512-6456 | www.niksushi.com.br | f
DIARIAMENTE, ALMOÇO E JANTAR
ESTACIONAMENTO SIM À NOITE | CARTÕES DE CRÉDITO M | V

Adotou como chamariz a arriscada equação da mínima margem de ganho pela máxima expectativa de consumo. Mas a fórmula pegou, e a casa geralmente recebe bom público. Os clássicos da cozinha japonesa convivem com bufê no almoço e rodízio à noite. Fazendo valer a descontração usual de Ipanema, nos finais de semana suas mesas são convidativas à extensão do programa de praia, no cair da tarde.

NOMANGUE ($$)

BRASILEIRO | PEIXES & FRUTOS DO MAR
Estrada Coronel Pedro Correia 122, lj A | Barra da Tijuca
(21) 3416-8821 | 2441-4195) | www.nomangue.com.br | f
2ª F, ALMOÇO; 3ª F A DOM, ALMOÇO E JANTAR
ESTACIONAMENTO NÃO | CARTÕES DE CRÉDITO A | D | M | V
FILIAL Rua Sá Ferreira, 25, lj B | Copacabana |
(21) 2225-4028 | 2521-3237

Na Barra da Tijuca era o domicílio original. A caçula abriu há dois anos em Copacabana. Com característica culinária marcada pelos quitutes brasileiros, em menor ênfase oferece alguns pratos de massas. Para facilitar o serviço, os peixes (escolha entre três tipos) podem vir com ou sem molho de camarão. Além da parceria — inclusão sem ônus — do pirão, do arroz e da farofa de dendê.

NORDESTINO CARIOCA ($)

BARES | BOTEQUINS
Av. Sargento Carlos Argemiro Camargo 49,
Largo do Anil | Jacarepaguá
(21) 3412-3353 |
www.nordestinocarioca.com.br | f
3ª F A SÁB, ALMOÇO E JANTAR; DOM, ALMOÇO
ESTACIONAMENTO NÃO | CARTÕES DE CRÉDITO A | D | M | V

Roberto e Iracema vieram do alto sertão paraibano em busca de uma vida melhor no sul maravilha. Ele trabalhou na construção civil, ela fazia bicos. Mas era nos almoços de finais de semana que o casal reunia amigos e matava a saudade da Paraíba querida. Com o tempo, ele abriu uma carrocinha para vender a carne de sol que ela fazia. O negócio andou bem e em 2005 o casal abriu uma embaixada paraibana em Jacarepaguá. A equipe, toda nordestina, ajuda a aumentar o clima de sertão do lugar. Da cozinha saem delícias como o baião de dois, o caldo da caridade (feito com carne moída, ovos cozidos, farinha e temperos nordestinos) e, claro, a carne de sol. No salão, Roberto mima a clientela e cuida com esmero da boa coleção de cachaças que fazem a alegria dos frequentadores do lugar.

NORI ($$)

JAPONÊS
Rua Afrânio de Melo Franco 290, 4º piso,
Shopping Leblon | Leblon
(21) 2540-5082 | 2294-9543 |
www.restaurantenori.com.br |
DIARIAMENTE, ALMOÇO E JANTAR
ESTACIONAMENTO SIM | CARTÕES DE CRÉDITO D | M | V

De olho na freguesia jovem, todos os *shoppings* — no caso, o Leblon — escalam uma cozinha de paladar japonês. Esta, que nasceu como temakeria, logo adquiriu musculatura de culinária mais consistente. É pilotada pelo *chef* Paulo Araújo, que semanalmente troca a lista de pratos especiais. O projeto de arquitetura tem a assinatura do baiano David Bastos, em que prevalece um traçado de ambiente agradavelmente descontraído.

NOVA CAPELA ($$)

PORTUGUÊS | TOMBADO PELO PATRIMÔNIO
Av. Mem de Sá 96 | Lapa
(21) 2252-6228 | 2508-8493 |
DIARIAMENTE, ALMOÇO E JANTAR
ESTACIONAMENTO NÃO | CARTÕES DE CRÉDITO A | D | M | V

Da mesma geração do Timpanas, Camponesa do Minho e Parreira do Viseu, entre muitos, mas todos de saudosa memória. Nas panelas, sua cozinha adota o mesmo feitio de culinária farta, com receitas também amplamente conhecidas. Seus fogões ganharam a reputação de assar a melhor perna de cabrito da cidade. Mas só recentemente ficou-se sabendo que o famoso caprino dera lugar ao cordeiro. Há muito, lamentou o dono, não se encontra mais o bicho regularmente, para que se confie em mantê-lo no cardápio. Foi aberto em 1903, no largo da Lapa. Mudou-se para a rua Mem de Sá em 1967 e acrescentou o "Nova" ao nome. No endereço, funcionava um banco. Onde hoje é o banheiro feminino, anteriormente ficava o cofre.

O

O NAVEGADOR ($$)

BRASILEIRO
Av. Rio Branco 180, 6º andar,
no Edifício do Clube Naval | Centro
(21) 2262-6037 | 2210-6107 |
www.onavegador.com.br |
2ª F A 6ª F, ALMOÇO
ESTACIONAMENTO NÃO | CARTÕES DE CRÉDITO M | V

Habitando a elegante construção centenária do Clube Naval, parte do magnífico conjunto histórico da Cinelândia, a cozinha de Teresa Corção está próxima de comemorar 40 anos neste lugar, regalando os fregueses de sempre. Incondicional adepta de produtos cultivados sem aditivos químicos, a *chef* garimpa de norte a sul do país ingredientes para sua gastronomia orgânica. A cada dia da semana, há a escalação de um prato fixo, além da oferta de extenso cardápio com a inspiração de receitas regionais.

O PEIXE VIVO ($$)

PEIXES & FRUTOS DO MAR
Rua Tonelero 76 | Copacabana
(21) 2255-9225 | 2257-3941 | www.opeixevivo.com.br |
DIARIAMENTE, ALMOÇO E JANTAR
ESTACIONAMENTO SIM | CARTÕES DE CRÉDITO A | M | V

Ano que vem completa 30 anos em Copacabana, servindo pescado numa extensa oferta de sugestões. Por ser exceção de restaurante naquela parte do bairro, só esta longa sobrevivência já conta alguma coisa. Os fregueses acham a varanda o lugar mais acolhedor da casa, embora a paisagem da rua Tonelero não justifique a razão da preferência. Na curtição dos petiscos, ganham as patinhas de caranguejo com molho tártaro. Apesar da especialização, têm boa saída os pratos de carne. Admite-se como motivo o aceno das meias porções, que aliviam consideravelmente a conta.

OLYMPE ($$$$)

CONTEMPORÂNEO | FRANCÊS
Rua Custódio Serrão 62 | Jardim Botânico
(21) 2539-4542 | www.claudetroisgros.com.br |

2ª F A 5ª F E SÁB, JANTAR; 6ª F, ALMOÇO E JANTAR
ESTACIONAMENTO NÃO | CARTÕES DE CRÉDITO D | M | V

O nome de batismo da casa é uma homenagem de Claude Troisgros à sua mãe. Sem querer, embora usando a mesma etimologia, o título também designa sua estatura na alta culinária da cidade. CT, além de *chef*, é um competente formador de talentos, os quais, espalhados por suas várias cozinhas, atuam independentemente, mas sob sua (e de Thomaz, seu filho) contínua supervisão. À mesa, são opcionais as pedidas dos *menus* "tradição" ou "criação". Só para dar uma ideia, no primeiro, goza de duradouro prestígio a espuma de batata e bacalhau imperial com azeitonas e azeite de trufas brancas, e, no outro, refeito este ano, a surpreendente dupla salmão cru e melancia, perfumada por laranja, gengibre e *nori* de *wasabi*.

OPIUM ($$)

ASIÁTICO
Rua Farme de Amoedo 34, térreo,
Hotel Ipanema Plaza | Ipanema
(21) 3687-2014 | www.restauranteopium.com.br |
DIARIAMENTE, ALMOÇO E JANTAR
ESTACIONAMENTO NÃO | CARTÕES DE CRÉDITO A | D | M | V

O projeto do restaurante — no Hotel Ipanema Plaza — dá lugar a uma larga varanda em L. Situado numa esquina de Ipanema, a vantagem do simpático espaço é prejudicada pelo barulhento e intenso tráfego à sua porta. Após tentar implantar várias modalidades culinárias, sua cozinha decidiu resignar-se à simplificação do bufê de pratos quentes, antepastos e *quiches*. No jantar, a gastronomia é acrescida do serviço de *pizzas*.

ORIGAMI ($$)

JAPONÊS
Rua Marquês de São Vicente 52, lj 144,
Shopping da Gávea | Gávea
(21) 2294-5794 | 2274-4094 |
www.restauranteorigami.com.br
DIARIAMENTE, ALMOÇO E JANTAR
ESTACIONAMENTO SIM | CARTÕES DE CRÉDITO A | M | V
FILIAL Rua Rita Ludolf 87, lj A | Leblon (21) 2540-6211

Faz parte do circuito de alimentação do Shopping da Gávea, e lá monopoliza as preferências dos jovens por seus *sushis* e *sashimis*. Este público em boa leva vem da PUC, vizinha de rua. No vale-tudo da criação de combinações exóticas, brilha em neon a imaginação do *chef* da casa. Como válida amostra, o inacreditável chocofruta: enrolado levando amendoim, coco ralado, creme de leite, ameixa, cerejas, frutas secas, *cream cheese*, morango, abacaxi, maçã e cobertura de chocolate.

ORO ($$$$)

CONTEMPORÂNEO

Rua Frei Leandro 20 | Jardim Botânico

(21) 2266-7591 | www.ororestaurante.com |

DIARIAMENTE, ALMOÇO E JANTAR; 2ª F A SÁB, JANTAR

ESTACIONAMENTO SIM | CARTÕES DE CRÉDITO A | D | M | V

Felipe Bronze, o *chef* celebridade, na verdade tem muito mais a contar do que mostram os holofotes à sua volta. A TV exibiu o cozinheiro como um mago praticando ilusionismo, o que mascarava sua índole criativa. As panelas do *chef*, de fato, convivem com artefatos que lembram mais os bastidores de um laboratório. Mas o que sua surpreendente gastronomia leva à mesa são formas e texturas dando a luz a paladares até então desconhecidos. Valoriza mais ainda esta vertente culinária a incessante pesquisa de ingredientes nativos, quase sempre presentes em suas exóticas receitas.

OSTERIA DELL'ANGOLO ($$$)

ITALIANO

Rua Paul Redfern 40 | Ipanema

(21) 2259-3148 | www.osteriadellangolo.com.br

DIARIAMENTE, ALMOÇO E JANTAR

ESTACIONAMENTO SIM | CARTÕES DE CRÉDITO A | D | M | V

Desde que uniram suas experiências na culinária, Luciano Pessina e Alessandro Cucco formaram uma dupla afinada, capaz de vencer os maus ventos que — durante anos — cismavam em soprar naquela esquina de Ipanema. Apesar de investirem num cardápio que também inclui pratos de carne, ave e massas, o receituário à base de pescado é a forte marca da gastronomia da casa. Faça fé para que no dia de sua visita as trilhas estejam por lá e de preferência na versão à *livornese*, com tomate e perfumadas de ervas. A incorporação do imóvel ao lado formou um espaçoso salão, bem mais confortável. E com a vantagem de ter reservado a sobra de um canto para um forno a carvão, de onde sairão fumegantes assados. Além de *pizzas*, esta a promissora novidade.

OSTERIA POLICARPO ($)

ITALIANO

Largo dos Leões 35, lj A | Humaitá

(21) 2579-0051 | www.osteriapolicarpo.com.br |

3ª F A DOM, ALMOÇO E JANTAR

ESTACIONAMENTO NÃO | CARTÕES DE CRÉDITO A | D | M | V

Apicius, o mais célebre gastrônomo do jornalismo carioca, tinha seus encantos por essa recôndita cozinha. Elogiava as massas caseiras, que na época não eram tão assíduas em cardápios da culinária italiana. Mas, principalmente, se confortava com o sossego daquele canto no largo dos Leões, onde este requisito era indispensável para quem já não tolerava os ambientes cheios de gente animada. Entre os preferidos pratos destas tradicionais panelas, o espaguete à cantineira, com linguiça, molho de tomate e azeitonas, e as almôndegas de berinjela recheadas de muçarela servem como amostras da simplicidade e despretensão desta pequena cantina.

OTTO ($$)

Rua Uruguai 380 | Tijuca
(21) 2268-1579 | www.otto.com.br | f
DIARIAMENTE, ALMOÇO E JANTAR
ESTACIONAMENTO NÃO | CARTÕES A | D | M | V
FILIAL Rua Mariz e Barros 1.050 | Tijuca (21) 2254-0740

Na Tijuca, a casa reina com farto prestígio junto àquele tipo de freguesia que não perde um programa em cujo pacote há comezaina associada à agitação musical. O Otto aposta febrilmente na atividade promocional, fazendo rivalizar a intensa agenda de *shows* com a sequência de festivais culinários. No começo deste ano, anuncia, com grande aceitação de seu público, a temporada de caça, oferecendo um completo *menu* zoológico. Tinha receitas de paca, porco selvagem, javali, lebre, capivara, jacaré e outros bichos.

OTTO AL MARE ($$)

PEIXES & FRUTOS DO MAR
Rua Uruguai 380 | Tijuca
(21) 2288-1266 | 3172-3857 | www.ottoalmare.com.br | f
2ª F A 6ª F, JANTAR; SÁB E DOM, ALMOÇO E JANTAR
ESTACIONAMENTO NÃO | CARTÕES DE CRÉDITO A | M | V

No afã de conquistar o público da Tijuca com especialidade que o bairro e os arredores ainda não contavam, a pequena casa cravou a culinária marítima. Mesmo não dedicando maior criatividade às receitas, não se contenta com a aridez de espécies, como é próprio do fornecimento das cooperativas. Seu abastecimento pelos pescadores de linha é artesanal, mas funciona com regularidade. E afirma que, ao encurtar o caminho que começa nos barcos e acaba no prato do freguês, garante pescado com mais frescor.

OUI OUI ($$$)

COMIDINHAS
Rua Conde de Irajá, 85 | Humaitá
(21) 2527-3539 | www.restauranteouioui.com.br | f
2ª F A 6ª F, ALMOÇO E JANTAR; SÁB, JANTAR
ESTACIONAMENTO SIM | CARTÕES DE CRÉDITO D | M | V

Quando Roberta Ciasca e Danni Camilo abriram o Oui Oui na Conde de Irajá, a rua passava longe de ser o polo gastronômico que virou nos dias de hoje. E a dupla, que já fazia um baita sucesso com o aconchegante Miam Miam, acertou outra vez: comida simples e gostosa, em porções pequenas, mas que convidam ao compartilhamento. O estilo aconchegante da cozinha de Roberta encontra o eco perfeito no ambiente decorado com objetos que lembram a casa da avó. E o serviço bem-feito, mas sem firulas, ajuda ainda mais a tornar o ambiente acolhedor.

OUTBACK ($$)

CARNES

Av. das Américas 6.101 | Barra da Tijuca
(21) 3326-4306 | 2438-5155 | www.outback.com.br |

DIARIAMENTE, ALMOÇO E JANTAR

ESTACIONAMENTO SIM | CARTÕES DE CRÉDITO A | D | M | V

FILIAIS Av. Maracanã 987, piso expansão, Shopping Tijuca | Tijuca (21) 2176-6168 • Rua General Severiano 97, Casa & Gourmet Shopping | Botafogo (21) 2543-0339 | 2542-8538 • Av. das Américas 500, bl 7, lj 114, Downtown | Barra da Tijuca (21) 3597-1115 • Rua XV de Novembro 8, Niterói Plaza | Niterói (21) 2629-3929 • Av. Dom Helder Câmara 5.080, Norte Shopping | Cachambi (21) 2178-4603 | 2178-4602 • Av. Pastor Martin Luther King Jr 126, Shopping Nova América | Del Castilho (21) 2218-3059 | 2583-1907 • Av. Afrânio de Melo Franco 290, Shopping Leblon | Leblon (21) 3875-1609 | 3875-1605 • Av. Embaixador Abelardo Bueno 1.300, Shopping Metropolitano | Barra da Tijuca (21) 3095-9247 | 3095-9147 • Av. das Américas 5.000, Shopping New York City Center | Barra da Tijuca (21) 3328-3030 | 3328-3041 • Rua Lauro Müller 116, pavimento G3, Shopping Rio Sul | Botafogo (21) 3486-7775

A primeira casa da rede, na Barra da Tijuca, coleciona filas desde o dia em que abriu as portas, ainda no século passado. São centenas de clientes ansiosos por generosas porções de cebolas fritas, *steaks*, peixes, camarões e afins. O serviço cortês (por vezes até demais) é outro ponto do qual a casa se orgulha. Se os pratos todos têm quase o mesmo gosto, pouco importa. A casa é um sucesso tão retumbante que apenas no Brasil são 56 restaurantes da rede!

P

P.F. CHANG'S ($$)

ASIÁTICO
Av. Ayrton Senna 2.150, CasaShopping |
Barra da Tijuca
(21) 2108-6351 | www.pfchangs.com.br |
DIARIAMENTE, ALMOÇO E JANTAR
ESTACIONAMENTO SIM | CARTÕES DE CRÉDITO A | D | M | V

Rede de restaurantes chineses recém-chegada ao Brasil (abriu filiais no Rio e em São Paulo), aposta numa decoração bem ao estilo Miami, com direito a cavalo na porta e todos os exageros a que tem direito. No cardápio, *dim suns*, *dumplings*, camarões apimentados, muitas opções de frangos e carnes, pratos sem glúten e, como não podia faltar em um restaurante chinês, o pato. Tudo bem-feito, sem custar os olhos da cara. A carta de vinhos é ruim. Aposte nos (bons) drinques.

P.J. CLARKE'S ($$$)

Av. General San Martin 1.227 | Leblon
(21)3547-4704 |
www.pjclarkes.com.br |
DIARIAMENTE, ALMOÇO E JANTAR
ESTACIONAMENTO NÃO | CARTÕES DE CRÉDITO A | D | M | V

Depois de passada adiante, essa antiga lenda nova-iorquina virou rede. Com mais dois endereços na mesma cidade e outro em Washington, escolheram o Brasil para estabelecer suas novas franquias internacionais. Começando com duas casas paulistas, agora chegou a vez do Rio. Vale dizer que, mesmo antes da expansão, seus famosos hambúrgueres (inclusive o Cadillac, com queijo *cheddar* e *bacon*, assim chamado por Nat King Cole, um dos fregueses mais assíduos) já não justificavam — mesmo em NY — a fama que possuía. Sua abertura aqui é recente e foi muito aguardada, e rapidamente virou *point* da cidade. O ambiente de fotos nas paredes de tijolinhos e de toalhas quadriculadas reproduz com muita fidelidade o modelo de *pub* de Manhattan. E o cardápio — quase uma xerox do original americano — revela bons tratos.

PADANO ($$$)

ITALIANO

Av. Érico Veríssimo 821, ljs A, B e C | Barra da Tijuca

(21) 2494-6912 |

DIARIAMENTE, ALMOÇO E JANTAR

ESTACIONAMENTO SIM | CARTÕES DE CRÉDITO A | M | V

O ambiente rústico, com um salão largo, mas aconchegante — projeto do arquiteto Leo Shehtman — já provoca a primeira boa impressão. A comida, a cargo do *chef* Mauro Canellas, cria do francês Pascal Jolly, traz pratos de inspiração francesa e italiana, mas sempre com um toque tupiniquim. E costuma agradar. Destaque para o leitão da fazenda e o pato confitado com molho de açaí. Aos sábados, a casa serve feijoada.

PARIS GASTRÔ ($$$$)

BARES & BOTEQUINS | CONTEMPORÂNEO | FRANCÊS

Praia do Flamengo 340 | Flamengo

(21) 2551-1278 |

www.gastro.julietadeserpa.com.br |

3ª F A 6ª F E DOM, ALMOÇO E JANTAR; SÁB, JANTAR

ESTACIONAMENTO SIM | CARTÕES DE CRÉDITO A | M | V

Obrigatória inclusão no rol das casas luxuosas da cidade. A boa notícia, no entanto, é que os ares portentosos dos ambientes também chegam a suas panelas. Localizado no tradicional bairro do Flamengo, sofre por estar à margem do círculo mais notório. Pena. Apenas um passar de olhos pelo cardápio será suficiente para aguçar as papilas: vieiras com couve-flor, beterraba e abacaxi; polvo na brasa com lâminas de brócolis e quinoa; e *foie gras* sobre espuma de milho e sementes de quiabo crocantes dão bela amostra. O autor é Thiago Flores, que exibe passagem por cozinhas famosas, como a de Alex Atala, em São Paulo.

PASTA E PALLONE ($$)

Av. Princesa Isabel 82 | Leme

(21) 2543-7157 |

www.pastaepallone.com.br |

DIARIAMENTE, CAFÉ DA MANHÃ, ALMOÇO E JANTAR

ESTACIONAMENTO NÃO | CARTÕES DE CRÉDITO A | M | V

Apaixonado por futebol, Michelangelo Simonelli, o dono e *chef*, não só no nome da casa, mas também no letreiro da porta, homenageou a bola (*pallone*, em italiano). No mais, além das batidas alusões às pequenas *trattorias*, o futebol está também presente nas paredes, em cópias de antigos cartazes. A lista de pratos não escapa do modelo mais conhecido, bem do agrado de italianos em excursão. Explica-se: após o jantar, o turismo masculino é atraído por *shows* de sexo explícito em casas noturnas, ainda muito encontradas naquela região de Copacabana.

PAVÃO AZUL ($)

BARES & BOTEQUINS | COMIDINHAS |
TOMBADO PELO PATRIMÔNIO
Rua Hilário de Gouveia 71 | Copacabana
(21) 2236-2381 | www.pavaoazul.com.br
DIARIAMENTE, ALMOÇO E JANTAR
ESTACIONAMENTO NÃO | CARTÕES DE CRÉDITO A | M | V
FILIAL Rua Barata Ribeiro 348, lj B | Copacabana
(21) 2236-2381

Um dos mais clássicos botecos de Copacabana, lota desde o meio-dia à meia-noite. Seu chope é exibido na lista dos melhores da cidade, mas ainda compete com a culinária, em que as pataniscas de bacalhau, por exemplo, concorrem e ganham concursos.

PAX DELÍCIA ($$)

Av. Borges de Medeiros 1.424, Lagoon | Lagoa
(21) 2249-8762 | www.paxdelicia.com.br/#o-pioneiro-do-grupo-pax
DIARIAMENTE, ALMOÇO E JANTAR
ESTACIONAMENTO SIM | CARTÕES DE CRÉDITO A | D | M | V
FILIAL Av. Salvador Allende, 1º pavilhão, acesso portão B, Riocentro | Barra da Tijuca (21) 99977-6361

Participa, exibindo quase uma liderança, da frente culinária do complexo do Lagoon — que também inclui o Gula Gula, o Quadrifoglio e o Giuseppe Grill Mar. No bar e na varanda — espaço comum — são servidos pratos que resumem cardápios dos quatro restaurantes. No Pax, o *chef* Marcones Deus faz uma síntese do modelo culinário do Victoria, também sob sua guarda: além de receitas caseiras com toques de modernidade, inclui *sushi* & cia. e *pizzas*.

PEIXARIA TRATTORIA MEDITERRÂNEA ($$$)

Av. General San Martin 1.241 | Leblon
(21) 2259-7696 | www.restaurantepeixaria.com.br |
DIARIAMENTE, ALMOÇO E JANTAR
ESTACIONAMENTO SIM | CARTÕES DE CRÉDITO A | M | V

A casa já tem novo dono, e os pescados já não são as únicas estrelas que pretendem que brilhem no cardápio. Com a dupla de *chefs* — Alessandro Cucco e Luciano Pessina — fundadores da casa, saindo do ringue, as influências sobre os novos caminhos culinários ficaram por conta do novo *chef*, o veneziano Rudy Bovo, que promete cardápio mais amplo, inclusive no âmbito das carnes.

PEK 170 ($)

ITALIANO
Av. Nossa Senhora de Copacabana, 308 | Copacabana
(21) 3281-8494 | www.pek170.com.br |
2ªF A SÁB, SOMENTE JANTAR; DOMINGO, ALMOÇO E JANTAR
ESTACIONAMENTO NÃO | CARTÕES DE CRÉDITO A | D | M | V

O nome, que tanto serviria a uma fórmula química como a algum tipo de arma pesada, compõe, na verdade, as iniciais e os números de sorte dos três sócios. Nos longínquos anos 1960, naquele endereço a boate Black Horse fez tremer os alicerces das redondezas. Hoje reina a calma de um restaurante de pratos italianos, num ambiente sem maiores atrativos. A cozinha da *chef* Cristina Pistolesi, neste começo de carreira, ainda segue a linha de receitas tradicionais, mas tudo feito com capricho e bons preços. Nas entradas vale uma prova na salada de folhas, cubos de manga e lagostins empanados ou na *papa al pomodoro*.

PÉRGULA ($$$)

CAFÉ DA MANHÃ | FEIJOADA | QUILOS & BUFÊS
Av. Atlântica 1.702, Copacabana Palace Hotel | Copacabana
(21) 2548-7070 | www.copacabanapalace.com.br
DIARIAMENTE, CAFÉ DA MANHÃ, ALMOÇO E JANTAR
ESTACIONAMENTO SIM | CARTÕES DE CRÉDITO A | D | M | V

Entre os pontos gastronômicos do memorável Copacabana Palace, à Pérgula está reservada — e sempre foi assim — a parte mais festiva de seus ambientes. Conectada ao terraço da piscina, isso contribui para ali se respirar um ar mais informal — se é que dá para se referir assim a um hotel onde requinte e austeridade são virais preocupações. A cozinha do *chef* Paulo Maneira consegue a façanha de desfazer muito da estática concepção dos bufês, atribuindo às suas travessas o máximo de frescor e originalidade. As contas, contudo, não trazem preços nada informais.

PETISCO DA VILA ($)

BRASILEIRO
Av. 28 de Setembro 238 | Vila Isabel
(21) 2576-5652 | 2576-6321 | www.petiscodavila.com.br
DIARIAMENTE, ALMOÇO E JANTAR
ESTACIONAMENTO SIM | CARTÕES DE CRÉDITO A | M | V
FILIAL Rua do Rio, Shopping Nova América | Del Castilho (21) 2583-1500

No começo era só um boteco, frequentado pelos notívagos locais. Com o tempo, virou restaurante, ostentando história e tradição, sempre esquentadas pela batida do samba. Tem justa fama a disputada feijoada dos sábados. Para os boêmios de carteirinha, que nunca abandonaram a casa, o Petisco reserva para eles seu pitéu alcoólico, a cachaça com rótulo próprio. Também dá grande vazão ao chope, que preside o *ranking* de toda a região, incluindo a Tijuca.

PIAZZETTA PASTA & VINO ($)

PIZZARIA
Rua Fernando Leite Mendes 101, lj B | Recreio
(21) 3796-7585 | www.piazzettarestaurante.com.br | f

3ªF A DOM, JANTAR
ESTACIONAMENTO NÃO | CARTÕES DE CRÉDITO A | M | V

Wagner Manasfi, o dono da casa, é um apaixonado pela Itália. E a casa que administra reflete bem esta paixão. Pratos e vinhos de todo o país convidam o cliente a uma viagem pela Bota. Massas, risotos e *pizzas*, dos mais variados tipos e molhos, sempre escoltados por um branco ou tinto. Eis a receita da casa, que, volta e meia, promove cursos e degustações de azeites, pastas e vinhos.

PICANHA & ETC. ($$)

CARNES
Av. Sernambetiba 2.900 | Barra da Tijuca
(21) 2493-2021 | 2494-7418 |
www.picanhaeetc.com.br | f
DIARIAMENTE, ALMOÇO E JANTAR
ESTACIONAMENTO SIM | CARTÕES DE CRÉDITO A | D | M | V

A casa funciona na praia da Barra, desde 1994. E o segredo da longevidade é simples: aposta na picanha. A cozinha prepara a carne com diversos tipos de opções e acompanhamentos, ao gosto do freguês. Além da picanha, a casa oferece pratos como camarão à Polinésia e *tornedor forestier*.

PIPO ($$)

COMIDINHAS | CONTEMPORÂNEO
Rua Dias Ferreira 64 | Leblon
(21) 2239-9322 |
www.piporestaurante.com
2ªF, JANTAR; 3ªF A SÁB, ALMOÇO E JANTAR; DOM, ALMOÇO
ESTACIONAMENTO NÃO | CARTÕES DE CRÉDITO A | M | V

Quem tem medo de comida contemporânea e molecular? Se alguém ainda tem, o Pipo é o lugar certo para quebrar preconceitos e paradigmas. A varanda já convida a entrar para uma refeição em que sobra criatividade e carioquice. Prove tudo. Desde o caldinho de feijão com espuma de couve, passando pelo imperdível Ostrix (sanduíche de ostras crocantes) e sem esquecer pratos como o camarão com catupiry e o *carbonara oro*. Se ainda existir algum preconceito, a palha italiana e a salada de frutas Pipo certamente resolverão a questão.

PIZZARIA CARIOCA DA GEMA ($)

PIZZARIA
Av. Mem de Sá 77, sobreloja 201 | Lapa
(21) 3970-1281 | www.barcariocadagema.com.br | f
3ªF A DOM, JANTAR
ESTACIONAMENTO NÃO | CARTÕES DE CRÉDITO D | M | V

De ancestral bairro residencial — e desde que criou vida própria — a Lapa virou celebridade, exibindo a trepidação noturna de incontáveis pontos boêmios. No Carioca, apesar de contar com sugestões de nutrição mais substancial, parece melhor deixar a culinária para mais tarde. E, como mandamento básico que vigora localmente, deixar-se perder na curtição do chope. Na parceria, que não pode faltar, é de regra ir beliscando a longa lista de petiscos.

PIZZARIA GUANABARA ($$)

PIZZARIA
Av. Ataulfo de Paiva 1.228 | Leblon
(21) 2294-0797 | 2294-0171 |
www.pizzariaguanabara.com.br |
DIARIAMENTE, ALMOÇO E JANTAR
ESTACIONAMENTO NÃO | CARTÕES DE CRÉDITO A | M | V
FILIAIS Av. Mem de Sá 17 | Lapa (21) 2224-9358 •
Av. Armando Lombardi 75 | Barra da Tijuca
(21) 3153-4040

Tem filial na Barra e na Lapa, mas a matriz do Leblon é a que tornou a casa conhecida, sobretudo como indiscutível ponto de boêmios do Baixo Leblon. Seu cardápio relaciona *pizzas* de vários recheios, mas também nada falta em matéria de receitas da manjada "cozinha internacional". Haja *freezer*. Do lado de fora, junto à calçada, as mesas ao ar livre têm o conforto de protetoras treliças de madeira branca.

PLATAFORMA ($$$)

CARNES
Rua Adalberto Ferreira 32 | Leblon
(21) 2274-4022 |
www.plataforma.com
DIARIAMENTE, ALMOÇO E JANTAR
ESTACIONAMENTO SIM | CARTÕES DE CRÉDITO A | M | V

Antes da proliferação das churrascarias na Zona Sul, a casa viveu seus dias mais gloriosos. Ainda hoje, durante o horário noturno, fervem no andar de cima os *shows* de mulatas e de samba da pesada, reafirmando a consagração do gênero como poderoso ímã para atrair turistas. Alberico Campana, antigo profissional do ramo e grande entendedor do lazer boêmio da cidade, continua a postos. O famoso maestro e compositor Tom Jobim, seu amigo de longa data, tinha mesa cativa para almoços sem hora para acabar. A última reforma criou espaço mais caloroso, com as digitais da inconfundível arquitetura de Hélio Pelegrino.

POBRE JUAN ($$$$)

CARNES
Av. das Américas 3.900, 3º piso,
Village Mall | Barra da Tijuca
(21) 3252-2637 | www.pobrejuan.com.br |
DIARIAMENTE, ALMOÇO E JANTAR
ESTACIONAMENTO SIM | CARTÕES DE CRÉDITO A | M | V

FILIAL Estrada da Gávea 899, 3º piso, Fashion Mall | São Conrado (21) 3324-5381

Mostrando competência, seus empreendedores tiveram o ânimo de abrir quase ao mesmo tempo dois amplos locais — Barra e São Conrado — com capacidade total de 280 lugares. E — *helás!* — sem nunca terem conhecido um dia sequer de vazante nas mesas. Suas carnes exibem a *grife* Angus, as quais, muitas vezes, vêm de um lote de reses selecionado ainda no abatedouro. Um dos cortes especiais da *parilla* leva o nome da casa e é tirado da ponta da capa do contrafilé, resultando num artigo de primorosa textura. A variedade dos acompanhamentos não difere do que se encontra normalmente. Mesmo assim, suas especificações têm a vigilância da *chef* Priscila Deus, que viaja frequentemente para atualizar as receitas de saladas, *tapas* e *achurras* (*chorizo*, linguiça *etc.*).

POMAR ORGÂNICO ($$)

VEGETARIANOS & SALADAS

Estrada da Barra 1.600, Espaço Itanhangá
(21) 2494-6745

3ª F A SÁB, ALMOÇO E JANTAR; DOM, ALMOÇO
ESTACIONAMENTO SIM | CARTÕES DE CRÉDITO A | M | V

Nenhum alimento de origem animal, diversas opções de pratos sem glúten ou sem lactose, comida viva (*raw food*), mas tudo com muito sabor. Os *chips* de batata são uma tentação. A almôndega de cogumelos, uma obra de arte. A carta de vinhos é interessante e as caipirinhas (feitas com cachaça orgânica) são criativas e gostosas. Para os abstêmios, sucos variados feitos com a fruta fresca ou com a polpa. Se possível, fique na agradável varanda.

POMODORINO ($$)

ITALIANO

Av. Epitácio Pessoa 1.104 | Lagoa
(21) 3813-2622 | 3813-2299 |
www.pomodorino.com.br

2ª F A SÁB, JANTAR; DOM, ALMOÇO E JANTAR
ESTACIONAMENTO SIM | CARTÕES DE CRÉDITO NÃO

Os critérios criados pela Família Aleixo para sua racionalizada gastronomia são adotados em toda a rede. Note-se a atmosfera clássica acentuada pela coleção de objetos, quadros e prataria. E mais visivelmente — com apenas mínimas diferenças — pelo padrão do cardápio, baseado na tradicional cozinha italiana. A varanda da casa, com vista para a lagoa Rodrigo de Freitas, colabora, ao lado de demais dotes, para o recorde de permanência — 10 anos — neste local. Aquela orla, especialmente na faixa ipanemense, não enseja longas carreiras a restaurantes que ali tentam se fixar.

PRADO ($$)

Praça Santos Dumont 31 | Gávea
(21) 2512-2247 | www.pradogrill.com.br | f
DIARIAMENTE, ALMOÇO E JANTAR
ESTACIONAMENTO SIM | CARTÕES DE CRÉDITO A | M | V

Das amplas vidraças do lugar, dentro do Jockey Club, vê-se o padoque, um pátio por onde os cavalos circulam antes dos páreos. Um agradável e inusitado visual. Nos salões espalhados por mais de mil metros quadrados, o serviço das carnes — as estrelas da casa — rejeita o trivial sistema de rodízios e sugere, *à la carte*, variado elenco de cortes.

PRIMEIRA PÁ ($$)

ASIÁTICO
Rua Gonçalves Crespo 450,
Associação Cultural Chinesa | Tijuca
(21) 2293-2653 | 3988-6999
DIARIAMENTE, ALMOÇO E JANTAR
ESTACIONAMENTO SIM | CARTÕES DE CRÉDITO M | V

A casa passou por uma reforma, mas continua situada na Associação Cultural Chinesa do Rio de Janeiro, na Tijuca. E os principais frequentadores falam cantonês ou mandarim. Alguns dos garçons sequer falam português com fluência, o que faz a visita um tanto ou quanto inusitada e até divertida. Os *guiosas* são gostosos, a sopa com *wonton* de camarão é deliciosa. Barbatana de tubarão e água-viva volta e meia aparecem no cardápio. Mas a grande estrela é mesmo pato laqueado.

Q

Q BISTRÔ BRASILEIRO ($$)

BRASILEIRO
Rua Dias Ferreira 617 | Leblon
(21) 2113-0564 | restauranteq.com.br |
DIARIAMENTE, ALMOÇO E JANTAR
ESTACIONAMENTO NÃO | CARTÕES DE CRÉDITO A | D | M | V

Nasceu como o bar do Quadrucci, cresceu, apareceu, virou restaurante e ganhou direito a *chef* própria (a paulista Sara Lubliner). A pegada é brasileira, impregnada da delicadeza da *chef*. Destaque para a manjubinha, o pastel de feijoada, o risoto de pitu e o *tagliatelle* vegetariano. A carta de vinhos repleta de rótulos brasileiros vale uma conferida.

QUADRIFOGLIO ($$$)

ITALIANO
Rua J. J. Seabra 19 | Jardim Botânico
(21) 2294-1433 | 2294-1799 |
www.quadrifogliorestaurante.com.br
2ª F A SÁB, ALMOÇO E JANTAR
ESTACIONAMENTO SIM | CARTÕES DE CRÉDITO A | D | M | V

A turma que hoje comanda a cozinha e o salão deste lugar honra a época em que se destacava a notável culinária de Silvana Bianchi e Juarezita Santos. Os fogões de Lomanto Oliveira, que ficou no posto de Kiko Faria, não desapontam. E mandam às mesas pratos como os frutos do mar sobre polenta branca e o coelho recheado de *pancetta*. Também na doçaria são promovidas mudanças a cada temporada. No expediente do almoço, o atraente preço de R$ 58,00 relaciona variada oferta de entradas, principais e sobremesas, além de uma ou duas sugestões renovadas diariamente.

QUADRUCCI ($$$)

ITALIANO
Rua Dias Ferreira 233, lj A | Leblon
(21) 2512-4551 | www.quadrucci.com.br |
DIARIAMENTE, ALMOÇO E JANTAR
ESTACIONAMENTO SIM | CARTÕES DE CRÉDITO A | D | M | V

Um dos dados mais interessantes da cozinha do *chef* Ronaldo Canha é o que mostra o anseio em inovar receitas, tendo como inspiração mais frequente a culinária italiana. Fora as mudanças mais amplas nas épocas de inverno e verão, percebe-se a permanente investigação que se traduz em combinações inéditas, que vão surgindo no cardápio. Da safra do último inverno, dois bons exemplos: a *terrine* de *foie gras* com figos caramelizados e as costeletas de cordeiro em crosta de *parsillada* e sua *ratatouille* sobre lentilhas de Puy.

QUINTA ($$$$)

BRASILEIRO
Rua Luciano Gallet 150 | Vargem Grande
(21) 2428-1396 | 2428-2568 | www.quinta.net |
SÁB E DOM, ALMOÇO E JANTAR
ESTACIONAMENTO SIM | CARTÕES DE CRÉDITO A | D | M | V

O cenário é uma beleza: árvores frutíferas, um baita jardim com direito a laguinho, micos passeando pela mata, pássaros e uma varanda convidativa. Não bastasse isso tudo, a casa é linda e a comida, boa. Amigos foram chamando amigos, que levaram conhecidos. A mesa ficou pequena e o casal percebeu que tinha ali um negócio. Assim nasceu este gostoso restaurante, que já soma quase três décadas de bons serviços prestados à gastronomia carioca.

QUINTA DO BACALHAU ($$)

PORTUGUÊS
Rua do Teatro 5, Largo de São Francisco | Centro
(21) 2242-8205 | www.quintadobacalhau.com.br
2ª F A 6ª F, ALMOÇO
ESTACIONAMENTO NÃO | CARTÕES DE CRÉDITO M | V

Nas estatísticas, o Brasil figura como um dos maiores importadores de bacalhau do planeta. Não há muita dúvida de que o prestígio do pescado entre nós se deva ao hábito culinário da imensa massa de lusitanos que migrou para cá. Hoje, as bacalhoadas são sagradas para coroar almoços em grandes celebrações familiares. O Quinta, do Centro — entre o largo de São Francisco e o Teatro João Caetano —, contabiliza onze modos de preparo, para deleite de seus costumeiros comensais. E radicaliza: em sua cozinha só entra o bicho e coadjuvantes.

R

RANCHO INN ($)

Rua do Rosário 74, sobrado | Centro
(21) 2263-5197 | 2233-6446 | www.ranchoinn.com.br | f
2ª F A 6ª F, ALMOÇO
ESTACIONAMENTO NÃO | CARTÕES DE CRÉDITO A | D | M | V

Já com vinte anos de estrada no Centro, a casa é lembrada como uma das primeiras a lançar o sistema de bufês. Na variação de pratos principais e acompanhamentos eleitos a cada dia da semana, as receitas substanciais não se limitam a duas ou três. Preponderam mais que as saladas, contrariando o que habitualmente é encontrado nas bancadas rivais. A *chef* Andreia Tinoco comanda os trabalhos, sem se desligar da demanda de bufês particulares, esta a operação em que certamente tem atuação mais intensa.

RANCHO PORTUGUÊS

Durante a realização deste Guia estava em obras.
Rua Maria Quitéria 136 | Lagoa

RÁSCAL ($$)

ITALIANO | VEGETARIANO & SALADA | QUILO & BUFÊ
Av. Afrânio de Melo Franco 290, ljs 406A e B, Shopping Leblon | Leblon
(21) 2259-6437 | www.rascal.com.br | f
DIARIAMENTE, ALMOÇO E JANTAR
ESTACIONAMENTO SIM | CARTÕES DE CRÉDITO A | D | M | V
FILIAIS Rua Lauro Müller 116, 1º piso, Shopping Rio Sul | Botafogo (21) 3873-0339 • Av Ayrton Senna 2.150, CasaShopping | Barra da Tijuca (21) 3325-0894

Faz parte de uma família de doze restaurantes, montados em amplas áreas, em São Paulo e no Rio. Nesta cidade, suas três casas estão fixadas em *shoppings*, o que sugere alta rotatividade de público. Acreditando que grande parte desta freguesia utiliza os restaurantes daquelas praças de alimentação como mero *pit stop* — buscando intercalar o alvoroço das compras — aqui não parece ser diferente. Assim, o serviço acelerado ganha pontos, mas, na questão culinária, dificilmente consegue mostrar trunfos do mesmo nível.

RAYZ ($$)

BRASILEIRO

Rua Prudente de Morais, 416 | Ipanema
(21) 2522-0627 | f

ABERTO TODOS OS DIAS, ALMOÇO E JANTAR
ESTACIONAMENTO NÃO | CARTÕES DE CRÉDITO A | M | V

Ocupando uma esquina de Ipanema que antes experimentava a superbadalação do Devassa, sua opção é nitidamente mais culinária, e com modelo de cardápio regional. Embora, nem por isso, tenha abandonado o público acostumado a chope e caipirinha. Manteve abundante escolha de petiscos; entre eles, crocantes pastéis de variados recheios e geleia de pimenta-biquinho. Dos pratos (fartos), teste o picadinho e a paçoca.

REFEITÓRIO ORGÂNICO ($)

VEGETARIANOS & SALADAS

Rua Dezenove de Fevereiro 120 | Botafogo
(21) 2537-0750 |
www.refeitorioorganico.com.br | f

2ªF A SÁB, ALMOÇO
ESTACIONAMENTO NÃO | CARTÕES DE CRÉDITO A | M | V

Funciona desde 1999 numa casa escondida em meio ao caos de Botafogo, na rua Dezenove de Fevereiro. No cardápio, um rico bufê repleto de opções como hambúrguer de *tofu* com espinafre, empadão de palmito e diversas saladas. Há também opções *à la carte* e um serviço *delivery*. Opção tranquila e rápida, com comida fresca e a bom preço, para quem mora ou trabalha na região.

REI DOS ASSADOS ($$)

CARNES | PORTUGUÊS

Av. Marechal Henrique Lott 120, lj 104,
Parque das Rosas | Barra da Tijuca
(21) 3649-1515 | www.reidosassados.com.br | f

DIARIAMENTE, ALMOÇO E JANTAR
ESTACIONAMENTO SIM | CARTÕES DE CRÉDITO M | V
FILIAL Rua Prudente de Morais 1.838 | Ipanema
(21) 2525-6006

Mais antigo na Barra, fixou-se em Ipanema recentemente. Oferece suculência de variadas espécies, sendo o galeto e o bacalhau, sempre na brasa, bastante cotados. Mas nada que se compare à especialidade do leitão à Bairrada, embora, isoladamente, também sirva, com frequência, costelinhas e lombinho. E como petisco também, na forma de um incomum pastel. Nos dias de casa mais cheia, a freguesia deve se ater à comilança, pois dificilmente a tentativa de conversar fará efeito. O barulho é ensurdecedor.

RESTAURANTE 28 ($)

BRASILEIRO | TOMBADO PELO PATRIMÔNIO
Rua Barão de São Félix 28 | Gamboa
(21) 2263-2438
2ª F A 6ª F, ALMOÇO
ESTACIONAMENTO NÃO | CARTÕES DE CRÉDITO A | D | M | V

O nome deste estabelecimento centenário é Restaurante e Café Pastoria, mas a maioria dos clientes o conhece como 28, referindo-se ao número que ocupa na rua. O restaurante fica na frente da casa de Seu Amândio, português que veio da Terrinha para ser garçom, e acabou virando não apenas o proprietário da casa, mas também atua como *chef*, preparando os temperos para os pratos na véspera. As especialidades são o cozido e o cabrito.

RESTAURANTE DON ($$)

Estrada dos Bandeirantes 23.461 | Vargem Grande
(21) 3437-3536 | 3417-0776
3ª F A DOM, ALMOÇO E JANTAR
ESTACIONAMENTO SIM | CARTÕES DE CRÉDITO A | M | V

O belo jardim, os amplos salões, a iluminação indireta e os janelões disputam a atenção com a *parrilla* uruguaia da qual saem as carnes nobres como o bife Ancho e o *frech rack*, que fazem a fama da casa. A picanha na lenha é outra boa pedida. E, para quem não come carne, as *pizzas* vegetariana (com queijo, abobrinha, berinjela e pimentão) e de rúcula (com muçarela de búfala, rúcula, lascas de *grana padano* e tomate seco) são boas opções.

RESTAURANTE QUINTA DA BOA VISTA ($$)

Parque da Quinta da Boa Vista s/nº,
em frente ao Jardim Zoológico | São Cristóvão
(21) 2589-4279 | 2589-6551 |
www.restaurantequintaboavista.com.br | f
DIARIAMENTE, ALMOÇO
ESTACIONAMENTO SIM | CARTÕES DE CRÉDITO A | M | V

Fica na antiga capela do Palácio do Imperador (hoje Museu Histórico) e sua cozinha ocupa o lugar em que há dois séculos morava o pároco. No interior, os detalhes decorativos tentam a imitação dos ambientes daquela época, e, para arrematar a encenação, por lá trafegam garçons vestidos como pajens. A culinária, no entanto, serve o básico, sem se aventurar na gastronomia requintada. Melhor assim, sem mais encenações.

RESTÔ ($$)

COMIDINHAS
Rua Joana Angélica 184 | Ipanema
(21) 2287-0052 | www.restoipanema.com.br | f
DIARIAMENTE, ALMOÇO E JANTAR
ESTACIONAMENTO NÃO | CARTÕES DE CRÉDITO A | D | M | V

O visual é de um bistrô com colorido de Ipanema. Na montagem de seu *menu*, o *chef* Tande Bittencourt escala uma lista de *apéros* (pratos aperitivos), realçados pelas *bruschettas*, com várias coberturas. Nessa categoria, se incluem outros petiscos. Algumas receitas de massa são servidas em pequenas porções, na medida certa para também fazerem o papel de entradas. Esta, uma notícia simpática para quem procura satisfazer a gula de forma um pouco mais módica.

RIALTO ($$)

ITALIANO | QUILOS & BUFÊ
Av. Ministro Ivan Lins 314 | Barra da Tijuca
(21) 2493-6629 | www.rialtorestaurante.com.br
DIARIAMENTE, ALMOÇO E JANTAR
ESTACIONAMENTO SIM | CARTÕES DE CRÉDITO A | M | V

Um generoso bufê com saladas, frutos do mar, pratos quentes, carnes, massas, risotos, comida japonesa e tudo o mais que o comensal pensar em comer. A fartura é garantida, mas a qualidade, nem sempre. O salão é amplo, com grande oferta de mesas. A combinação de preço justo com comida abundante gera inevitáveis filas. E a casa cheia resulta em um barulho ensurdecedor no salão nos dias de maior movimento.

RICCA ALEGRIA ($)

Rua Bambina 145 | Botafogo
(21) 3495-1628 | www.riccaalegria.com.br | f
3ª F A SÁB, JANTAR; DOM, ALMOÇO E JANTAR
ESTACIONAMENTO NÃO | CARTÕES DE CRÉDITO D | M | V

Embora as massas também estejam presentes no cardápio, mudando o mix de recheios diariamente, são as *pizzas* — tanto no almoço como no jantar — incubidas do item mais procurado da casa. Ambas as avós (italiana e portuguesa) da *chef* e dona, Cláudia Israel, foram fontes de sua inspiração culinária. Por isso a justa homenagem de tomar emprestados seus sobrenomes, para dar título ao estabelecimento.

RIO MINHO ($$)

PEIXES & FRUTOS DO MAR
Rua do Ouvidor 10 | Centro
(21) 2509-2338
2ª F A 6ª F, ALMOÇO
ESTACIONAMENTO NÃO | CARTÕES DE CRÉDITO A | D | M | V

A casa ostenta com grande orgulho o título do mais longevo — 130 anos — restaurante da cidade. Autointitulado "o máximo em peixadas", mostra, no entanto, que o maior cartaz de sua cozinha pertence à receita da sopa Leão Veloso, um apetitoso e nutritivo caldo feito à base de cabeça de peixe, e no qual nadam camarões, lula e polvo, entre outros pescados. Como se diz sempre em relação aos lugares que servem porções avantajadas, neste também sai caro o almoço de um freguês, embora bastante em conta para o bolso de dois.

RISO BISTRÔ ($$$)

Rua Aníbal de Mendonça 175 | Ipanema
(21) 2147-8259 | www.riso.art.br | f
3ª F A SÁB, JANTAR; DOM, ALMOÇO
ESTACIONAMENTO SIM | CARTÕES DE CRÉDITO A | D | M | V

Em boa hora perceberam que o prestígio do risoto não merecia tanta exclusividade. E deixaram de lado a mesmice culinária, que se resume numa receita pré-cozida e finalizada segundo os pedidos dos fregueses. O *chef* Vicente Saint-Yves reformou a ideia, propondo um *mix* de pratos para todo o cardápio. Mas não nega sua inclinação pela *pâtisserie*, que em percurso por várias cozinhas na Europa lhe valeu premiação nessa categoria. Como boa prova, seu saboroso bolo de queijo cercado por três versões de goiaba: a própria fruta, seu sorvete e a goiabada.

ROBERTA SUDBRACK ($$$$)

CONTEMPORÂNEO
Rua Lineu de Paula Machado 916 | Jardim Botânico
(21) 3874-0139 | www.robertasudbrack.com.br
3ª F A 5ª F E SÁB, JANTAR; 6ª F, ALMOÇO E JANTAR
ESTACIONAMENTO SIM | CARTÕES DE CRÉDITO M

Além do exímio desempenho de seus equilibrados preparos, a *chef* Sudbrack se supera na pesquisa de ingredientes, que, em suas mãos, ganham um valor gastronômico até então ainda não descoberto. Nesse embalo, o quiabo foi parar no Forum de San Sebastián, na Espanha, e ficou célebre. Agora a jaca é a estrela da cozinha. Na forma de um picles ou de um chá regando carne-de-sol, despertam surpreendentes sabores. Além de outros detalhes que a diferenciam na arte de atrair atenção, note-se o fulgor de sua casa cor de caqui, em meio à morna arquitetura daquela parte da Lagoa.

ROSITA CAFÉ ($)

Av. das Américas 500, bl 21, lj 126,
Shopping Downtown | Barra da Tijuca
(21) 3084-5202 | 3084-5203 | www.rositacafe.com.br | f
2ª F A SÁB, ALMOÇO E JANTAR; DOM, ALMOÇO
ESTACIONAMENTO SIM | CARTÕES DE CRÉDITO A | D | M | V

Mãe e filho, Rosita e Pedro Castro Neves, comandam esta simpática casa, com ares de bistrô, que desde o ano 2000 faz sucesso no Shopping Downtown, na Barra da Tijuca. No cardápio, pratos clássicos com um toque contemporâneo. Destaque para as saladas e pratos como o cordeiro ao vinho e o *linguini* de camarão com champanhe. Fazem sucesso também o *petit gateau* de chocolate amargo e o *sorbet* de tangerina, sem glúten e sem lactose. Nos invernos, a casa aposta no festival de *fondues*.

ROTISSERIA SÍRIO LIBANESA ($)

ÁRABES | COMIDINHAS

Largo do Machado 29, ljs 16 e 19 | Catete
(21) 2557-2377 | 2205-2047 | www.rotisseriasl.com.br
2ª F A SÁB, CAFÉ DA MANHÃ, ALMOÇO E JANTAR
ESTACIONAMENTO NÃO | CARTÕES DE CRÉDITO NÃO

A quantidade de gente que faz fila na porta na hora do almoço já é um indicador de que esta casa, totalmente desprovida de charme, escondida numa galeria do largo do Machado, tem uma alguma coisa de especial. Poderiam ser as *esfihas*, em quatro sabores (carne, queijo, frango e verduras) e sempre fresquinhas. Ou as *kaftas*. Quem sabe, o tabule. Embora a coalhada seca ou o charuto de repolho também sejam imperdíveis. No entanto, há quem defenda com unhas e dentes (principalmente os dentes) os quibes e o arroz de lentilha. Como saber? Indo lá. E chegando cedo. Ou tendo paciência para esperar na longa fila da hora do almoço...

RUBAIYAT ($$$$)

Rua Jardim Botânico 971,
Jockey Club Brasileiro | Jardim Botânico
(21) 3204-9999 | www.rubaiyat.com.br |
DIARIAMENTE, ALMOÇO E JANTAR
ESTACIONAMENTO SIM | CARTÕES DE CRÉDITO A | D | M | V

A filial no Rio, prometida há anos pelo grupo paulista (e internacional) da família Iglesias, finalmente chegou como mais um atrativo gastronômico do Jockey Club, na Gávea. O notável projeto de Miguel Pinto Guimarães tem amplas proporções, capaz de abrigar 240 comensais. Do conforto das mesas bem espaçadas, em toda a latitude dos salões descortinam-se as pistas do hipódromo. Suas churrasqueiras, além de consistente lista de cortes, também produzem sugestões da raça Kobe (já de criação no país), para bolsos bem fornidos. A textura e a temperatura das carnes, contudo, são detalhes que ainda merecem correção. O cardápio carioca foi contemplado com variação de assados de peixe, a exemplo da excelente panela de frutos do mar com arroz de açafrão. O provimento da adega é sólido trunfo da casa.

S

SÁ ($$$$)

Av. Atlântica 3.668, cobertura,
Windsor Miramar Hotel | Copacabana
(21) 2195-6200 | www.windsorhoteis.com
DIARIAMENTE, ALMOÇO E JANTAR
ESTACIONAMENTO NÃO | CARTÕES DE CRÉDITO A | D | M | V

Irmão caçula do Alloro, consagrado no Windsor Atlântica, este é ponto gastronômico do Hotel Miramar, pertencente à mesma rede. Ao *chef* Carlos Góes, está confiada a função culinária. Seu currículo registra passagens por lugares do naipe do Mugaritz, em San Sebastián, e do D.O.M., de Alex Atala. Também não resta nenhuma dúvida sobre as inclinações de sua cozinha às artes do receituário inovador. Tal como mostram suas vieiras com couve-flor regadas por vinagrete de maracujá e o robalo com purê de banana-da-terra e farofa de dendê.

SABOR SAÚDE ($)

VEGETARIANOS & SALADAS
Rua da Quitanda 21 | Centro
(21) 2157-0097 | 2252-6041 | www.saborsaude.com.br
2ª F A 6ª F, CAFÉ DA MANHÃ E ALMOÇO
ESTACIONAMENTO NÃO | CARTÕES DE CRÉDITO A | D | M | V

No Centro, onde se localiza, vive no horário do almoço o momento de trânsito mais congestionado. Legiões de apreciadores da comida orgânica acorrem a seu bufê, totalmente dedicado à nutrição natureba. Os preços módicos também justificam a forte adesão.

SALETE ($)

COMIDINHAS | TOMBADO PELO PATRIMÔNIO
Rua Afonso Pena 189 | Tijuca
(21) 2264-5163 |
www.restaurantesalete.com.br
DIARIAMENTE, ALMOÇO E JANTAR
ESTACIONAMENTO NÃO | CARTÕES DE CRÉDITO A | M | V

Na Tijuca, conhecida como bairro pacato, também tem muita vida notívaga. Este figura entre seus mais disputados pontos. Hoje, alçado quase à posição de restaurante, tem o risoto de camarão como um dos favoritos dos frequentadores: faz fila de pedidos e serve até a gula de três bocas.

SALITRE ($$$)

ADEGA ESPECIAL
Av. das Américas 4.666, BarraShopping, ljs 145 e 146 | Barra da Tijuca
(21) 2408-3239 | 2408-3119 | www.salitrevinhos.com | f
DIARIAMENTE, ALMOÇO E JANTAR
ESTACIONAMENTO SIM | CARTÕES DE CRÉDITO A | D | M | V
FILIAL Rua Barão da Torre 632 | Ipanema (21) 2540-5723

A casa ascendeu de *delicatessen* a restaurante, e nesse caminho concentrou seus esforços no projeto de uma bela e bem abastecida loja de vinhos. A combinação de adega com cozinha veio depois, quando acrescentaram a assinatura de Christophe Lidy na criação do cardápio. Quanto à possibilidade de o competente cozinheiro envergar o jaleco na cotidiana ralação culinária, aí é outra história. Quem dera aos donos do Salitre, e a todos nós... Se o *chef*, no sacrifício de sua homeopática consultoria, for paciente e conseguir formar um substituto à altura, ótimo, já terão valido os eventuais equívocos que a freguesia relevou. Mas, quando a consultoria tem a idoneidade de um profissional como o Lidy, já há efeito: o *linguine* com frutos do mar e o *magret* de pato regado por molho de jabuticaba, por exemplo.

SANTA SATISFAÇÃO ($)

CAFÉ DA MANHÃ | COMIDINHAS
Rua Santa Clara 36, lj C | Copacabana
(21) 2255-9349 | www.santasatisfacao.com | f
2ª F A SÁB, CAFÉ DA MANHÃ, ALMOÇO E JANTAR
ESTACIONAMENTO NÃO | CARTÕES DE CRÉDITO D | M | V
FILIAL Av. Ataulfo de Paiva 1.335, lj A | Leblon (21) 2529-2063

Como um café-bistrô, tem mesas na calçada, cobertas por toldo listrado de azul e branco. A cena mostra uma charmosa fachada, bem diferente do que normalmente é visto nas ruas de Copacabana. O cardápio pende para a informalidade dos sanduíches, embora nas massas seja de notar uma elaboração de misturas que foge ao básico geral.

SATYRICON ($$$$)

ADEGA ESPECIAL | PEIXES & FRUTOS DO MAR
Rua Barão da Torre 192 | Ipanema
(21) 2521-0627 | www.satyricon.com.br | f
DIARIAMENTE, ALMOÇO E JANTAR
ESTACIONAMENTO SIM | CARTÕES DE CRÉDITO A | D | M | V
FILIAL Av. José Ribeiro Dantas 500 | Búzios (22) 2623-2691

Não foi o fato do pargo no sal grosso ter deliciado as papilas de Madonna que fez a fama da casa. Não há lá nenhum vestígio da passagem da *pop star*. As boas-vindas de uma bancada de pescados, como a que exibem, decerto, valem mais que uma foto de celebridade autografada. O viço e variedade de sua matéria-prima e a precisão de seu ponto de cozimento não encontram competidor à altura. No começo dos trabalhos, a título de *couvert*, a bem fornida travessa de petiscos marinhos equivale a uma lauta refeição. Por isso, é melhor ser comedido, para não ter de abrir mão do peixe do dia, cozido com batatas em vinho branco, alho e alecrim.

SAWASDEE ($$$)

ASIÁTICO
Rua Dias Ferreira 571 A | Leblon
(21) 2511-0057 | www.sawasdee.com.br |
2ªF, JANTAR; 3ªF A DOM, ALMOÇO E JANTAR
ESTACIONAMENTO SIM | CARTÕES DE CRÉDITO M | V
FILIAL Rua Barão da Torre 446 | Ipanema (21) 3322-2150

A casa nasceu em Búzios, onde virou ponto de encontro de cariocas apaixonados pela cozinha tailandesa. A matriz do balneário fechou recentemente, assim como a filial de São Conrado. Mas o restaurante do Leblon segue firme e outra casa, agora em Ipanema, foi inaugurada logo depois da Copa do Mundo. O ambiente, descolado que ele só, ajuda. Mas o destaque mesmo é a comida do *chef* Marcos Sodré, que mistura, com sabedoria e talento, elementos brasileiros à cozinha do sudeste asiático.

SEBASTIANA BISTRÔ ($)

Rua Mena Barreto 4 | Botafogo
(21) 2542-0799 | sebastianabistro.com.br |
2ªF A 6ªF, ALMOÇO
ESTACIONAMENTO NÃO | CARTÕES DE CRÉDITO A | D | M | V

O perfil é popular, mas a cozinha não segue nenhum viés regional ou algo parecido. Seus pratos têm várias procedências, que vão desde um *penne* ao *funghi* até uns medalhões de lombo suíno em manteiga de ervas, com risoto de abóbora e bananas-da-terra assadas. A casa também é simples, mas essa tentativa de incrementar o cardápio não parece forçada, revelando apenas a vontade da *chef*, a uruguaia Mellani Garrido, de repetir receitas aprendidas à beira do fogão.

SEIDÔ ($$$)

CONTEMPORÂNEO | JAPONÊS
Rua J. J. Seabra 10 | Jardim Botânico
(21) 2530-0780 | 2530-0675 | www.seidorestaurante.com.br
2ªF A 6ªF, JANTAR; SÁB E DOM, ALMOÇO E JANTAR
ESTACIONAMENTO SIM | CARTÕES DE CRÉDITO A | D | M | V

Depois de uma experiência malsucedida (financeiramente falando) em São Conrado, o *chef* Nao Hara voltou para a Zona Sul. O Seidô funciona no ponto onde, por bastante tempo, foi o Caroline Café. Sorte de quem mora na área. A criatividade do *chef*, que mescla cozinha contemporânea com clássicos da culinária japonesa, é o ponto alto da casa. Para os aventureiros, o esqueminha do *chef*, espécie de *menu* degustação com até três pratos à escolha do cliente. Para os tradicionais, *sushi* e *sashimi* com peixes frescos e arroz no ponto certo.

SENTAÍ ($$)

PEIXES & FRUTOS DO MAR
Rua Barão de São Félix 75 | Centro
(21) 2223-4419 | www.sentai.com.br | f
DIARIAMENTE, ALMOÇO
ESTACIONAMENTO NÃO | CARTÕES DE CRÉDITO A | D | M | V

Também atendendo por Rei das Lagostas, incorpora o feitio que o enquadra na intermediária categoria de boteco--restaurante. Localiza-se na região da Central do Brasil, vizinha ao Palácio do Itamaraty. Corre a lenda até hoje de que os diplomatas que ali atuavam o elegeram como alternativa ideal para fugir do indigesto Bife de Zinco, então cozinha da egrégia casa ministerial. No Sentaí, as porções de lagosta são generosas, embora deixe no aspecto algum ar de carregação. Pelo treino de décadas, melhor não arriscar outra escolha. Nos preços, pelo avantajado das porções, pode custar a metade que em qualquer outro lugar.

SEVERYNA ($)

BRASILEIRO
Rua Ipiranga 54 | Laranjeiras
(21) 2556-9398 | www.severyna.com.br
DIARIAMENTE, ALMOÇO E JANTAR
ESTACIONAMENTO NÃO | CARTÕES DE CRÉDITO A | M | V

Como o nome sugere, esta cozinha não nega sua origem genuinamente nordestina, que, para colher frutos numa praça desprovida desta modalidade culinária, estabeleceu-se em Laranjeiras. Num amplo sobrado de cinco portas dando para a rua, cabe também o que chamam de espaço-bar, estimulado por bom sortimento de pingas e outras bebidas. Tudo isso provocando um bom pretexto para a animação da música ao vivo, de variados gostos, aí preferencialmente o forró.

SHIN MIURA ($$$)

JAPONÊS
Av. Rio Branco 156, sala 324,
Edifício Avenida Central | Centro
(21) 2262-3043 | www.shinmiura.com.br | f
2ª F A 6ª F, ALMOÇO
ESTACIONAMENTO NÃO | CARTÕES DE CRÉDITO A | D | M | V
FILIAL Av. Rio Branco 1, lj C | Centro (21) 2253-0105 | 2253-0399

Para chegar até ao restaurante, é necessário passar pela galeria de lojas de artigos de informática do Edifício Avenida Central, um ambiente que em nada prenuncia o deleite das delícias do paladar. Chegando lá, desarme o espírito e se aventure pelos especiais do dia. No balcão será ainda melhor, assistindo à perícia de Nao Hara de perto. Além da lista de *sushi*, *sashimi* e enrolados de sempre, as criativas misturas do *chef* são caso à parte. Se for o seu dia de sorte, não dispense a *terrine* de abacate, levando *foie gras* e enguia, sob molho cítrico.

SHIRLEY ($$)

ESPANHOL
Rua Gustavo Sampaio 610, lj A | Leme
(21) 2542-1797 | 2275-1398
DIARIAMENTE, ALMOÇO E JANTAR
ESTACIONAMENTO NÃO | CARTÕES DE CRÉDITO A | D | M | V

O atendimento, na mínima sala do Leme, não tem mãos a medir para acomodar a freguesia. No serviço às mesas, espremidas para dar lugar a 40 pessoas, os garçons não conseguem evitar notáveis malabarismos. A tradicional cozinha espanhola é a que vigora, com especial predomínio da *paella*, ainda que se rivalize com a fama da lagosta fria com maionese de batatas. O *couvert* faz a alegria dos comensais, dando direito a suculentos petiscos, como as sardinhas em escabeche e os mexilhões à vinagrete. A rotina de seu impaciente movimento relegou o acabamento dos pratos a uma questão secundária, hoje mostrando pouco capricho.

SIRI ($$)

PEIXES & FRUTOS DO MAR
Praça Euvaldo Lodi 65, Jardim Oceânico | Barra da Tijuca
(21) 2494-0816 | 2495-5607 |
www.restaurantesiri.com.br | f
DIARIAMENTE, ALMOÇO E JANTAR
ESTACIONAMENTO SIM | CARTÕES DE CRÉDITO A | D | M | V
FILIAIS Rua dos Artistas 2 | Vila Isabel (21) 2208-6165 • Praia do Galeão 1 | Ilha do Governador (21) 2462-1962 • Av. Dr. Salles Teixeira 20 | Nova Iguaçu (21) 3773-4655 • Estrada de Jacarepaguá 7.020 | Freguesia (21) 2447-9598 • Av. Quintino Bocaiúva 653 | Praia de Charitas, Niterói (21) 2610-6652

A casa tem diversas filiais espalhadas pelo Rio de Janeiro. Em todos os restaurantes, a receita é a mesma: comida farta, a preço razoável. O foco são os frutos do mar, mas as carnes não faltam no extenso *menu*, que tem lugar até para algumas *pizzas*. No entanto, entre fritadas e bacalhaus, o destaque absoluto da(s) casa(s) é mesmo o pastel de camarão, que desde a abertura do restaurante reina soberano na preferência dos frequentadores mais fiéis.

SIRI MOLE ($$$)

BRASILEIRO | PEIXES & FRUTOS DO MAR
Rua Francisco Otaviano 50 | Copacabana
(21) 2267-0894 | www.sirimole.com.br | f
2ª F, JANTAR; 3ª F A DOM, ALMOÇO E JANTAR
ESTACIONAMENTO SIM | CARTÕES DE CRÉDITO A | D | M | V
FILIAL Av. Ministro Ivan Lins 270, ljs C e D | Barra da Tijuca
(21) 2429-7834

Seus atrativos na oferta de comida regional de boa qualidade já há bastante tempo cativam os turistas, numa região — final de Copacabana — bem provida pela hotelaria. Enfrentando hoje concorrência de peso, já teve seu tempo de monopólio da culinária baiana. Entre as famosas moquecas de Isis Rangel e Agda Pereira, suas donas, a que tem o nome do restaurante é de longe a mais gostosa e nunca imitada. Nos doces, além da cocada, há os de caju e banana, ambos em calda — servidos como convém, ao lado de queijo de coalho.

SKINNA ($$)

PEIXES & FRUTOS DO MAR
Av. Armando Lombardi 205, lj 106,
Shopping Esquina da Barra | Barra da Tijuca
(21) 2493-2300 | 99602-5173 | www.skinna.com.br | f
3ª F A DOM, ALMOÇO E JANTAR
ESTACIONAMENTO SIM | CARTÕES DE CRÉDITO A | D | M

Peixes, mariscos e crustáceos são as estrelas deste restaurante especializado em frutos do mar, que migrou do Mercado do Produtor, na Barra da Tijuca, para um endereço mais nobre, no mesmo bairro. Para beber, cerveja e caipirinhas. O ambiente é simples, mas acolhedor. Aos que não comem nada vindo do mar, uma sugestão: melhor procurar outro lugar para comer. As opções para quem não gosta deste tipo de comida são bem escassas.

SKUNNA ($$$)

BRASILEIRO | PEIXES & FRUTOS DO MAR
Estrada dos Bandeirantes 23.363 | Vargem Grande
(21) 2428-1213 | www.skunna.com.br
www.facebook.com/restauranteskunna
5ª F A DOM, ALMOÇO E JANTAR
ESTACIONAMENTO SIM | CARTÕES DE CRÉDITO A | M

O nome da casa já é um indício da especialidade do lugar: o Skunna é um restaurante para quem gosta de frutos do mar. Até há opções de carne no cardápio. Mas estão lá apenas para satisfazer àqueles que não comem de jeito nenhum as delícias que o mar proporciona. Entre casquinhas, caldeiradas, peixes e moquecas, destaque para a feijoada de frutos do mar, servida para duas pessoas. Mas onde comem, tranquilamente, três ou quatro (dependendo do tamanho da fome).

SKYLAB ($$$)

FRANCÊS

Av. Atlântica 3.264, 30º andar,
Rio Othon Palace Hotel | Copacabana
(21) 2106-1666 | www.restauranteskylab.com.br |
DIARIAMENTE, ALMOÇO E JANTAR
ESTACIONAMENTO SIM | CARTÕES DE CRÉDITO A | D | M | V

Desde a ida do *chef* Jean Yves Poirey para os domínios culinários deste 30º andar do Othon Palace Hotel, suas panelas ganharam ares de *ancienne cuisine*. Pena que o hotel se negue a capitalizar o privilégio do visual panorâmico dessas alturas sobre orla tão famosa, nada fazendo para modificar seu ambiente morno e agravado por árido *décor*. Da tradição de sua estática gastronomia, é possível atestar a correção do creme de mandioquinha, do risoto de camarão e do peito de frango com *ratatouille*.

SOBRENATURAL ($$)

PEIXES & FRUTOS DO MAR

Rua Almirante Alexandrino 432 | Santa Teresa
(21) 2224-1003 |
www.restaurantesobrenatural.com.br |
DIARIAMENTE, ALMOÇO E JANTAR
ESTACIONAMENTO NÃO | CARTÕES DE CRÉDITO A | D | M

Os peixes e frutos do mar dominam o cardápio, com destaque para as moquecas variadas. O ambiente rústico, com tijolos aparentes e móveis de madeira, dá um clima acolhedor à casa. O lugar ajuda ainda mais, com todo o charme e vista que Santa Teresa tem a oferecer. Há boas opções de cachaças artesanais. Mas nem tudo são flores. A cozinha irregular muitas vezes tropeça, comprometendo a qualidade do bem mais precioso que um restaurante pode ter: a comida.

STRAVAGANZE PIZZARIA ($$)

PIZZARIA

Rua Maria Quitéria 132 | Ipanema
(21) 2523-2391 | 98458-8227 |
www.stravaganze.com.br |
DIARIAMENTE, JANTAR
ESTACIONAMENTO NÃO | CARTÕES DE CRÉDITO A | D | M

Ambiente informal, em que se distingue o riscado de despojamento chique de Bel Lobo, arquiteta que coleciona êxitos em projetos de restaurantes. Mesmo focada na qualidade de suas *pizzas* tradicionais, a imaginação do *pizzaiolo* viaja na busca de ofertas megaoriginais. Fazendo jus ao nome da casa, a que chamam de "sete pecados capitais" surpreende ao juntar caldo de feijão, cubos de abacaxi, pimenta-dedo-de-moça, couve, ovos de codorna fritos, linguiça calabresa e cebola. Ufa!

SUSHI LEBLON ($$$$)

JAPONÊS

Rua Dias Ferreira 256 | Leblon

(21) 2512-7830 | 4003-0053 | www.sushileblon.com |

DIARIAMENTE, ALMOÇO E JANTAR

ESTACIONAMENTO SIM | CARTÕES DE CRÉDITO A | M | V

A constante fila na porta costuma não afastar as pessoas do Sushi. Um dos mais badalados restaurantes da cidade, é *point* de artistas, modelos e afins. Em suma: um lugar para ver e ser visto. Mas há quem não dê a mínima bola para este fato. Chegam cedo, evitam filas e desfrutam o que o Sushi tem de melhor: lula recheada de cogumelos; dupla de olho de boi; enguia, salmão *skin* e abacate; *ceviche* de ouriço do mar e o clássico *foie gras brulèe*. A carta de vinhos, das melhores em um restaurante japonês, obra e graça do consultor Paulo Nicolay, merece registro.

SUSHIMAR ($$)

JAPONÊS

Rua São Salvador 72 | Laranjeiras

(21) 2285-7246 | www.sushimar.com.br |

2ª F, JANTAR; 3ª F A DOM, ALMOÇO E JANTAR

ESTACIONAMENTO NÃO | CARTÕES DE CRÉDITO A | D | M | V

FILIAIS Av. das Américas 11.391 | Recreio (21) 2499-5886 • Av. Sernambetiba 2.860, lj G | Barra da Tijuca (21) 3154-5551 • Rua dos Oitis 6, ljs D e E | Gávea (21) 2274-3999

São quatro restaurantes espalhados pelo Rio. Em todos eles, a receita tradicional japonesa que deu tão certo entre os cariocas: *sushis*, *sashimis*, *temakis*, combinados, *makimonos*. Uma ou outra criação da casa, como o Quarteto *Avocato Jou* (sushi de salmão prensado com lâminas de abacate e couve crocante), para dar um toque personalizado ao cardápio. Mas o grande trunfo é a regularidade: se não aquele japa inesquecível, pelo menos nunca decepciona.

SYMPOSIUM ($$)

Rua Ipiranga 65 | Laranjeiras

(21) 2205-3122 | www.symposiumvinhos.com.br |

2ª F A SÁB, ALMOÇO E JANTAR

ESTACIONAMENTO NÃO | CARTÕES DE CRÉDITO A | D | M | V

Em Laranjeiras, tem a primazia da frequência de amantes de vinhos, estimulada pela intensa agenda promovida por José Hodara, seu proprietário e *sommelier*. Os serviços de sua cave estão afinadamente ligados à programação de jantares harmonizados e aos cursos regulares, programados o ano inteiro. O bistrô relaciona alguns pratos elaborados, embora proponha maior número de sugestões de *carpaccios*, frios e queijos. No caso, mais indicados para fazer companhia à degustação de seus mais de 400 rótulos.

T

TADASHI ($)

JAPONÊS
Rua Maria Angélica 197, lj 5 | Jardim Botânico
(21) 2538-1522 | 2538-0965 |
www.sushitadashi.com.br/o-tadashi.html
DIARIAMENTE, ALMOÇO E JANTAR
ESTACIONAMENTO NÃO | CARTÕES DE CRÉDITO A | D | M | V

A rua Maria Angélica é pródiga em restaurantes. E com absoluto favoritismo pela calçada do lado esquerdo, que surpreendentemente enfileira quase todos. O Tadashi representa a culinária japonesa, e sua praia é o rodízio, tanto no almoço, como no jantar. No serviço, adota um sistema não original, mas, no mínimo, curioso. O cliente marca, nas listas de *sashimi, sushi, temaki etc.*, os petiscos que quer comer. Caso não consuma tudo que escolheu, indeniza a casa em R$ 2,00 por cada peça rejeitada.

TAKAHASHI SAN ($)

JAPONÊS
Rua do Ouvidor 45 | Centro
(21) 2210-0512 |
2ª F A SÁB, ALMOÇO
ESTACIONAMENTO NÃO | CARTÕES DE CRÉDITO A | D | M | V

Ex-Mainata e, antes disso, ex-Miako. Sob as bênçãos deste, foi um dos precursores da culinária japonesa no Centro. Sua atual cozinha não se limita aos conhecidos clichês da especialidade e incorpora no cardápio um *mix* de receitas orientais.

TEN KAI ($$$$)

JAPONÊS
Rua Prudente de Moraes 1.810 | Ipanema
(21) 2540-5100 | www.tenkai.com.br |
2ª F A 6ª F JANTAR; SÁB E DOM, ALMOÇO E JANTAR
ESTACIONAMENTO SIM | CARTÕES DE CRÉDITO A | D | M | V
FILIAL Rua Senador Dantas 75, lj H | Centro (21) 2240-5898

Se há meia dúzia de japoneses no Rio comparáveis aos das artes das afiadas facas paulistas, este é um deles. Um dos primeiros do gênero a dotar de conforto os salões e seu mobiliário, antes de espartana ambientação, a casa ainda inovou ao instalar providencial adega. Não só, diga-se de passagem, para abrigar rótulos de saquês importados, mas também dedicando um bom espaço aos vinhos, que se afiguravam intrusa companhia nos balcões de coisas cruas. Nos pratos quentes, item forte do Ten Kai, prove o original *gyu tataki*, lâminas de *mignon* seladas, formando uma flor, regadas por molho *ponzo* com nabo e pimenta-dedo-de-moça.

TÉRÈZE ($$$)

CONTEMPORÂNEO
Rua Almirante Alexandrino 660,
Hotel Santa Teresa | Santa Teresa
(21) 2221-1406 | 2222-2755 | 3380-0220 |
www.santateresahotel.com |
DIARIAMENTE, ALMOÇO E JANTAR
ESTACIONAMENTO SIM | CARTÕES DE CRÉDITO A | D | M | V

O Hotel Santa Teresa era a mais óbvia escapatória dos maridos descasados para, de imediato, se abrigar na nova vida sem teto. O hotel, mudando de dono e de cara, não serve mais àqueles apertos, figurando entre os pousos mais elegantes da cidade. Das janelas de seus salões, o visual oferece o cenário que se espalha pelo bucólico casario abaixo. Desde a saída de Philippe Moulin, que não esquentou a cadeira, quem comanda a cena culinária é o argentino Pablo Ferreyra. Como previsto, é forte na seção das carnes. Assim mostra seu churrasco de costeletas de cordeiro em crosta de castanha, polenta e batata-doce picante.

TERRA BRASILIS ($)

Praça General Tibúrcio s/nº | Urca
(21) 2275-4651 | http://restauranteterrabrasilis.com.br |
DIARIAMENTE, ALMOÇO E JANTAR
ESTACIONAMENTO NÃO | CARTÕES DE CRÉDITO A | D | M | V

Rivaliza-se com o Zozô na preferência dos turistas que fazem ferver a visitação ao Pão de Açucar, abarrotando a praça que dá para a praia Vermelha. Aquele ponto, ainda uma área militar, desvenda uma das paisagens mais encantadoras da Zona Sul: vista sobre o mar, à entrada da baía da Guanabara e ao pé do morro da Urca. Além da incansável relação de *pizzas* e do bufê a quilo, a cada dia da semana a cozinha prevê um substancioso prato, como cozido, feijoada, frutos do mar *etc*. Nos dias ensolarados, a varanda é o lugar mais privilegiado da casa.

TERRAÇO ($$)

Rua Araújo Porto Alegre 36, cobertura | Centro
(21) 2220-2952 | http://terraco.net.br |
2ª F A 6ª F, ALMOÇO
ESTACIONAMENTO NÃO | CARTÕES DE CRÉDITO A | M | V

Este lugar no Centro ocupa uma área em boa parte avarandada. O simpático ambiente ganha leveza pelo mobiliário de madeira clara e pela luz natural que flui por amplas janelas em seu redor. Serve pratos tradicionais, mas ainda guarda uma receita do tempo de seu primeiro arrendatário, que tinha gosto por pratos exóticos. Como o tailandês Nasi Goreng, de arroz com camarões, lombo suíno, ovo estrelado e molho picante. Na lista de sobremesas, também triviais, a curiosidade do picolé Rochinha, em mais de vinte sabores de frutas.

TERRANEO LOUNGE BAR ($$$)

CAFÉ DA MANHÃ | QUILOS & BUFÊS
Av. Atlântica 2.600, 1º piso, JW Marriot Hotel |
Copacabana
(21) 2545-6550
DIARIAMENTE, CAFÉ DA MANHÃ, ALMOÇO E JANTAR
ESTACIONAMENTO NÃO | CARTÕES DE CRÉDITO A | M | V

O restaurante do Marriot Hotel, em Copacabana, conjuga num mesmo território gastronômico todo tipo de serviço de comidas, inclusive a informal, com lista de sanduíches, sorvetes e sucos. Suas janelas do segundo andar debruçam-se sobre o invejável visual das areias da praia. Este ganho, mesmo assim, é desprezado para a montagem de um restaurante, que estranhamente ocupa as áreas de circulação do térreo. Corroborando esta situação, a inexpressividade do cardápio pressagia que investir nas artes culinárias não faz parte dos planos do hotel.

TERZETTO ($$$)

ITALIANO
Rua Jangadeiros 28 | Ipanema
(21) 2247-6797 | www.terzetto.com.br |
2ªF A 6ªF, JANTAR; SÁB E DOM, ALMOÇO E JANTAR
ESTACIONAMENTO SIM | CARTÕES DE CRÉDITO A | D | M | V

Coirmão do D'Amici, do Leme, pertence ao grupo que lidera a culinária sofisticada do bairro de Ipanema. Acomodado em salas espaçosas, valoriza um ambiente agradavelmente esportivo. A descontração do mobiliário e as paredes com tijolos aparentes acentuam esta aparência. Ao fundo, uma ampla janela mostra a cozinha em ação. De lá, saem saborosos pratos que fazem a feliz ligação da massa com pescado. Mas a receita de filé-mignon sob fatias de *foie gras*, ao molho de Porto, tem assíduos adeptos.

TIA PALMIRA ($$)

BRASILEIRO
Rua Caminho do Souza 18 | Barra de Guaratiba
(21) 2410-8169
3ªF A DOM, ALMOÇO
ESTACIONAMENTO SIM | CARTÕES DE CRÉDITO NÃO

É difícil de encontrar, quente (evite ir em dias cuja temperatura beira os 40 graus) e o cliente sequer tem o direito de escolher o que vai comer. Mas, quando a gente chega lá, é como se estivésse na casa daquela tia que sabe cozinhar como ninguém e toda a família adora quando ela convida. Peixes (à dorê, escabeche), bobó, moqueca, vatapá, pirão, farofa, arroz, salada... Muito de tudo e tudo muito bom. E os doces no final? Nenhuma dieta é capaz de resistir a tamanha tentação... Um detalhe: a casa não aceita cartão nem de crédito e nem de débito. Só dinheiro vivo ou cheque.

TIZZIANO ($$)

PIZZARIA
Av. Armando Lombardi 1.010 | Barra da Tijuca
(21) 2492-1878 | tizziano.com.br/site | f
DIARIAMENTE, ALMOÇO E JANTAR
ESTACIONAMENTO SIM | CARTÕES DE CRÉDITO A | M | V

A casa é grande, bem iluminada, daquelas perfeitas para receber grandes grupos. No cardápio, comida italiana: massas, risotos, filés, peixes, pães. Mas a estrela da companhia é a *pizza*: crocante, fininha, preparada no forno à lenha, em diversos sabores, para todos os tipos de gosto.

TOGU ($$)

JAPONÊS
Rua Dias Ferreira 90, lj B | Leblon
(21) 2294-2749 | 2294-2798 | www.togu.com.br
2ª F, JANTAR; 3ª F A DOM, ALMOÇO E JANTAR
ESTACIONAMENTO NÃO | CARTÕES DE CRÉDITO A | D | M | V

Simpático e pequenino restaurante japonês, muito bem localizado, no coração da movimentada Dias Ferreira, no Leblon, e um lugar para ir muito além do *sushi* e do *sashimi*. Entradas como as lagostinhas afogadas no caldo de tucupi com missô, jambu e tapioca crocante e pratos como o *confit* de pato ao molho de laranja e gengibre, lascas de jambu e purê de batata-doce japonesa mostram que o mote da casa é misturar influências e estilos. O *menu* com *sushis* exóticos também merece destaque.

TORNINHA ($$$)

ITALIANO
Rua Nóbrega 199 | Jardim Icaraí, Niterói
(21) 2714-2750 | 2714-5598 | www.torninha.com.br
3ª F A DOM, ALMOÇO E JANTAR
ESTACIONAMENTO SIM | CARTÕES DE CRÉDITO A | D | M | V

Uma das poucas opções seguras de boa comida em Niterói, a Torninha se mantém firme e forte, com seus risotos, *farfalles*, filés e frutos do mar. Continua na mesma casa desde que abriu, em 1995. E mantém clientes fiéis — embora nos últimos tempos tenha experimentado uma pequena queda na qualidade da comida que serve.

TOURÃO ($$$)

CARNES
Praça São Perpétuo 116 | Barra da Tijuca
(21) 2493-4055 |
www.tourao.com.br | f
DIARIAMENTE, ALMOÇO E JANTAR
ESTACIONAMENTO SIM | CARTÕES DE CRÉDITO A | M | V

Nos anos 1990, a casa ganhou fama por conta da frequência recheada de jogadores de futebol, como Romário e Edmundo. Mas noves fora a clientela famosa, não há nada que difira a Tourão de outras casas do ramo. Vários cortes de carne, de qualidade apenas razoável, chegando aos borbotões nas mesas dos mais esfomeados; serviço impessoal, mas limpo; ambiente iluminado como um interrogatório policial e barulhento como final no Maracanã.

TRAGGA ($$)

CARNES
Rua Capitão Salomão 74 | Humaitá
(21) 3507-2235 |
www.tragga.com.br | f
DIARIAMENTE, ALMOÇO E JANTAR
ESTACIONAMENTO NÃO | CARTÕES DE CRÉDITO A | M | V

A *steak house* de Botafogo chegou ano passado, acertando na escolha do ponto, que registrava baixa presença de lugares carnívoros nas redondezas. Os cortes especiais de gado argentino responderam com sucesso, o que claramente explica este quase monopólio do gênero no bairro. Em seus salões a atmosfera é acolhedora, sobressaindo o uso acentuado de madeira num projeto de linhas modernas, que espalha as mesas em mais de um nível.

TUPAC ($$$)

CONTEMPORÂNEO | PERUANO
Rua Aníbal de Mendonça 132 | Ipanema
(21) 3592-4941
DIARIAMENTE, ALMOÇO E JANTAR
ESTACIONAMENTO NÃO | CARTÕES DE CRÉDITO A | M | V

Terceira investida do *chef* Marcos Espinoza, desta vez enfrentando concorrência em Ipanema. Mas é Pedro Pêcego que toca a ralação do dia a dia. Para o primeiro ato, ponha um olho no escabeche de pato, *chutney* de abóbora, laranja e pimenta-dedo-de-moça, envelopado em massa *philo*. No capítulo mais consistente, o porco pururuca vem com baroa glaseada, feijão-preto doce e terra de *bacon*. Seu visual moderno carrega nas tintas do vermelho e preto, mas o mezanino tem colorido mais conservador e propõe espaço aconchegante. Como a maioria, não se toca com a falta que fazem as mesas redondas.

TURINO ($$)

ITALIANO

Av. Armando Lombardi 350 deck,
Shopping Barra Point | Barra da Tijuca
(21) 2491-6462 | 2491-6456 | www.turino.com.br
DIARIAMENTE, ALMOÇO E JANTAR
ESTACIONAMENTO SIM | CARTÕES DE CRÉDITO A | M | V

O grande trunfo da casa é a localização: fica na parte externa do Barra Point, com uma vista privilegiada da lagoa da Tijuca e suas ilhas. Pena que a cozinha do lugar não chegue nem perto da maravilha que é o cenário. A culinária é italiana, com massas, *pizzas*, carnes e peixes. Mas o preparo deixa a desejar. A *carbonara*, feita com creme de leite, é um pecado quase capital.

U

UMAS E OSTRAS ($$)

PEIXES & FRUTOS DO MAR
Rua Barão de Mesquita 235 | Tijuca
(21) 2568-7128 | 99635-4294 | www.umaseostras.com.br
2ª F A SÁB, ALMOÇO E JANTAR; DOM, ALMOÇO
ESTACIONAMENTO NÃO | CARTÕES DE CRÉDITO A | M | V

Mediante lista de receitas levando peixes e frutos do mar, na qual nada escapa ao mais batido e trivial, esta casa da Tijuca é uma das raras do bairro a explorar o gênero marinho. E, nesse caso, ostentando um detalhe que faz acertada diferença: a grelha a carvão. E, assim, basta que o cozinheiro não durma no ponto para que o equipamento proporcione cozimento mais delicado, preservando a umidade do pescado.

UNIKO ($$$$)

ITALIANO
Rua da Quitanda 86, lj 105,
Edifício Galeria Sul América | Centro
(21) 3806-6334 | 98556-4323 |
www.unikorestaurante.com.br
DIARIAMENTE, ALMOÇO
ESTACIONAMENTO NÃO | CARTÕES DE CRÉDITO A | M | V

Mais um que chega para incrementar a média de restaurantes ideais para obsequiar pessoas jurídicas. No Centro, fazem grande falta. O classudo visual saído da prancheta de Miguel Pinto Guimarães se harmoniza com a elaborada gastronomia que pontifica aquele lugar. Esses méritos têm a ver com o endereço, ex-sede da Sul América, cuja arquitetura original de Joseph Gire — o mesmo do Copacabana Palace — passou por *retrofit*, projetando no térreo ampla passagem com vários pontos culinários. Pilotando toda a engrenagem do Uniko, os sócios Nicola Giorgio e Dionísio Chaves, este também o *sommelier* responsável pelos preciosos líquidos que recheiam a adega. Para comer, as sugestões do dia merecem atenção: A *tagliata* de filé com *foie gras*, rúcula e *grana padano* nasceu clássica. Às quintas tem sessão de *jazz* no final do dia.

UNIVERSO ORGÂNICO ($$)

VEGETARIANOS & SALADAS
Rua Conde de Bernadote 26, ljs 105 e 106 | Leblon
(21) 3874-0186 | 2274-8983 | www.universoorganico.com
2ª F A SÁB, CAFÉ DA MANHÃ, ALMOÇO E JANTAR;
DOM, ALMOÇO E JANTAR
ESTACIONAMENTO NÃO | CARTÕES DE CRÉDITO A | D | M | V

A casa ficou famosa pelos sucos que faz, principalmente o da luz do sol: um suco verde com tudo o que faz bem ao corpo humano. Para comer, alimentação viva. Os ingredientes são orgânicos, e o que não é cru, é cozido a baixíssima temperatura (40º). Destaque para a lasanha de abobrinha, berinjela, cogumelo e linhaça dourada com pasta de macadâmia e molho de tomate.

UVA, VINHO & CIA ($$)

Av. Olegário Maciel 373 | Barra da Tijuca
(21) 2493-8343 | 2492-2933 | www.uvavinhoecia.com
5ª F A DOM, ALMOÇO E JANTAR
ESTACIONAMENTO SIM | CARTÕES DE CRÉDITO A | M | V

O restaurante funciona desde 1982 no mesmo endereço, no Jardim Oceânico, na Barra da Tijuca. Embora seja uma casa de cozinha italiana, o destaque da casa são as *fondues* de diferentes tipos e estilos, principalmente no inverno. O ambiente é clássico e o atendimento, correto. Destaque negativo para a carta de vinhos. Para um restaurante que traz a bebida no nome, sobram obviedades e faltam vinhos interessantes.

V

VEGAN VEGAN ($)

VEGETARIANO & SALADAS
Rua Voluntários da Pátria 402, lj B | Botafogo
(21) 2286-7078 | www.veganvegan.com.br
2ª F A SÁB, ALMOÇO
ESTACIONAMENTO NÃO | CARTÕES DE CRÉDITO D | M | V

Mais do que um restaurante, o lugar é quase um templo vegetariano, onde rolam palestras e cursos, além do almoço de segunda a sábado. O cardápio muda diariamente, o cliente escolhe entre meia porção ou inteira, sempre tem uma sopa, além de sucos e sobremesas. A comida é gostosa, os ingredientes frescos, sempre orgânicos. O ambiente é simples, e o preço é bom.

VEGANA CHÁCARA ($)

VEGETARIANO & SALADAS
Rua Hans Staden 30 | Botafogo
(21) 2286-7078 | www.veganvegan.com.br
2ª F A 6ª F, ALMOÇO
ESTACIONAMENTO NÃO | CARTÕES DE CRÉDITO NÃO

É quase um oásis no meio de Botafogo. Uma casa com poucas mesas, mas cheia de plantas e de vida. O casal Thina Izidoro e Jan Carvalho foi pioneiro na alimentação vegetariana no Rio. Desde 1979, quando começaram, sempre apostaram em comida saudável, sem perder o sabor. Tem vatapá, bobó, feijoada... dá para se encher a pança, com prazer e sem culpa.

VEGETARIANO SOCIAL CLUBE ($)

VEGETARIANO & SALADAS
Rua Conde Bernadotte 26, lj L | Leblon
(21) 2294-5200 | www.vegetarianosocialclube.com.br | f
2ª F A SÁB, ALMOÇO E JANTAR; DOM, ALMOÇO
ESTACIONAMENTO NÃO | CARTÕES DE CRÉDITO A | D | M | V

Saladas orgânicas, sopas leves, soja, legumes grelhados, feijoada vegetariana. Esta é a pegada desta pequena casa do Leblon, onde a carne não entra, mas o sabor está garantido em receitas simples, mas saborosas. Prova de que comida vegetariana não precisa ser insossa.

¡VENGA! ($$)

ESPANHOL
Rua Dias Ferreira 113, lj B | Leblon
(21) 2512-9826 | www.venga.com.br |
2ª F, JANTAR; 3ª F A DOM, ALMOÇO E JANTAR
ESTACIONAMENTO NÃO | CARTÕES M | V
FILIAL Rua Garcia D'Ávila 147, lj B | Ipanema (21) 2247-0234

O bar de *tapas* que pegou, não só nos dois endereços do Rio, como em São Paulo. A decoração é do arquiteto Chicô Gouvêa, que consegue fazer com que todo mundo fique à vontade. No cardápio, recheado de opções, dá para comer um pouquinho de tudo. As *cocas*, de espinafre com queijo de cabra, são deliciosas, as conservas de polvo também fazem bonito. O *huevo loco* nunca decepciona. Para encerrar, churros.

VERDE VÍCIO ($)

QUILOS & BUFÊS | VEGETARIANO & SALADAS
Rua Buenos Aires 22 | Centro
(21) 2233-9602 | www.verdevicio.com.br
2ª F A 6ª F, ALMOÇO
ESTACIONAMENTO NÃO | CARTÕES DE CRÉDITO NÃO

A abundância de saladas faz o registro da parte mais atraente do cardápio. Mas há também em seu departamento mais sólido a oferta de trios do dia, com algumas opções de carne e sugestões de acompanhamentos. Nos peixes, a lista cai para dois. Seu sistema de entrega de quentinhas é dos mais ativos do bairro.

VERSÃO CARIOCA ($)

Rua da Passagem 19 | Botafogo
(21) 2543-5465 | www.versaocarioca.com.br |
2ª F A SÁB, ALMOÇO
ESTACIONAMENTO NÃO | CARTÕES DE CRÉDITO A | D | M | V
FILIAL Rua Real Grandeza 216 | Botafogo (21) 2539-2948

Duas assinaturas de peso avalizam e dão uma força ao desempenho da casa. A da *chef* Luciana Tiefel, regendo o quilométrico quilo que serve nos almoços de todo dia. E a do arquiteto Helio Pelegrino, que foi buscar em Tiradentes madeiras e ferragens para compor o rústico cenário do Versão Carioca.

VIA SETE ($$)

COMIDINHAS
Rua Garcia D'Ávila 125 | Ipanema
(21) 2512-8100 | www.viasete.com.br |
DIARIAMENTE, ALMOÇO E JANTAR
ESTACIONAMENTO SIM | CARTÕES DE CRÉDITO A | D | M | V
FILIAIS Rua Sete de Setembro 43, subsolo | Centro
(21) 2221-8020

Na trilha de um bistrô informal e descolado, deu-se bem em Ipanema e no Centro. Apesar disso, no Leblon, onde parecia vestir-se como uma luva, não foi adiante. Mas a desistência não lhe tirou o ânimo, mantendo na clientela dos outros domicílios vigorosa predileção por seus quitutes grelhados, o forte da casa. O elenco de hambúrgueres rivaliza bem com eles, e destaca a picanha com queijo de cabra, anéis de cebola roxa e cubinhos de pimenta-dedo-de-moça.

VICTORIA ($$$)

JAPONÊS | PIZZARIA
Rua Mário Ribeiro 410, Jockey Club | Lagoa
(21) 2540-9017 | 2512-7115 |
www.complexovictoria.com.br |
DIARIAMENTE, JANTAR
ESTACIONAMENTO SIM | CARTÕES DE CRÉDITO A | D | M | V

Implantado pelo *restaurateur* Roberto Maciel no Jockey Club, da Gávea, o multiespaço gastronômico é capaz de abrigar 400 comensais, e onde sobressai o *menu* contemporâneo. Integrados ao mesmo ambiente, o Wakai é o setor subsidiário responsável pelo balcão de peixes crus, assim como o forno do Favoritta se encarrega do fornecimento de *pizzas*. A agradável varanda é ampla e protegida por ombrelones. Dando vista para os jardins, desperdiça seu aproveitamento no horário diurno, já que só abre para almoço nos fins de semana. O *chef* Marcones Deus dá as cartas na cozinha mais elaborada, destacando frugais opções de saladas e pratos de pescado bem entrosados com seus complementos.

VIEIRA SOUTO

ADEGA ESPECIAL | ITALIANO
Av. Vieira Souto 234 | Ipanema
(21) 2267-0468 | 2267-9282 |
www.vieirasoutoristorante.com.br |
2ª F A 6ª F, JANTAR; SÁB, ALMOÇO E JANTAR; DOM, ALMOÇO
ESTACIONAMENTO SIM | CARTÕES DE CRÉDITO A | M | V

Durante a realização deste Guia estava em obras.

VIENA ($)

Av. Maracanã 987, 3º piso, Shopping Tijuca | Tijuca
(21) 2567-8671 | www.viena.com.br |
DIARIAMENTE, ALMOÇO E JANTAR
ESTACIONAMENTO SIM | CARTÕES DE CRÉDITO A | D | M | V
FILIAIS Av. das Américas 4.666, 2º piso, BarraShopping | Barra da Tijuca (21) 2431-9843 • Av. Dom Helder Câmara 5.474, 1º piso, Norte Shopping | Cachambi (21) 3899-2649 • Praia de Botafogo 400, 8º piso, Shopping Botafogo | Botafogo (21) 2237-9316 • Av. Afrânio de Melo Franco 290, 4º piso, Shopping Leblon | Leblon (21) 3138-8500 • Rua Lauro Müller 116, 2º piso,

Shopping Rio Sul | Botafogo (21) 2275-3388 •
Rua 15 de Novembro 8, 2º piso, Plaza Shopping Niterói |
Niterói (21) 2621-2758

Pertencendo à International Meal Co., detém verdadeiro recorde no mundo da culinária massificada, neste país. Seu expansionismo exibe uma operação que cobre 115 pontos em várias cidades brasileiras, atendendo mais de 10 milhões de fregueses por ano. Preferencialmente em *shoppings* e aeroportos, ataca em todos os capítulos da alimentação: café da manhã, almoço, lanche e jantar. Com números que espelham a incalculável quantidade de comida que servem, é possível afirmar que de valores gastronômicos mesmo — ninguém duvida — passam longe.

VILLA EMPÓRIO ($$)

COMIDINHAS
Av. Lúcio Costa 8.000, lj H | Barra da Tijuca
(21) 3795-8004 | www.villaemporio.com.br | f
DIARIAMENTE, CAFÉ DA MANHÃ, ALMOÇO E JANTAR
ESTACIONAMENTO SIM | CARTÕES DE CRÉDITO A | M | V

O grande desafio de fazer de tudo é conseguir fazer de tudo bem. O Villa Empório abriu as portas no começo de 2014 com a intenção de ser padaria, galeteria, *delicatessen* e loja de vinhos, tudo de frente para o mar. Tinha a pretensão de oferecer ao cliente desde o café da manhã até o jantar. Algumas coisas deram, de fato, certo. A padaria, por exemplo. Já o restaurante deixa demais a desejar. E mesmo a *deli* e a loja de vinhos passam longe de serem das mais bem fornidas da cidade, ou mesmo do bairro.

VILLA OTTO ($)

Rua Uruguai 218 | Tijuca
(21) 2208-8899 | 3251-3608 |
www.villaotto.com.br | f
DIARIAMENTE, ALMOÇO E JANTAR
ESTACIONAMENTO SIM | CARTÕES DE CRÉDITO M | V

Este é o braço italiano da pequena rede tijucana que tem Otto Grunewald no comando geral. Sem o complemento musical que provoca grande movimento na matriz, esta *trattoria*, apesar das cores alegres com que pintou as paredes, vive com mais recato. E a gastronomia segue o caminho tradicional, reproduzindo receitas, as mais fartamente familiares deste gênero culinário.

VIZTA ($$$)

Av. Delfim Moreira 630, 2º andar, Marina Palace Hotel |
Ipanema
(21) 2172-1089 |
www.hotelmarina.com.br/palace/pt/food.php | f
DIARIAMENTE, CAFÉ DA MANHÃ, ALMOÇO E JANTAR
ESTACIONAMENTO NÃO | CARTÕES A | M | V

A privilegiada situação no segundo andar do Marina Palace Hotel — agora integrado à rede Tulip — tem ampla janela com mesas dando vista para a praia do Leblon. Os atuais donos reformaram o salão, que inclui novo *décor*. O *chef* da vez é o siciliano Antonio Vento, com carreira em Londres por um longo tempo, mas atuando também em outras cozinhas da Europa. Sua culinária de traços mediterrâneos busca alguns toques da cozinha moderna, como se pode ver na frugalidade da salada de anchovas frescas em agridoce, *pinoli* e passas. Ou, numa opção mais consistente, como o salmão em crosta de presunto de Parma com risoto à milanesa.

VOLTA ($$)
Rua Visconde de Carandaí 5 | Jardim Botânico
(21) 3204-5406 | 99937-5948 |
www.restaurantevolta.com.br | f
2ª F A SÁB, ALMOÇO E JANTAR; DOM, ALMOÇO
ESTACIONAMENTO NÃO | CARTÕES DE CRÉDITO A | D | M | V

Tudo na casa lembra a comida de vó. Seja a decoração repleta de objetos *vintage*, seja no cardápio que valoriza a cozinha caseira tradicional. Tem carne assada, moela, língua, quiabo, chuchu, sardinha, entre outras gostosuras. Os pratos principais são bons, mas o forte da casa é mesmo o festival de entradas criativas e saborosas. Uma viagem no tempo e que dá vontade de voltar outras vezes.

W

WASABI ($$)

JAPONÊS
Av. Armando Lombardi 350, ljs 315 a 317, Shopping Barra Point | Barra da Tijuca
(21) 2491-2920 | www.wasabisushi.com.br |
3ª F, ALMOÇO; 4ª F A DOM E 2ª F, ALMOÇO E JANTAR
ESTACIONAMENTO SIM | CARTÕES A | D | M | V

Restaurante japonês todo alegrinho no visual, mas extremamente conservador na cozinha, com os mesmos pratos tradicionais de sempre, frequentes em nove entre dez japas da cidade. Nada diferente dos tradicionais enrolados, combinados, *temakis* e *tempuras* que abundam na Guanabara. Fica no Shopping Barra Point e é costumeiramente frequentado por quem bate perna por ali.

WEI MING ($$)

ASIÁTICO
Rua Visconde de Caravelas 89 | Botafogo
(21) 2537-3797 | www.restauranteyu.com.br
DIARIAMENTE, ALMOÇO; 3ª F A 6ª F, JANTAR
ESTACIONAMENTO NÃO | CARTÕES DE CRÉDITO M | V

Ao traçar os caminhos de sua cozinha, o *chef* Pedro Veras escolheu fazer uma ampla releitura da culinária asiática. Não só sobre paladares chineses e japoneses, estes já tão conhecidos da gula carioca. Mas indo atrás de receitas tailandesas, coreanas, vietnamitas *etc.* Neste mosaico oriental, ganha longe, diz o *chef*, a maciça curiosidade pela cozinha da Tailândia em comparação à dos outros países. Com o *pad thai* — arroz e camarões em óleo de coco — revelando-se a grande preferência. Nos planos de expansão, os 40 lugares da casa, em breve, dobrarão.

Y

YALLA ($$)

ÁRABES | COMIDINHAS
Rua Dias Ferreira 45 | Leblon
(21) 2540-6517 | 98797-3004 | www.yallabistro.com |
DIARIAMENTE, ALMOÇO E JANTAR
ESTACIONAMENTO NÃO | CARTÕES DE CRÉDITO A | D | M | V

Utilizando microárea, divide a fama de se integrar a pesos pesados da gastronômica rua Dias Ferreira, no Leblon. E ainda detém, no bairro, exclusivo lugar na especialização de comida árabe. Apesar do aperto da sala, não deixa de ousar, diferenciando o cardápio com pratos não usuais da tradicional cozinha. Suas sopas, por exemplo, tanto as de lentilhas — verdes ou vermelhas — como a fria de coalhada, fazem parte desta agradavel variação.

YUMÊ ($$$)

JAPONÊS
Rua Pacheco Leão 758 | Jardim Botânico
(21) 3205-7321 | www.yumekin.com |
2ª F A 5ª F, JANTAR; 6ª F A DOM, ALMOÇO E JANTAR
ESTACIONAMENTO SIM (A PARTIR DAS 18H) |
CARTÕES DE CRÉDITO A | D | M | V

A vizinhança do Jardim Botânico — defronte à casa — enseja um clima de mata, agregando todo o exuberante panorama do Horto Florestal. Em minutos, dá a impressão de que se deixou para trás o trânsito, o barulho, o calor e tudo mais que estressa a rotina carioca. A gastronomia oficial é a japonesa, mas a casa sempre deu um jeito de pegar carona nos acentos orientais em geral, mostrando um cardápio mais eclético.

Z

ZAHARA GOURMET ($)

ÁRABE

Av. Ministro Ivan Lins 270, ljs C e D | Barra da Tijuca
(21) 3253-7870 | www.restaurantezahara.com.br |
DOM E 2ª F, ALMOÇO; 3ª F A SÁB, ALMOÇO E JANTAR
ESTACIONAMENTO SIM | CARTÕES A | M | V

O restaurante nasceu com uma pegada árabe. Mas a necessidade fez com que os donos ampliassem o horizonte. Por isso, hoje em dia, convivem lado a lado pratos como *kafta*, quibe cru e *michui* de cordeiro junto com contrafilé à Osvaldo Aranha, escondidinho de carne-seca e supremo de frango. Como não fosse suficiente, no enorme cardápio ainda há moquecas, peixes, massas e até *pizzas*, num verdadeiro samba do *sheik* doido. Não há como ser grande coisa.

ZAZÁ BISTRÔ TROPICAL ($$$)

CONTEMPORÂNEO

Rua Joana Angélica 40 | Ipanema
(21) 2247-9101 | www.zazabistro.com.br |
2ª F E 3ª F, JANTAR; 4ª F A DOM, ALMOÇO E JANTAR
ESTACIONAMENTO SIM | CARTÃO M

Talvez tenha sido o pioneiro em visar ao público jovem que não curtisse apenas *sushi* e *fast-food*. E que também tivesse curiosidade por uma comida de paladares mais inovadores, que começava a proliferar. No ambiente — e também no serviço — não havia compromisso algum com a formalidade. A música, tolerável para tímpanos até da segunda idade, e o assento em almofadões na sala de cima completavam o cenário propício à turma dos verdes anos. Mas deu certo e até hoje goza de público cativo.

ZOZÔ ($$$)

Av. Pasteur 520 | Urca
(21) 2542-9665 | www.zozorio.com.br/restaurante |
3ª F A DOM, ALMOÇO E JANTAR
ESTACIONAMENTO NÃO | CARTÕES A | M | V

Num salão com capacidade para abrigar mais de 200 comensais, uma centenária árvore dividia o espaço. Mas foi abaixo, imperdoavelmente. Ainda lá, à esquerda, um painel de noventa relicários confronta enorme paredão de pau a pique, ambos emprestando fino gosto. No começo da carreira, bem que houve a intenção dos sócios de seguir os passos da boa gastronomia. O que se vê hoje, contudo, é a decisão de não nadar contra a maré, assumindo sem disfarces o viés turístico e apelando para um prosaico bufê. A estreita ligação com a área de embarque dos bondinhos do Pão de Açúcar não deixa negar este óbvio entrosamento.

ZUKA ($$$$)

CONTEMPORÂNEO
Rua Dias Ferreira 233 B | Leblon
(21) 3205-7154 | 2249-7550 | www.zuka.com.br |
2ª F, JANTAR; 3ª F A DOM, ALMOÇO E JANTAR
ESTACIONAMENTO NÃO | CARTÕES A | M | V
FILIAL Av. das Américas 4.666, lj 147, Boulevard Gourmet, BarraShopping | Barra da Tijuca (21) 2512-8545

É verdade que foi Felipe Bronze quem deu a partida no conceito de culinária inovadora nestes domínios. Mas os 10 anos de Ludmila Soeiro nesta cozinha, e agora em feliz retorno, é que foram definitivos para consolidar o prestígio de que goza a instigante gastronomia do Zuka. Os dons da rústica grelha sobre carvão da casa servem, primeiramente, para desmascarar "grelhados" feitos em chapa ou frigideiras que se encontram em toda parte. Em seu cardápio "do mar, da terra e do ar", saem, para começar, sabores como os do *harumaki* de cordeiro desfiado, e adiante os do tenro bacalhau recheado de salame italiano. O enólogo Paulo Nicolay é quem dá as coordenadas na feliz escolha dos vinhos da casa.

BARES
& BOTEQUINS

00
GÁVEA
(21) 2540-8042
www.00site.com.br

ABENÇOADO
URCA
(21) 2275-8925

ABOIM
COPACABANA
(21) 3072-0094

ADEGA D'OURO
VICENTE DE CARVALHO
(21) 2482-1571

ADEGA DA PRAÇA
LARANJEIRAS
(21) 2558-3285

ADEGA DO CESARE
COPACABANA
(21) 2523-1429

ADEGA DO CESARI
BENFICA
(21) 3890-2038

ADEGA PORTUGÁLIA
LARGO DO MACHADO
(21) 2558-2821

ADEGA TIMÃO
CENTRO
(21) 2516-1065

ADELOS
CENTRO
(21) 2516-1734

AGRAZ
IPANEMA
(21) 2525-2610

AL-FARABI
CENTRO
(21) 2233-0879
www.alfarabi.com.br

ALTO VIDIGAL
VIDIGAL
(21) 3322-3034
www.altovidigal.com.br

AMARELINHO
CENTRO
(21) 2240-8434
www.amarelinhodacinelandia.com.br

ANTIGAMENTE
CENTRO
(21) 2507-5040

ANTIQUA SAPPORE
CENTRO
(21) 2221-2133
www.antiqua-sappore.blogspot.com

ANTONIO'S
LAPA
(21) 2224-4197
www.botecobelmonte.com.br

ARCO-ÍRIS DA LAPA
LAPA
(21) 2253-8908 | 2222-7278

ARMAZÉM CARDOSÃO
LARANJEIRAS
(21) 2225-3493

ARMAZÉM CULTURAL SÃO JOAQUIM
SANTA TERESA
(21) 2507-6055

ARMAZÉM DEVASSA
IPANEMA
(21) 2512-2051
www.cervejariadevassa.com.br

ARMAZÉM DO CHOPP
FLAMENGO
(21) 2225-1796
www.armazemdochopp.com.br

ARMAZÉM DO LEME
LEME
(21) 2275-4049
www.armazemdoleme.com.br

ARMAZÉM URBANO
JACAREPAGUÁ
(21) 2425-5522

ARMAZÉM VALE DAS PALMEIRAS
LEBLON
(21) 2294-0988

ASTRO BAR
GÁVEA
(21) 2259-0942

AURORA
BOTAFOGO
(21) 2539-4756

AZTEKA
IPANEMA
(21) 3489-8900
www.azteka-rio.com

AZUL MARINHO
IPANEMA
(21) 2513-5014

BAR DA AMENDOEIRA
MARIA DA GRAÇA
(21) 2501-4175

BAR DA AREIA
LEBLON
(21) 2172-1000

BAR DA BOA
LAPA
(21) 2221-2542

BAR DA BUD
BARRA DA TIJUCA
(21) 3586-2265

BAR DA CACHAÇA
LAPA
(21) 2531-7219

BAR DA DONA MARIA
TIJUCA
(21) 2238-5091

BAR DA EVA
GRAJAÚ
(21) 3647-9125

BAR DA FOCA
BOTAFOGO
(21) 2553-7045

BAR DA FRENTE
PRAÇA DA BANDEIRA
(21) 2502-0176

BAR DA PORTUGUESA
RAMOS
(21) 2260-8979

BAR DAS QUENGAS
LAPA
(21) 2232-0670

BAR DO ADÃO
GRAJAÚ
(21) 2577-0730
LEBLON
(21) 3546-2326
www.bardoadao.com.br

BAR DO B
LARANJEIRAS
(21) 99323-1792

BAR DO BACANA
LEBLON
(21) 2259-4000

BAR DO BELMIRO
HUMAITÁ
(21) 2539-1354

BAR DO BETO
IPANEMA
(21) 2523-1105
www.bardobetorj.com.br

BAR DO BONDE
SANTA TERESA
(21) 2507-4379
www.cargocollective.com/bardobonde

BAR DO DAVID
LEME
(21) 97808-2200

BAR DO COSTA
VILA ISABEL
(21) 2204-0240

BAR DO FERREIRA
LEBLON
(21) 2540-7014

BAR DO LADO
LEBLON
(21) 2172-1100

BAR DO MOMO
TIJUCA
(21) 2570-9389

BAR DO OMAR
SANTO CRISTO
(21) 2518-3881

BAR DO OSMAR
FLAMENGO
(21) 98891-9090

BAR DO OSWALDO
BARRA DA TIJUCA
(21) 2493-1840
www.bardooswaldo.com.br

BAR DO SERAFIM
LARANJEIRAS
(21) 2225-2843

BAR DO SERGINHO
SANTA TERESA
(21) 2509-6957

BAR DO TEATRO
LEME
(21) 2543-8395

BAR DO TOM
LEBLON
(21) 2274-4022

BAR DOS DESCASADOS
SANTA TERESA
(21) 3380-0200
www.santateresahotel.com

BAR DU BOM
GRAJAÚ
(21) 2571-3370
MARACANÃ
(21) 3559-3947
www.bardubom.com.br

BAR E RESTAURANTE MANOLO
BOTAFOGO
(21) 2552-4998

BAR ESCOL
COPACABANA
(21) 98162-3225

BAR GUILHERMINA
BOTAFOGO
(21) 3495-4481
www.meiai.com.br

BAR MANCHETE
ESTÁCIO
(21) 2502-6504

BAR OCIDENTAL
CENTRO
(21) 2253-4042

BAR PEIXE & CIA
BAIRRO DE FÁTIMA
(21) 3970-2480

BAR REBOUÇAS
JARDIM BOTÂNICO
(21) 2286-3212

BAR VELOSO
LEBLON
(21) 2274-9966

BAR VINTE
IPANEMA
(21) 2239-0546

BARBIERI
LAPA
(21) 2507-2394
www.barbieribotequim.com.br

BARETTO-LONDRA
IPANEMA
(21) 3202-4000
www.hotelfasano.com.br

BARTHODOMEU
IPANEMA
(21) 2247-8609
www.barthodomeu.com.br

BARZIN
IPANEMA
(21) 2522-1809

BECO DO RATO
LAPA
(21) 2508-5600

BEERJACK HIDEOUT
BOTAFOGO
(21) 2226-0267

BEERTASTE
BARRA DA TIJUCA
(21) 2494-9136
www.beertaste.com.br

BELGIAN BEER PARADISE
IPANEMA
(21) 3256-2595
www.beerparadise.com.br

BELMONTE
FLAMENGO
(21) 2552-3349
IPANEMA
(21) 2267-9909
www.botecobelmonte.com.br

BENDITHO
VILA ISABEL
(21) 2208-2346

BERBIGÃO
CATETE
(21) 2205-7245
www.berbigao.com.br

BIER PARK
LEBLON
(21) 2512-1423

BIG BEN PUB
BOTAFOGO
(21) 2286-8120
www.bigbenpub.com.br

BISTRÔ DA LAPA
LAPA
(21) 2242-0123

BLACK BAR
LEBLON
(21) 3079-9581

BLUE AGAVE
IPANEMA
(21) 3592-9271
COPACABANA
(21) 2235-0747

BOM SUJEITO
BARRA DA TIJUCA
(21) 2491-8955
www.bomsujeito.com.br

BON VIVANT
BOTAFOGO
(21) 2537-2857
www.bonvivantbistro.com.br

BOTECO CARIOQUINHA
LAPA
(21) 2252-3025

BOTECO COLARINHO
BOTAFOGO
(21) 2286-5889

BOTECO DA GARRAFA
COPACABANA
(21) 2255-1680
www.botecobelmonte.com.br/garrafa

BOTECO DA PRAIA
FLAMENGO
(21) 2225-3500

BOTECO DO GOMES
LAPA
(21) 2531-9717

BOTECO SALVAÇÃO
BOTAFOGO
(21) 2226-9691
www.matrizonline.com.br

BOTECO V8
TIJUCA
(21) 2238-3034

BOTECOTACO
HUMAITÁ
(21) 2539-5109
www.botecotacorio.com.br

BOTEKO DO JUCA
LAPA
(21) 2242-5372
www.botekodojuca.com.br

BOTEQUIM
BOTAFOGO
(21) 2286-3391

BOTEQUIM BATE PAPO
LEBLON
(21) 2529-2110
www.botequimbatepapo.blogspot.com

BOTEQUIM DO ITAHY
IPANEMA
(21) 2522-2919
LEBLON
(21) 2512-7446

BOTEQUIM DO PRÍNCIPE
CENTRO
(21) 2215-8896

BOTEQUIM IMPERIAL
BOTAFOGO
(21) 2527-4831

BOTEQUIM INFORMAL
LEBLON
(21) 2540-5504
COPACABANA
(21) 3816-0909
www.botequiminformal.com.br

BOTEQUIM SEU PIRES
GÁVEA
(21) 2294-0977

BOTERO BAR
LARANJEIRAS
(21) 3235-6314

BOTTO BAR
PRAÇA DA BANDEIRA
(21) 3496-7407

BREWTECO
LEBLON
(21) 2512-3114

BRITAIN BAR
CATETE
(21) 2558-6583

BUKOWSKI
BOTAFOGO
(21) 2244-7303
www.barbukowski.com.br

BURACO DA LACRAIA
LAPA
(21) 2242-0446
www.buracodalacraia.com.br

BUXIXO CHOPERIA
TIJUCA
(21) 2254-4565
RECREIO
(21) 2490-5000

CABARET LOUNGE
HUMAITÁ
(21) 2226-4126
www.cabaretlounge.com.br

CABIDINHO
BOTAFOGO
(21) 2539-8737
www.botecocabidinho.com.br

CACHAÇARIA DO PETISCO
DEL CASTILHO
(21) 2583-1500
www.petiscodavila.com.br/cachacaria.htm

CACHAMBEER
CACHAMBI
(21) 3597-2002
www.cachambeer.com.br

CACIMBA BAR
CENTRO
(21) 3852-5132

CAFÉ CULTURAL SACRILÉGIO
LAPA
(21) 3970-1461
www.sacrilegio.com.br

CAFÉ ETÍLICO
RECREIO
(21) 99978-8777
www.cafeetilico.com.br

CAFÉ GAÚCHO
CENTRO
(21) 2533-9285

CAFOFO PUB
BOTAFOGO
(21) 3496-0865

CAIÇARA BAR
BARRA DA TIJUCA
(21) 2484-7983

CALABOUÇO HEAVY & ROCK BAR
TIJUCA
(21) 2268-7014
www.calabouco-bar.com.br

CANECO 70
FLAMENGO
(21) 2556-7385

CANECO 85
LARANJEIRAS
(21) 2558-4166

CANTINHO DO LEBLON
LEBLON
(21) 2294-0946
www.cantinhodoleblon.com.br

CARAVELA DO VISCONDE
BOTAFOGO
(21) 2266-3128

CARIOCA DA GEMA
LAPA
(21) 2221-0043
www.bar-cariocadagema.com.br

CARIOCANDO
CATETE
(21) 2557-3646

CAROLANA
CENTRO
(21) 2252-7576

CASA BRASIL
LARANJEIRAS
(21) 2205-9394

CENA BAR
COPACABANA
(21) 3034-1500

CERVEJARIA SUINGUE
CACHAMBI
(21) 2595-2794

CEVADA
COPACABANA
(21) 2547-5337

CHOPERIA BRAZOOKA
LAPA
(21) 2224-3236
www.matrizonline.com.br

CINE BOTEQUIM
CENTRO
(21) 2253-1414
www.cinebotquim.com.br

CLIPPER
LEBLON
(21) 2259-0148

CONVERSINHA
BARRA DA TIJUCA
(21) 97826-6668

COPANEMA MIX
IPANEMA
(21) 2247-3980
www.copanemamix.com.br

CORUJINHA
COPACABANA
(21) 2548-2108

DA GEMA
TIJUCA
(21) 2208-9414

DECK LOUNGE BAR
COPACABANA
(21) 2548-6332

DECK ZERO NOVE
COPACABANA
(21) 3684-0624

DELIRIUM CAFÉ
IPANEMA
(21) 2502-0029
www.deliriumcafe.com.br

DELIZIOSA
IPANEMA
(21) 2512-7699
www.deliziosa.com.br

DESACATO
LEBLON
(21) 2512-7373
www.bardesacato.com.br

DESTILADO BAR
DEL CASTILHO
(21) 2218-3003

DIAGONAL
LEBLON
(21) 2259-0888

DUCK WALK PUB
PRAÇA DA BANDEIRA
(21) 3860-1711

EL BORN
COPACABANA
(21) 3496-1781

ENCHENDO LINGUIÇA
GRAJAÚ
(21) 2576-5727
LAPA
(21) 2508-6332
www.enchendolinguica.com.br

ERNESTO
LAPA
(21) 2509-6455
www.barernesto.com.br

ESCOBAR
LEBLON
(21) 2259-9482

FELISBERTO
COPACABANA
(21) 2256-4301

FLOR DO RESENDE
CENTRO
(21) 3852-8403

GALETO SAT'S
COPACABANA
(21) 2275-6197

GALETO VIVA FLOR
COPACABANA
(21) 2548-1935

GALETOMANIA
BOTAFOGO
(21) 2537-5733
TIJUCA
(21) 2204-0444
www.galetomania.com.br

GATO DE BOTAS
TIJUCA
(21) 3176-0084

GIBEER
JARDIM BOTÂNICO
(21) 2279-4161
www.gibeer.com.br

GODOFREDO RIO
BOTAFOGO
(21) 2537-2191

GOYA-BEIRA
SANTA TERESA
(21) 2232-5751

GUACAMOLE
JARDIM BOTÂNICO
(21) 3178-3100
www.guacamole.com.br

HEINZ
LEBLON
(21) 2294-5549
www.deliheinz.com.br

HERR BROWER
FLAMENGO
(21) 2225-4359

HERR PFEFFER
LEBLON
(21) 2239-673
www.herrpfeffer.com.br

HIPÓDROMO
GÁVEA
(21) 2274-9720

HORSE'S NECK
COPACABANA
(21) 2525-1232

IL PICCOLO CAFFÉ
CENTRO
(21) 2224-8022

IMACULADA
MORRO DA CONCEIÇÃO
(21) 2253-3999
www.barimaculada.com.br

ITAHY PREMIUM BEER
CENTRO
(21) 2215-8896

JOAQUINA
HUMAITÁ
(21) 2527-1722
LEME
(21) 2275-8569
www.joaquinabar.com.br

JOIA CARIOCA
JARDIM BOTÂNICO
(21) 2539-5613

LA ESQUINA
CENTRO
(21) 2507-3435
www.laesquina.com.br

LA FABRIQUE
LEME
(21) 2541-2416
www.lafabrique.com.br

LAPA 40°
LAPA
(21) 3970-1329
www.lapa40graus.com.br

LAPA IRISH PUB
LAPA
(21) 2221-7236

LOBBY BAR
COPACABANA
(21) 2106-1500

LOLA
COPACABANA
(21) 2255-9852

LORD JIM PUB
IPANEMA
(21) 2249-4881
www.lordjimpub.com.br

MANOEL & JUAQUIM
TIJUCA
(21) 2147-7308
www.manoelejuaquim.com.br

MEU VÍCIO DESDE O INÍCIO
BARRA DA TIJUCA
(21) 2431-9089
www.meuviciodesdeoinicio.com.br

MÉXICO 70
COPACABANA
(21) 2146-4420

MEZA BAR
HUMAITÁ
(21) 3239-1951
www.mezabar.com.br

MIKE'S HAUS IMBISS
SANTA TERESA
(21) 3549-4114
www.mikeshaus.com.br

MISTURA CASUAL
FLAMENGO
(21) 2556-5804

MOFO
LAPA
(21) 2221-9851
www.mofodalapa.com.br

MONTAGU'S
COPACABANA
(21) 3547-4171

MUD BUG
COPACABANA 1
(21) 2235-6847
COPACABANA 2
(21) 2543-5052
www.mudbug.com.br

O BOM GALETO
CATETE
(21) 2557-6378

O ORIGINAL DO BRÁS
BRÁS DE PINA
(21) 3866-1313
www.originaldobras.com.br

O PLEBEU
BOTAFOGO
(21) 2286-0699
www.oplebeu.com.br

ODORICO
BOTAFOGO
(21) 2266-3773
TIJUCA
(21) 3172-6734

ONE-TWENTY-ONE LOUNGE BAR
VIDIGAL
(21) 2529-1122
www.sheraton-rio.com.br/gastronomia

OPUS
CENTRO
(21) 2252-0604

OS IMORTAIS
COPACABANA
(21) 3563-8959

PALAPHITA KITCH
LAGOA
(21) 2227-0837
www.palaphitakitch.com.br

PAPO DE BAR
BARRA DA TIJUCA
(21) 3982-2060
www.papodebar-rio.com.br

PARIS BAR
FLAMENGO
(21) 2551-1278
www.julietadeserpa.com.br

PAVÃO AZUL
COPACABANA
(21) 2236-2381 | 2236-2381

PICOTE
FLAMENGO
(21) 2552-1799

PORTELLA BAR
SANTA TERESA
(21) 2507-5181
www.portellabar.com.br

PUEBLA CAFÉ
HUMAITÁ
(21) 2286-5623

RAMPINHA
PRAÇA DA BANDEIRA
(21) 2273-7647

REAL CHOPP
COPACABANA
(21) 2547-6673

REBOUÇAS
JARDIM BOTÂNICO
(21) 2286-3212

RIO SCENARIUM
LAPA
(21) 3147-9000
www.rioscenarium.com.br

ROTA 66
HUMAITÁ
(21) 2286-8487
www.restauranterota66.com.br

SANTA SAIDEIRA
SANTA TERESA
(21) 3233-0122
www.santasaideira.com.br

SANTO SCENARIUM
LAPA
(21) 3147-9007

SEMENTE
LAPA
(21) 2507-5188

SHENANINGAN'S
IPANEMA
(21) 2267-5860

SIMPLESMENTE
SANTA TERESA
(21) 2507-1365
www.barsimplesmente.com.br

SÓ KANA
TIJUCA
(21) 2238-3646
CENTRO
(21) 2232-0884

SONHO LINDO
LARANJEIRAS
(21) 2285-1480

SUPER GUANABARA
TIJUCA
(21) 2568-5110

TASCA DO EDGAR
LARANJEIRAS
(21) 2558-9447

TEATRO ODISSÉIA
LAPA
(21) 2224-6367
www.teatroodisseia.com.br

TEMPERO DA PRAÇA
PRAÇA DA BANDEIRA
(21) 2502-2649

TETO SOLAR
BOTAFOGO
(21) 2542-9548
www.bartetosolar.com.br

THE CLOVER IRISH PUB
COPACABANA
(21) 2548-8484

THE MAZE
CATETE
(21) 2558-5547
www.jazzrio.com

TIA JOANA
COPACABANA
(21) 2547-5122

TIJUCANO
TIJUCA
(21) 2572-8947

TIO SAM
LEBLON
(21) 2512-2413

T-LOUNGE
BARRA DA TIJUCA
(21) 3139-8000

TÔ NEM AÍ
IPANEMA
(21) 2247-8403

TRAPICHE GAMBOA
SAÚDE
(21) 2516-0868
www.trapichegamboa.com.br

TRIBOZ
GLÓRIA
(21) 2210-0366
www.triboz-rio.com

TROPEÇO
LEBLON
(21) 2239-3121

VARNHAGEN
TIJUCA
(21) 2254-3062

VELOSO
LEBLON
(21) 2274 9966
www.barveloso.com.br

VILLAR
COPACABANA
(21) 2547-7382

VOSSA MERCÊ
BOTAFOGO
(21) 3738-7555
LARANJEIRAS
(21) 2285-6539
www.vossamerce.com.br

ZIZA BAR
COPACABANA
(021) 2549-9959

ZOMBAR
BARRA DA TIJUCA
(21) 3325-5975
DEL CASTILHO
(21) 3083-1854
www.zombar.com.br

ZOT GASTROBAR
COPACABANA
(21) 3489-4363
www.zotcafe.wix.com/zotgb

CAFÉ & CHÁ

ALLE CAFFÉ
BOTAFOGO
(21) 7864-7037
www.allecaffe.com.br

ANTÔNIA CASA E CAFÉ
COPACABANA
(21) 2547-5492

APETITE CAFÉ
COPACABANA
(21) 2267-4198 | 2247-3319

ARMAZÉM DO CAFÉ
IPANEMA
(21) 2522-5039
LEBLON
(21) 3874-5935
www.armazemdocafe.com.br

AS CAFÉ
IPANEMA
(21) 2540-0492
www.as-sucoscafe.com.br

BAZZAR CAFÉ
CENTRO
(21) 2253-1240
IPANEMA
(21) 2249-4977
www.bazzar.com.br

C'EST UN CAFE
IPANEMA
(21) 2259-8080

CAFÉ 18 DO FORTE
COPACABANA
(21) 2523-0171

CAFÉ ARLEQUIM
CENTRO
(21) 2524-7242
www.arlequim.com.br

CAFÉ BARONI
BOTAFOGO
(21) 2543-6886
BARRA DA TIJUCA
(21) 2431-6483
www.cafebaroni.com.br

CAFÉ BESI
CENTRO
(21) 2224-1942
BARRA DA TIJUCA
(21) 3252-2635
www.besi.com.br

CAFÉ BOTANICA
HUMAITÁ
(21) 2535-2465
JARDIM BOTÂNICO
(21) 3114-8996
www.cafebotanica.com.br

CAFÉ COM Q?
LEBLON
(21) 2512-8412

CAFÉ DA ACADEMIA
CENTRO
(21) 2282-5217

CAFÉ DO ALTO
LEBLON
(21) 2512-0096
SANTA TERESA
(21) 2507-3172
www.cafedoalto.com.br

CAFÉ DO BOM CACHAÇA DA BOA
CENTRO
(21) 2509-1018

CAFÉ DO LARGO
HUMAITÁ
(21) 2530-4201

CAFÉ DONUTS
BARRA DA TIJUCA
(21) 2421-9141
TIJUCA
SHOPPING TIJUCA
www.cafedonuts.com.br

CAFÉ HUM
BOTAFOGO
(21) 3171-9566
IPANEMA
(21) 2239-2849
www.cafehum.com.br

CAFÉ PETRÓPOLIS
BOTAFOGO
(21) 2543-0438
www.cafepetropolis.com.br

CAFÉ POFT COOKIES
CENTRO
(21) 2507-4422
www.poftcookies.com.br

CAFÉ PREFÁCIO
BOTAFOGO
(21) 2527-5699
www.prefaciolivrarias.com.br

CAFÉ ROSÁRIO
CENTRO
(21) 2252-7888

CAFÉ SEVERINO
LEBLON
(21) 2259-9398
BARRA DA TIJUCA
(21) 2438-7644
www.livrariaargumento.com.br

CAFÉ SORELLE
HUMAITÁ
(21) 2527-9991
BOTAFOGO
(21) 3171-9890
www.cafesorelle.com.br

CAFECITO
SANTA TERESA
(21) 2221-9439

CAFEÍNA
BOTAFOGO
(21) 2237-9160
COPACABANA
(21) 2547-4390
IPANEMA
(21) 2521-2194
LEBLON
(21) 2259-4224
www.cafeina.com.br

CAFFÈ OLÉ
CENTRO
(21) 2509-7331
www.caffeole.com.br

CAFUNÉ CAFETERIA
BARRA DA TIJUCA
(21) 2132-8260
www.cafune.com.br

CALIFORNIA COFFEE
TIJUCA
(21) 2568-2059
BARRA DA TIJUCA
(21) 2432-4894
www.californiacoffee.com.br

CARAMBOLA COZINHA & CAFÉ
IPANEMA
(21) 2523-6499

CASA CARANDAÍ
JARDIM BOTÂNICO
(21) 3114-0179
www.casacarandai.com.br

CASA DE ARTE E CULTURA JULIETA DE SERPA
FLAMENGO
(21) 2551-1278
www.casajulietadeserpa.com.br

CI BISTRÔ
LEBLON
(21) 2512-5571

CONFEITARIA COLOMBO
CENTRO
(21) 2505-1500
COPACABANA
(21) 3201-4049
www.confeitariacolombo.com.br

CRISTÓVÃO CAFÉ
BOTAFOGO
(21) 2589-6733

CURTO CAFÉ & BISTRÔ
CENTRO
(21) 98255-7424

DA CASA DA TATÁ
GÁVEA
(21) 2511-0947
www.dacasadatata.com.br

DÉGUSTER CAFÉ
CENTRO
(21) 2533-5966

DUE CAFÉ
BARRA DA TIJUCA
(21) 3431-3622
www.duecafe.com.br

FÍGARO CAFÉ
BOTAFOGO
(21) 2275-9738
IPANEMA
(21) 2247-1998

FRAN'S CAFÉ
BOTAFOGO
(21) 3173-2087
BARRA DA TIJUCA
(21) 2431-8172
www.franscafe.com.br

GRÃO CAFÉ
CENTRO
(21) 2524-0105
www.graocafe.net

GRINGO CAFÉ
IPANEMA
(21) 3813-3972
www.gringocafe.com

KOPENHAGEN
CENTRO
(21) 2509-1699
www.kopenhagen.com.br

LA BICYCLETTE
JARDIM BOTÂNICO
(21) 3256-9052 |
3594-2589
www.labicyclette.com.br

LA FIDUCIA CAFÉ
COPACABANA
(21) 2275-7449

LE PAIN DU LAPIN
JARDIM BOTÂNICO
(21) 2527-1503
www.lepain.com.br

LUNÁTICO CAFÉ E CULTURA
JARDIM BOTÂNICO
(21) 3114-0098
www.lunaticocafeecultura.com

MAYA CAFE
LARANJEIRAS
(21) 2205-4950
www.mayacafe.com.br

MEMPHIS BELLE CAFÉ
BOTAFOGO
(21) 2286-7947

NOSTRO CAFFÉ
LEBLON
(21) 3875-1715
www.nostrocaffe.com.br

OTTO CAFÉ
TIJUCA
(21) 2268-2410
www.ottocafe.com.br

PUEBLA CAFÉ
BOTAFOGO
(21) 2286-5623

RISTRETTO CAFÉ
BARRA DA TIJUCA
(21) 3311-5009

RUBRO CAFÉ
CENTRO
(21) 2253-3214
SÃO CONRADO
(21) 2422-6306
www.rubrocafe.com.br

SABOR LITERÁRIO
LEBLON
(21) 2540-7935

STARBUCKS COFFEE
GÁVEA
(21) 2422-3744
BOTAFOGO
(21) 2552-0599
www.starbucks.com.br

SUPLICY CAFÉS ESPECIAIS
CENTRO
(21) 3529-4529
www.suplicycafes.com.br

TABACO CAFÉ
CENTRO
(21) 2220-2156 |
2240-4871
www.tabacocafe.com.br

TALHO CAPIXABA
LEBLON
(21) 2512-8760
www.talhocapixaba.com.br

CHOCOLATE

BEL TRUFAS
LEBLON
(21) 3114-8035

BETH CHOCOLATES
LEBLON
(21) 3875-1868
www.bethchocolates.com.br

BRIGADEIROS FABIA D'ANGELO
SÃO CONRADO
(21) 3322-4570
LEBLON
(21) 3322-4570
www.brigadeirosfabiana dangelo.com.br

CACAU NOIR
BARRA DA TIJUCA
(21) 3252-2565
LEBLON
(21) 2529-6977
www.cacaunoir.com.br

CACAU SHOW
IPANEMA
(21) 2287-6342
BOTAFOGO
(21) 3171-9614
www.cacaushow.com.br

CHOCOLATERIA BOMBOM MOUSSE
COPACABANA
(21) 2226-1889
www.bombommousse.com

CHOCOLATES BRASIL CACAU
CENTRO
(21) 3559-2221
BARRA DA TIJUCA
(21) 2431-9074
www.brasilcacau.com.br

ENVIDIA
LEBLON
(21) 2512-1313
www.envidia.com.br

KATZ
GÁVEA
(21) 2249-3500
BARRA DA TIJUCA
(21) 2431-8117
www.katzchocolates.com.br

KOPENHAGEN
LEBLON
(21) 2279-6126
BARRA DA TIJUCA
(21) 2491-4137
www.kopenhagen.com.br

O MELHOR BOLO DE CHOCOLATE DO MUNDO
TIJUCA
(21) 2568-2227
GÁVEA
(21) 2274-0469
www.omelhorbolodechocolate domundo.com

CHURRASCARIAS

BABY BEEF
www.babybeefbarra.com.br

BARRA GRILL
www.barragrill.com.br

CARRETÃO
www.carretaochurrascaria.com.br

ESTRELA DO SUL
www.estreladosul.com.br

FOGO DE CHÃO
www.fogodechao.com.br

MAJÓRICA
www.majoricario.com.br

MARIUS DEGUSTARE
www.marius.com.br

MOCELLIN
www.origemdochurrasco.com

OÁSIS
www.churrascariaoasis.com.br

PALACE
www.churrascariapalace.com.br

PAMPA GRILL
www.pampagrill.com.br

PORCÃO
www.porcao.com.br

RIO/BRASA
www.riobrasa.com.br

ROYAL GRILL
www.casashopping.com

TOURÃO
www.tourao.com.br

COMIDINHAS

.ORG
BARRA DA TIJUCA
(21) 2493-1791

.OZTEL
BOTAFOGO
(21) 3042-1853
www.oztel.com.br

ANGU DO GOMES
SAÚDE
(21) 2233-4561
www.angudogomes.com.br

APRECIATTI
TIJUCA
(21) 2234-0001
BARRA DA TIJUCA
(21) 3325-4345
www.apreciatti.com.br

ATELIÊ CULINÁRIO
GÁVEA
(21) 2259-5321
JARDIM BOTÂNICO
(21) 2259-8686
www.atelieculinario.com.br

ATELIER TROPICAL
COPACABANA
(21) 2513-0904

BAALBECK DELÍCIAS ÁRABES
COPACABANA
(21) 2255-4574
www.arabebaalbeck.com.br

BALADA MIX
BARRA DA TIJUCA
(21) 2491-6222
DEL CASTILHO
(21) 2303-2030
www.baladamixrestaurante.com.br

BANANA JACK
IPANEMA
(21) 2521-9055
www.bananajack.com.br

BAR DO ADÃO
BOTAFOGO
(21) 2535-4572
GRAJAÚ
(21) 2577-0730
LEBLON
(21) 3546-2326
www.bardoadao.com.br

BARRACA DA CHIQUITA
SÃO CRISTÓVÃO
(21) 3860-2929
www.barracadachiquita.com.br

BAZZAR CAFÉ
CENTRO
(21) 2253-1240
IPANEMA
(21) 2249-4977
www.bazzar.com.br

BB LANCHES
LEBLON
(21) 2294-1397

BIBI CREPES
LEBLON
(21) 2259-4948
www.bibiemcasa.com.br

BIBI SUCOS
LEBLON
(21) 2259-000
BARRA DA TIJUCA
(21) 2493-3000
www.bibisucos.com.br

BIG POLIS
LEBLON
(21) 2259-2597
BARRA DA TIJUCA
(21) 2492-5696
www.bigpolis.com.br

BON CREPERIE
BARRA DA TIJUCA
(21) 2430-7151
www.boncreperie.com.br

CAFÉ BESI
CENTRO
(21) 2224-1942
BARRA DA TIJUCA
(21) 3252-2635
www.besi.com.br

CAFÉ POFT COOKIES
CENTRO
(21) 2507-4422
www.poftcookies.com.br

CAFÉ SEVERINO
LEBLON
(21) 2259-9398
BARRA DA TIJUCA
(21) 2438-7644
www.livrariaargumento.com.br

CAFEÍNA
COPACABANA
(21) 2547-4390
LEBLON
(21) 2259-4224
www.cafeina.biz

CASA BRASIL COMESTÍVEIS
LARANJEIRAS
(21) 2205-9394

CASA DO ALEMÃO
BARRA DA TIJUCA
(21) 2497-2629
LEBLON
(21) 2540-7900
www.casadoalemao.com.br

CASARÃO AMENO ROSEDÁ
CATETE
(21) 2556-2427
www.casaraoamenoreseda.com.br

CATRIN
LAPA
(21) 2222-0328

CHEZ ANNE
GÁVEA
(21) 2294-0298

CHEZ BONBON
IPANEMA
(21) 2287-5947
www.chezbonbon.com.br

CI BISTROT
LEBLON
(21) 2512-5970

COCADINE
GÁVEA
(21) 2511-6574
www.cocadine.com

COMBINADO CARIOCA
HUMAITÁ
(21) 3253-3210

COMUNA
BOTAFOGO
(21) 2225-0362
www.comuna.cc

COSMOPOLITAN
CENTRO
(21) 2220-9008
www.cosmopolitanrio.com.br

COSTELLO DA BARRA
BARRA DA TIJUCA
(21) 3495-4401

CULTIVAR BRASIL
SANTA TERESA
(21) 3173-8952

DA CASA DA TATÁ
GÁVEA
(21) 2511-0947
www.dacasadatata.com.br

DELI 43 / PAVELKA
CENTRO
(21) 2222-1163
LEBLON
(21) 2294-1745
www.deli43.com.br

DELIMIX CAFÉ RETRÔ
BOTAFOGO
(21) 2275-9446

DOIS4SETE CAFÉ BISTRÔ
LEBLON
(21) 2274-2897

DOM CAVALCANTI
CENTRO
(21) 2232-2565

DON SANTIAGO
RIO COMPRIDO
(21) 2215-8385

DONA OLINDA
BARRA DA TIJUCA
(21) 2494-3403

DONNA MADALENA
RECREIO
(21) 3215-8552

ECLIPSE
COPACABANA
(21) 2287-1788
www.bareclipse.com.br

EMPÓRIO
IPANEMA
(21) 3813-2526

EMPÓRIO ÁRABE
LEBLON
(21) 2239-8899

EMPÓRIO QUINTANA
BENFICA
(21) 3860-7582

ESPAÇO7ZERO6
IPANEMA
(21) 2141-4990
www.espaco7zero6.com.br

ESPAÇO CRIS
COPACABANA
(21) 3036-6802
www.espacocris.com.br

ESTAÇÃO SAÚDE
BARRA DA TIJUCA
(21) 2431-1581
www.estacaosaude.net

FAVELLAS
LAPA
(21) 2507-0580

FOCACCIA
LEBLON
(21) 3875-3264
CENTRO
(21) 2233-6859
www.focacciacafe.com.br

FORNERIA SANTA FILOMENA
PRAÇA DA BANDEIRA
(21) 3518-2053
www.forneriasantafilomena.com

GARRAFEIRO INFORMAL
IPANEMA
(21) 2247-6712
BARRA DA TIJUCA
(21) 2494-4722

GÁVEA GARDEN BISTRÔ
GÁVEA
(21) 2512-3366
www.gaveagardenbistro.com.br

GENEAL
BARRA
(21) 2108-8182
BOTAFOGO
(21) 2295-4334
www.geneal.com.br

GINSENG
GÁVEA
(21) 2511-5847
www.ginseng.com.br

GOURMET STATION
CENTRO
(21) 2262-1111
www.kopenhagen.com.br

GRÉGORA ARTE CAFÉ
GLÓRIA
(21) 2224-2020

GRINGO CAFÉ
IPANEMA
(21) 3813-3972
www.gringocafe.com

JOJÔ CAFÉ BISTRÔ
JARDIM BOTÂNICO
(21) 2249-8125

JOTA-Ó
BARRA DA TIJUCA
(21) 2135-3331
www.barjota.o.com.br

KAEBISCH SCHOKOLADEN
GÁVEA
(21) 2239-6545
www.kaebischokoladen.com.br

LA FIDUCIA CAFÉ
COPACABANA
(21) 2275-7449

LA FOURMI
JARDIM BOTÂNICO
(21) 3264-0462
www.lafourmi.com.br

LAFFA KEBAB STORE
LEBLON
(21) 3647-4447
IPANEMA
(21) 2522-5888
www.laffa.com.br

LANCHETERIA VERDE
LEBLON
(21) 2512-9868
JARDIM BOTÂNICO
(21) 2294-7147
www.mundoverde.com.br

LE PAIN DU LAPIN
JARDIM BOTÂNICO
(21) 2527-1503
www.lepain.com.br

MAIS QUE NADA
COPACABANA
(21) 2267-0599
www.maisquenada-rio.com.br

MANGO MIX
HUMAITÁ
(21) 2527-0895

MAYA CAFÉ
LARANJEIRAS
(21) 2205-4950
www.mayacafe.com.br

MEKONG
LEBLON
(21) 2529-2124
www.mekong.com.br

MELONE
LARANJEIRAS
(21) 2557-8617

MENININHA
GÁVEA
(21) 3287-7500

MENURIO
FLAMENGO
(21) 2552-6853

PALAPHITA KITCH
LAGOA
(21) 2227-0837
www.palaphitakitch.com.br

PAPAJAYA
LEBLON
(21) 2147-6627
www.papajaya.com.br

SALETE
TIJUCA
(21) 2264-5163
www.restaurantesalete.com.br

SÍTIO DO MOINHO
LEBLON
(21) 3795-9150
www.sitiodomoinho.com

STALOS
COPACABANA
(21) 2521-5143
www.staloscafe.com.br

STUZZI
LEBLON
(21) 2274-4017
www.stuzzibar.com.br

TACACÁ DO NORTE
FLAMENGO
(21) 2205-7545

TALHO CAPIXABA
LEBLON
(21) 2512-8760
www.talhocapixaba.com.br

TANGO
FLAMENGO
(21) 2225-5592

TERZETTO CAFÉ
IPANEMA
(21) 2247-3243
BARRA DA TIJUCA
(21) 3252-2738
www.terzettocafe.com.br

THE BAKERS
COPACABANA
(21) 3209-1212
IPANEMA
(21) 3201-5050
www.thebakers.com.br

THE FIFTIES
BOTAFOGO
(21) 2295-2213
BARRA DA TIJUCA
(21) 3252-2677
www.thefifties.com.br

VARNHAGEN
TIJUCA
(21) 2254-3062

VENDA MINEIRA CAFÉ & OUTRAS DELÍCIAS
BOTAFOGO
(21) 2226-0749
www.vendamineira.com.br

VERDANO FRESH FOOD
BARRA DA TIJUCA
(21) 2431-9256
CENTRO
(21) 2233-3311
www.verdano.com.br

DELICATESSENS

APRECIATTI
BARRA DA TIJUCA
(21) 3325-4345
www.apreciatti.com.br

CANDY
BOTAFOGO
(21) 2527-3414
BARRA DA TIJUCA
(21) 2494-2309
www.candydeli.com.br

CASA CARANDAÍ
JARDIM BOTÂNICO
(21) 3114-0179
www.casacarandai.com.br

CASA NOSTRA
IPANEMA
(21) 2523-2745
www.loja.cosanostradeli.
com.br

CASA PALADINO
CENTRO
(21) 2263-2094 |
2263-1398

CASA VILLARINO
CENTRO
(21) 2240-9634
www.bistrovillarino.com.br

DELI DELÍCIA
BOTAFOGO
(21) 2537-6915
BARRA DA TIJUCA
(21) 2408-4730
www.delidelicia.com.br

DELLY GIL
LEBLON
(21) 2294-1151
www.dellygil.blogspot.com.br

PLANETA SONHO
COPACABANA
(21) 3208-3806
www.planetasonho.com.br

SALUMERIA
COPACABANA
(21) 2542-9535
http://www.salumeria.com.br/

DOCES & SALGADOS

ALDA MARIA DOCES PORTUGUESES
SANTA TERESA
(21) 2232-1320
www.aldadocesportugueses.com.br

AS CLARAS
BARRA DA TIJUCA
(21) 3596-9635

BENDITO
COPACABANA
(21) 2227-3359

BISCUIT
COPACABANA
(21) 2541-0140

BRIGADEIROS FABIA D'ANGELO
SÃO CONRADO
(21) 3322-4570
LEBLON
(21) 3322-4570
www.brigadeirosfabianadangelo.com.br

BRIGADERIA FASHION
BARRA
(21) 2431-3472
www.brigaderiafashion.com.br

BROWNIERIA
BARRA
(21) 2431-8767
BOTAFOGO
BOTAFOGO PRAIA SHOPPING
www.brownieria.com.br

BROWNIES GOURMET
SÃO CONRADO
(21) 3154-7775

CAKE & CO
BOTAFOGO
(21) 2286-4769
www.cakeco.com.br

CAROLINA SALES PÂTISSERIE DE BRIGADEIROS
BARRA
(21) 2486-3760 | 3089-1181
TIJUCA
(21) 3529-3420
www.carolinasales.com.br

CASA CAVÉ
CENTRO
(21) 2221-0533 | 2224-2520
www.confeitariacave.com.br

CATARINA
(antiga Fornalha)
COPACABANA
(21) 2256-7960
www.catarinadocesesalgados.com.br/

CHEZ ANNE
GÁVEA
(21) 2294-0298

CHEZ BONBON
BARRASHOPPING
(21) 3387-0540
IPANEMA
(21) 2523-0783

COLHER DE PAU
LEBLON
(21) 2274-8295
www.colherdepaurio.com.br

CONFEITARIA COLOMBO
CENTRO
(21) 2505-1500
COPACABANA
(21) 3201-4049
www.confeitariacolombo.com.br

CONFEITARIA GÊNOVA
COPACABANA
(21) 2255-4224

CONFEITARIA VILAMORE
VILA ISABEL
(21) 2577-4150
www.vilamore.com.br

CUPS & CO
BARRA DA TIJUCA
(21) 3283-1092
LEBLON
(21) 3264-3282
www.cupsandco.com

DELÍCIAS PORTUGUESAS

GÁVEA
(21) 97260-8181
www.docesportugueses.com.br

DR. BRIGADEIRO

COPACABANA
(21) 2256-1393
IPANEMA
(21) 2523-6038
www.doutorbrigadeiro.com.br

FINA'S TORTAS

BARRA DA TIJUCA
(21) 2432-9626
www.finastortas.com.br

FORNALHA

HUMAITÁ
(21) 2527-1521
www.fornalha.com.br

KURT

LEBLON
(21) 2294-0599
www.confeitariakurt.com.br

LECADÔ

BARRA DA TIJUCA
(21) 2431-8182
BOTAFOGO
(21) 2295-2638
www.lecado.com.br

MP TORTAS BOUTIQUE

RECREIO
(21) 3592-3330
www.mptortasboutique.com.br

MY BROWNIES

TIJUCA
(21) 2234-6012
www.mybrownies.com.br

PARADIS DÉLICES FRANÇAIS

COPACABANA
(21) 2255-7654
BARRA DA TIJUCA
(21) 2431-9744
www.paradis.com.br

PETITE SUCRERIE

BARRA
(21) 3418-0226

PETITS FOURS

LEBLON
(21) 2274-0348

TORTA & CIA

LEBLON
(21) 2511-5141
HUMAITÁ
(21) 2537-8484
www.tortaecia.com.br

PÃES

ALQUIMIA DO PÃO
TIJUCA
(21) 2278-0931
www.alquimiadopao.com.br

ATELIER DO TRIGO
CENTRO
(21) 3173-8971

BENEDICTINE
BARRA DA TIJUCA
(21) 3252-2784
www.restaurantebenedictine.com.br/rj

BISTRÔ DA ESCOLA DO PÃO
LAGOA
(21) 2294-0027
www.escoladopao.com.br

BOULANGERIE GUERIN
COPACABANA
(21) 2547-1326

CASA DO PÃO
LARANJEIRAS
(21) 2558-6786

COMPÃO
CENTRO
(21) 2263-6363
TIJUCA
(21) 99826-9298
www.compao.com.br

LA BICYCLETTE
JARDIM BOTÂNICO
(21) 3256-9052 | 3594-2589
www.labicyclette.com.br

LE PAIN DU LAPIN
JARDIM BOTÂNICO
(21) 2527-1503
www.lepain.com.br

MERCATO DEL PANE
JARDIM BOTÂNICO
(21) 2249-5616
www.mercatodelpane.com.br

PADARIA BASSIL
CENTRO
(21) 3970-1673

PADARIA IPANEMA
IPANEMA
(21) 2522-6900

PANEMANIA
BARRA DA TIJUCA
(21) 3325-1006
FREGUESIA
(21) 2447-5990

PÃO & COMPANHIA
TIJUCA
(21) 2238-4386
LARANJEIRAS
(21) 2205-3692
www.paoecia.com.br

TALHO CAPIXABA
LEBLON
(21) 2512-8760
www.talhocapixaba.com.br

TERZETTO CAFÉ
IPANEMA
(21) 2247-3243
BARRA DA TIJUCA
(21) 3252-2738
www.terzettocafe.com.br

THE BAKERS
COPACABANA
(21) 3209-1212
IPANEMA
(21) 3201-5050
www.thebakers.com.br

V. CAFÉ
www.viena.com.br

VANILLA CAFFÉ
CENTRO
(21) 2215-3746
www.vanillacaffe.com.br

VENDA MINEIRA CAFÉ & OUTRAS DELÍCIAS
BOTAFOGO
(21) 2226-0749
www.vendamineira.com.br

PIZZARIAS

ALESSANDRO E FREDERICO PIZZARIA D.O.C.G.
www.alessandroefrederico.com.br

ALLA PERGOLA
BARRA DA TIJUCA
(21) 3139-3090

BELLA FORNATTA
www.bellafornatta.com.br

BRÁZ
www.brazpizzaria.com.br

BUGATTI
BARRA DA TIJUCA
(21) 2491-6369

CAPRICCIOSA
www.capricciosa.com.br

CARAVELLE
www.caravelle.com.br

CARIOCA DA GEMA
www.barcariocadagema.com.br

CUGINE
www.cugine.com.br

DOMINO'S
www.dominos.com.br

DON GIORGIO
GÁVEA
(21) 2259-3305

ECCELLENZA
www.eccellenza.com.br

ESQUINA DE SANTA
SANTA TERESA
(21) 2508-7112

FIAMMETTA
www.fiammetta.com.br

GUANABARA
www.pizzariaguanabara.com.br

LA FIORENTINA
www.lafiorentina.com.br

MAMMA JAMMA
www.mammajamma.com.br

MAMMA ROSA
LARANJEIRAS
(21) 2556-6502

MR. LENHA
WWW.MRLENHA.COM.BR

PAPA GUI
IPANEMA
(21) 2513-3951

PAPPA JACK
BARRA DA TIJUCA
(21) 2431-1177

PARMÊ
www.parme.com.br

PIZZA AL TAGLIO
www.pizzaaltaglio.com.br

PIZZA DO CHICO
SANTA TERESA
2508-7180

PIZZA HUT
www.pizzahutrio.com.br

PIZZA PARK
www.pizzapark.com.br

PLACE
www.sheraton-rio.com

STRAVAGANZE
www.stravaganze.com.br

TIRAMISÚ
www.tiramisu.com.br

TIZZIANO
www.tizziano.com.br

VEZPA
www.vezpapizzas.com.br

SORVETERIAS

4D GELATERIA ITALIANA
BARRA DA TIJUCA
(21) 2432-4754 | 2431-9301

ALEX
COPACABANA
(21) 2547-0888
IPANEMA
(21) 2547-0888
www.sorvetealex.com.br

AMARENA
COPACABANA
(21) 2236-1706
LEBLON
(21) 2511-5546
www.amarena.com.br

BACIO DI LATTE
BARRA
(21) 3089-1385
LEBLON
(21) 3281-3789
www.baciodilatte.com.br

DELÍCIAS DO CERRADO
COPACABANA
(21) 3576-7000
www.deliciasdocerrado.com.br

DILETTO
www.gelatodiletto.com.br

FELICE CAFFÈ
IPANEMA
(21) 2522-7749
www.felice.com.br/arquivos/principal.htm

FREDDO
www.freddobrasil.com

FRUTOS DO CERRADO
BARRA DA TIJUCA
(21) 2491-4966
www.frutosdocerrado.com.br

HÄAGEN-DAZS
BARRA DA TIJUCA
(21) 3328-0547
BOTAFOGO
(21) 2543-7605
www.haagendazs.com.br

LA BASQUE
LEBLON
(21) 2294-4194
www.labasque.com.br

LOS PALETEROS
BARRA
(21) 3433-7745
BOTAFOGO
(21) 2025-3804

MIL FRUTAS
JARDIM BOTÂNICO
(21) 2511-2550
IPANEMA
(21) 2521-1384
www.milfrutas.com.br

MOMO GELATERIA
LEBLON
(21) 2284-1965
www.momogelato.com.br

OFFICINA DEL GELATO
COPACABANA
(21) 3256-4480
www.officinagelato.com

SORVETE BRASIL
LEBLON
(21) 3298-9919
LAGOA
(21) 2529-6387
www.sorvetebrasil.com.br

SORVETE ITÁLIA
IPANEMA
(21) 2239-1396
LARGO DO MACHADO
(21) 2556-8595
www.sorveteitalia.com

VENCHI
LEBLON
(21) 3596-5170

VERO GELATO ITALIANO
IPANEMA
(21) 3497-8754
www.gelatovero.com.br

SUCOS

AÇAÍ TROPICAL
BARRA
(21) 2493-5650

AMAZÔNIA SOUL
IPANEMA
(21) 2247-1028

BANANA TROPICAL
COPACABANA
(21) 2295-7160

BALADA MIX
LEBLON
(21) 2239-269
www.baladamixrestaurante.com.br

BB LANCHES
LEBLON
(21) 2294-1397

BEACH SUCOS
GÁVEA
(21) 2512-9406
www.beachsucos.com.br

BIBI SUCOS
LEBLON
(21) 2259-000
www.bibisucos.com.br

BIG BI
BOTAFOGO
(21) 2552-4995
CATETE
(21) 2265-6749
LEBLON
(21) 2540-7559
COPACABANA 1
(21) 2236-2997
COPACABANA 2
(21) 2235-5951
COPACABANA 3
(21) 2257-0890

BIG NECTAR
COPACABANA
(21) 2523-2662
www.bignectar.com.br

BIG POLIS
LEBLON
(21) 2259-2597
www.bigpolis.com.br

BONDE SUCOS
LAPA
(21) 2507-5967

BOOMERANG MIX
HUMAITÁ
(21) 2226-2000

DIZFRUTA
CENTRO
(21) 2220-5626

ECLIPSE
COPACABANA
(21) 2287-1788

GOLDEN SUCOS
BARRA DA TIJUCA
(21) 2434-1371

GRAVIOLA JUICE HOUSE
COSME VELHO
(21) 2205-9455

JAEÉ
LEBLON
(21) 2143-6940

JUICE & CO.
LEBLON
(21) 2294-0048
www.juiceeco.com.br

MAIS AMOR E SUCOS
BOTAFOGO
(21) 2295-3690

NOGUEIRA SUCOS
COPACABANA
(21) 2523-1534

POLIS SUCOS
IPANEMA
(21) 2247-2518
BARRA DA TIJUCA
(21) 2494-7674

REI DOS SUCOS
CIDADE NOVA
(21) 22739361

QC SUCOS
BOTAFOGO
(21) 25416730

STALOS
COPACABANA
21) 2521-5143

SUCOMANIA
CENTRO
(21) 2544-5222 | 2222-7736
www.sucomania.com.br

ULUWATU
COPACABANA
(21) 96932-6216

TOMBADOS PELO PATRIMÔNIO

ADEGA DA VELHA
BOTAFOGO
(21) 2286-2176

ADEGA FLOR DE COIMBRA
LAPA
(21) 2224-4582

ADEGA PÉROLA
COPACABANA
(21) 2255-9425

ADONIS
BENFICA
(21) 3890-2283

ARMAZÉM CARDOSÃO
LARANJEIRAS
(21) 2225-3493

ARMAZÉM DO SENADO
CENTRO
(21) 2509-7201

ARMAZÉM SÃO THIAGO
SANTA TERESA
(21) 2232-0822

BAR BRASIL
LAPA
(21) 2509-5943

BAR DA DONA MARIA/ CAFÉ E BAR BROTINHO
TIJUCA
(21) 2238-5091

BAR DO JÓIA
CENTRO
(21) 2263-0774

BAR LAGOA
LAGOA
(21) 2523-1135

BAR LUIZ
CENTRO
(21) 2262-6900

BAR URCA
URCA
(21) 2295-8744

BIP BIP
COPACABANA
(21) 2267-9696

CAFÉ E BAR LISBELA/ BAR DA AMENDOEIRA
MARIA DA GRAÇA
(21) 2501-4175

CASA DA CACHAÇA
LAPA
(21) 2531-7219

CASA PALADINO
CENTRO
(21) 2263-2094

CASA VILARINO
CENTRO
(21) 2240-9634

CERVANTES
COPACABANA
(21) 2542-9287

COSMOPOLITA
LAPA
(21) 2224-7820

JOBI
LEBLON
(21) 2274-0547

LAMAS
FLAMENGO
(21) 2556-0799

NOVA CAPELA
LAPA
(21) 2252-6228

PAVÃO AZUL
COPACABANA
(21) 2236-2381

RESTAURANTE 28/ CAFÉ PASTORIA
SAÚDE
(21) 2263-2438

SALETE
TIJUCA
(21) 2214-0408

VEGETARIANOS

BIO CARIOCA
COPACABANA
(21) 2236-4125
BARRA DA TIJUCA
(21) 3598-0036
www.biocarioca.com.br

CELEIRO
LEBLON
(21) 2274-7843
www.celeiroculinaria.com.br

FONTES
IPANEMA
(21) 2529-2260
www.fontesipanema.com.br

MARKET
IPANEMA
(21)3283-1438
www.marketipanema.com.br

NATURAL DO RECREIO
RECREIO DOS BANDEIRANTES
(21) 2490-7137
www.naturaldorecreio.com.br

POMAR ORGÂNICO
ITANHANGÁ
(21) 2494-6745

SABOR SAÚDE
CENTRO
(21) 2157-0097
www.saborsaude.com.br

UNIVERSO ORGÂNICO
LEBLON
(21) 38740186
www.universoorganico.com

VEGANA CHÁCARA
BOTAFOGO
(21) 2286-7078 |
98799-7078

VEGAN-VEGAN
BOTAFOGO
(21) 2286-7078
www.veganvegan.com.br

VEGETARIANO CLUBE SOCIAL
LEBLON
(21) 2294-5200
www.vegetarianosocialclube.com.br

TUDO SOBRE VINHOS

A GARRAFEIRA
LEBLON
(21) 2512-3336

ARTE DOS VINHOS
BENFICA
(21) 2214-2262

BABYLON WINES
RECREIO
(21) 3165-4166
www.babylonwines.com.br

BACO DEGA
BARRA DA TIJUCA
(21) 3325-9296

BARDOT
GRAJAÚ
(21) 2575-9395
www.bardotvinhoseartes.com.br

BERGUT
CENTRO
(21) 2220-1887 | 2532-7332
www.bergut.com.br

.BISTRÔ
JACAREPAGUÁ
(21) 3145-0100
www.pontobistro.com.br

BLÁ BLÁ CHAMPANHERIA
BARRA DA TIJUCA
(21) 2495-0040

BOTTEGA DEL VINHO
LEBLON
(21) 2512-6526
www.bottegadelvino.com.br

BUBBLE BAR/ BAZZAR
IPANEMA
(21) 3202-2884
www.bazzar.com.br

CANDY
HUMAITÁ
(21) 2527-3414
www.candydeli.com.br

CASA CARANDAÍ
JARDIM BOTÂNICO
(21) 3114-0179
www.casacarandai.com.br

CASA FLORA
BOTAFOGO
(21) 2226-3905
www.casaflora.com.br

CASTELO DO VINHO
PECHINCHA
(21) 2424-7700
www.castelodovinho.com.br

CASTILHO & CHINDLER WINE BAR
IPANEMA
(21) 3251-3630

CAVIST VINOTECA & RESTÔ
IPANEMA
(21) 2123-7900
BARRA DA TIJUCA
(21) 3433-7791
www.cavist.com

CHAMPA
BARRA DA TIJUCA
(21) 2493-1371

CHAMPANHARIA OVELHA NEGRA
BOTAFOGO
(21) 2226-1064
www.champanhariaovelhanegra.com.br

CHAMPANHOTA
BOTAFOGO
(21) 3563-9757

CHARLESTON BUBBLE LOUNGE
COPACABANA
(21) 3795-3158
www.bubblelounge.com.br

CONFRARIA CARIOCA
BOTAFOGO
(21) 2244-2286
www.confrariacarioca.com.br

DEE VINE
BARRA DA TIJUCA
(21) 2439-7427
www.deevine.com.br

DEGUSTARE DELICATESSEN
BOTAFOGO
(21) 2527-6909
www.degustareiguarias.com.br

DELLY GIL
LEBLON
(21) 2294-1151
www.dellygil.blogspot.com.br

DEU LA DEU VINHOS
COPACABANA
(21) 3208-4866
www.deuladeuvinhos.com.br

DOM DE VINHO
CENTRO
(21) 2516-2645
www.domdevinho.com.br

EMPÓRIO GOURMET
BENFICA
(21) 2580-3776
www.emporiogourmetshow.
com.br

EMPÓRIO SANTA FÉ
FLAMENGO
(21) 2245-6274
www.emporiosantafe.com

ENOTECA DOC
CENTRO
(21) 2516-4220
www.enotecadoc.com.br

ENOTECA TERRA
BOTAFOGO
(21) 2286-2549

ENOTECA VICTORIA
LAGOA
(021) 2512-7115

ESPÍRITO DO VINHO
HUMAITÁ
(21) 2286-8838
www.espiritodovinho.net

GRAN DELLI
MARACANÃ
(21) 3529-2349
www.grandelli.net

GRAND CRU
IPANEMA
(21) 2247-1089
BARRA DA TIJUCA
(21) 2431-0864
www.grandcru.com.br

GRIFFE DOS VINHOS
BENFICA
(21) 3256-5694

JÚLIA VINHOS
SÃO CRISTÓVÃO
(21) 3878-1464
www.juliavinhos.com.br

LA BOTELLA
IPANEMA
(21) 2512-8614
www.labotella.com.br

LAURETTA
BOTAFOGO
(21) 2530-4156

LIDADOR
CENTRO
(21) 2533-4988
IPANEMA
(21) 2227-0593
www.lidador.com.br

L'ORANGERIE
LARANJEIRAS
(21) 2205-5000
www.lorangerie.com.br

MISTRAL
GÁVEA
(21) 3534-0044
www.mistral.com.br

MONDO VINO
RECREIO DOS BANDEIRANTES
(21) 2497-4211
www.mondovinoweb.com.br

NEBBIOLO WINE STORE
IPANEMA
(21) 3442-5565
www.nebbiolonet.com

OLIVIER BEBIDAS
BENFICA
(21) 3890-0300
www.olivierbebidas.com.br

PLANETA SONHO
COPACABANA 1
(21) 2255-5031
COPACABANA 2
(21) 3208-3806
www.planetasonho.com.br

PORTO DI VINO
GÁVEA
(21) 2137-4154
www.portodivino.com.br

PORTUS IMPORTADORA (BACALHOA E OUTROS)
www.portusimportadora.com.br

RÓTULOS & ROLHAS
LARANJEIRAS
(21) 3496-6370
www.rotuloserolhas.blogspot.com.br

SAFRA WINE STORE
COPACABANA
(21) 2247-9154
www.safrawinestore.com.br

SALITRE
IPANEMA
(21) 2540-5719
BARRA DA TIJUCA
(21) 2408-3239
www.salitrevinhos.com

SALUMERIA GOURMET
COPACABANA
(21) 2542-9535
www.salumeria.com.br

SERRADO VINHOS
TIJUCA
(21) 2233-3111
www.serradovinhos.com.br

SYMPOSIUM VINHOS
LARANJEIRAS
(21) 2205-3122
www.symposiumvinhos.com.br

VINDEMIA
NITERÓI
(21) 3619-2075
www.lojavindemia.com.br

VINOCONDOR
LARGO DO MACHADO
(21) 2285-8085

WINE & CO
FREGUESIA
(21) 2447-0761
www.wineeco.com.br

WINE RIO
BOTAFOGO
(21) 2237-8335
www.winerio.com.br

WINEHOUSE
BOTAFOGO
(21) 3264-4101
www.winehouserio.com.br

WINES & ROSES
(21) 2563-8600
www.winesandroses.com.br

WORLD WINE | ENOTECA FASANO
SÃO CONRADO
(21) 2422-4614
www.worldwine.com.br

ZEE CHAMPANHERIA
LEBLON
(21) 3437-3613

© Bem-Te-Vi Produções Literárias
Estrada da Gávea, 712, sala 502 — São Conrado
Rio de Janeiro — RJ
CEP 22610-002
e-mail: bem-te-vi@bem-te-vi.net
www.editorabemtevi.com.br

Editora responsável
VIVI NABUCO

Editor executivo
SEBASTIÃO LACERDA

Assessor especial
FERNANDO PEDREIRA

Assessor jurídico
MANOEL NABUCO

Texto
RODOLFO GARCIA
Colaboração
LUCIANA PLAAS

Coordenadora de projetos
LIANA PÉROLA SCHIPPER

Revisão
CLARISSE CINTRA
MAURO BORGES

Produção gráfica
MARCELLO BRAGA MACHADO

Apoio à produção
PÊTTY AZEREDO

Projeto gráfico, diagramação e capa
RAUL LOUREIRO
CLAUDIA WARRAK

Esta edição segue o Acordo
Ortográfico da Língua Portuguesa
em vigor desde 2009.

Foi feito o Depósito Legal junto à
Fundação Biblioteca Nacional.

CIP-Brasil. Catalogação na publicação
Sindicato Nacional dos Editores de Livros, RJ

G199g
Garcia, Rodolfo, 1940 —
Guia bem-te-vi da gastronomia carioca /
Rodolfo Garcia, Luciana Plaas. —
1. ed. — Rio de Janeiro: Bem-Te-Vi, 2014.
216 p.; 22 cm. Inclui índice
ISBN 978-85-88747-47-0

1. Gastronomia — Rio de Janeiro (RJ).
I. Plaas, Luciana. II. Título.
14-16886
CDD: 647.958153 CDU: 640.43(815.3)

15/10/2014 15/10/2014

ESTE LIVRO FOI COMPOSTO EM DIN
E IMPRESSO NA GRÁFICA SANTA MARTA
PARA A BEM-TE-VI PRODUÇÕES LITERÁRIAS
EM NOVEMBRO DE 2014